私たちは津久井やまゆり園事件の「何」を裁くべきか

美帆さん智子さんと、甲Zさんを世の光に！

堀 利和 編著
HORI Toshikazu

論社

はじめに

本書の出版は必然と言ってもよいであろう。

二〇一六年七月二六日未明に起きた事件、さらに事件をめぐってのその後の様々な動き、政治的、行政的、社会的、マスメディア的、あるいは障害福祉の在り方をめぐるそれぞれの立場と考え方の違いからくる対立の力学。こうした現実の中から、本書は生まれるべくして生まれた。

これに先立ち、同じく、二〇一七年九月には本書の先取りとして『私たちの津久井やまゆり園事件　障害者とともに〈共生社会〉の明日へ』を出版した。同書もやはり、事件の一年後を経て生まれるべくして生まれた書である。これも事件後の必然の結果であると言える。

前書を出版したその頃の政治的、行政的、そして障害福祉の分野では、この事件をめぐってあたかも時代に逆行するかのような動きが目立ってきた時期でもあった。それゆえ当初、『私たちの津久井やまゆり園事件』ではなく『津久井やまゆり園事件論争』という書名を考えていた。

事件の現場となった津久井やまゆり園の再建をめぐる意見の対立、すなわち元通りの施設に再建せよ、いやノーマライゼーションの理念をいかした地域移行、それは障害福祉の根幹に関わる重要な問題でもあった。そのため、本書の第Ⅰ部第1章は、前書の「第3章　重度知的障害者の生きる場探しの人間模様」から始める。この時の講演と全体討論では思いもよらず「施設か地域か」の二項対立となり、そのことがかえって現実問題からの有意義な提起となった。というのは主催者としては当然地域移行、脱施設を前提にしていたのだが、むしろそのことは満足を与える結果になったと同時に、それを宿題として考え続けることになった。

それが第2章の「父親たちは語る　なぜ施設を望むのか、あるいは望まないのか」につながっていく。このシンポジウムでは、やまゆり園家族会の前会長の尾野さん、現会長の大月さんなどの参加による幅広い意見交換ができた。第3章は「地域生活にこだわる母親たちは語る」にし、昨年六月にやまゆり園を退所した和己君の母親、平野さんらのシンポジウムであった。

次に当然くるのが「当事者たちは語る」なのであるが、やまゆり園事件を考え続ける会としては日程上実現できず、そのため、園を退所した元利用者の二人の姿、第4章を「退所後に始まる新しい生活」としてとりあげた。

第II部は本書の書名にもなった「私たちは津久井やまゆり園事件の『何』を裁くべきか」の問題意識に向けられ、実は一月一一日に開催した第7章のシンポジウム・対話集会は裁判開始以前に開催する予定であったが、都合上できず、「津久井やまゆり園事件の裁判が始まる前に、私たちは『何』を裁くべきか?!」の「裁判の前に」がなくなって、第7章の演題となった。

問題意識としては、裁判は残念ながら植松被告個人を裁くものであり、一方本書は、私たちはこの事件の「何」を裁くべきかを考えている。第II部は、第5章から『創』の編集長篠田さん、『こんな夜更けにバナナかよ』の渡辺さん、『いかにして抹殺の〈思想〉は引き寄せられたか』の高岡さんなどによるどちらかといえば植松被告個人論の対談。そして第6章は植松被告と接見した新聞記者たちの対談から「記者の目」とし、第8章は十二月五日の県議会で表明した黒岩県知事の政治家としての決断、その賛意を浅野元宮城県知事が書き、終章として「確信犯としての歪んだ正義感と使命感の『思想』を斬る！」を私が書いた。

本書は、津久井やまゆり園事件を考え続ける会が考え、考え、考え続けてきた企画、多くの方々の様々な考え方・生き方を一冊にまとめたものである。

私は、そして私たちは問う。事件によって顕在化した諸問題を、しかしそれらには今だ答えがない。その解答を求めて、これからも考え続けなければならないであろう。その為には、この事件が問いかけた諸問題を、私たちの「宿題」として整理し、今後それを読者の皆さんと共に……。

糸賀一雄名言―「この子らに世の光を」ではなく、「この子らを世の光に」。「美帆さん智子さん、甲Zさんを世の光に」するまで、私はがんばる。頑張らなくても生きていける社会を創るために、がんばる。私たちはがんばっていく。

堀　利和

相模原障害者施設殺傷事件における横浜地方裁判所の遺族・家族のための傍聴席の「目隠し遮蔽」に関する声明

津久井やまゆり園事件を考え続ける会

二〇一六年七月二十六日の事件当日の朝、理事長及び一部の家族たちの二度にわたる申し入れにより、津久井警察署並びに神奈川県警本部は、その申し入れに対し例外措置として犠牲者の「匿名」を容認した。その後横浜地検も、地裁に対し、暴力団被害者及び性暴力被害者の二次被害を防ぐための「匿名」措置を本件にも適用するよう求め、結果、地裁はそれを容認した。しかし、被害者の「二次被害」とは一体何であるか!?

「匿名」は決して許されるべきものではない。それは障害者に対する差別そのものである。犠牲者の人権と尊厳に深く関わる人間的な問題であるといえるからである。

この場合の「匿名」は、すなわち遺族のプライバシー、個人情報の保護とされているが、それはまぎれもなく身内に津久井やまゆり園の入居者がいたということ、身内に重度重複知的障害者がいたという事実に他ならない。それが家族や親類縁者にとっては「恥」、つまりそれを世間体からみて彼らには到底受忍できる話でもなかろう。結局、「匿名」は誰のための?

だが、世間体の「恥」とは何か。残念ながら、それが私たちにも問われている。ましてや、植松被告に賛同したネット炎上の輩ともなればなおさらであろう。

そのことは、遺族が犠牲者の、我が子の差別的加害者の立場に立つと同時に、遺族もまた世間の差別的被害者の立場に追いやられ、結果的に「匿名」を望んでしまったといえるだろう。世間の構成員たる私たち、私も少なからず、世間というものを介した時、遺族に対して差別的加害者の立場に否応なく立たされる結果となる。

さはさりながら、今回の地裁の対応はさすがに看過できない。異様な風景である。法の正義と人権を守るべき裁判所が、障害者の人権と尊厳よりも、むしろ遺族のプライバシー、個人情報、すなわち遺族の「恥」を守ること、それに手を貸し、法の正義と人権のあるべき姿を放棄したと断ぜざるをえない。これは障害者にとって耐え難い。遺族・家族を守るための傍聴席の「目隠し遮蔽」は、すべての障害者に向かって無慈悲にもこう語る。衆議院議長に宛てた植松被告の「手紙」に「障害者は不幸をつくることしかできません。」とあるように、すなわち、障害者は家族の不幸をつくることしかできません、と。

よって、ここに、津久井やまゆり園事件を考え続ける会として「批判声明」を発する。

二〇二〇年一月十一日

＊シンポジウム・対話集会「私たちは津久井やまゆり園事件の『何』を裁くべきか?!」に於いて

美帆さんの母の手記

「美帆」さん 生きた証しを 母が手記と写真公開

〈やまゆり園事件 考〉 神奈川新聞 2020年1月11日

障害者ら四五人が殺傷されたやまゆり園事件から三年余り。犠牲者の一人、一九歳の女性の遺族が末娘の名前を明かした。「美帆」さん。公判では「甲A」との呼称だが、一生懸命生きていた証しを残したい、との思いからだった。報道各社に寄せられた手記全文と写真を紹介する。

19才の美帆です。平成28年4月にやまゆり園に入所しました。敷地内の作業室に休まずに通っていました。ボールペンを組み立てるなどの作業をしていました。最後に会ったのは7月24日（日）です。もう少し髪が伸びたら晴れ着を着て一緒に写真を撮るのが楽しみでした。

大好きだった娘に会えなくなって三年が経ちました。時間が経つほどに会いたい思いは強くなるばかりです。会いたくて会いたくて仕方ありません。

本当に笑顔が素敵でかわいくてしかたがない自慢の娘でした。アンパンマン、トーマス、ミッフィー、ピングー等のキャラクターが大好きでした。

音楽も好きでよく「いきものがかり」を聞いていました。特に「じょいふる」が好きで、ポッキーのCMで流れるとリビングの決まった場所でノリノリで踊っていたのが今でも目に浮かびます。

電車が好きで電車の絵本を持ってきては指さして「名前を言って」という要求をしていました。よく指さしていたのは特急スペーシアと京浜東北線でした。

ジブリのビデオを見るのも好きでした。特にお気に入りは、魔女の宅急便と天空の城ラピュタ。他のビデオも並べて順番に見ていました。

自閉症の人は社会性がないといいますが、娘は、きちんと外と家の区別をしていて、大きな音が苦手でしたが、学校ではお姉さん顔をしてがんばっていたようでした。外では大人のお姉さん風でしたが、家では甘ったれの末娘でした。

〔上〕生後半年の美帆です。音に敏感でしたがミルクをよく飲みました。
〔下〕８才の美帆です。父のあぐらに乗っています。口の中に中指、薬指を入れるのが癖でした。

児童寮に入っていた時、一時帰宅すると最初のうちは「帰らない、家にいる」と帰るのを拒否していました。写真を見せて「寮に帰るよ」と声かけすると、

中学１年生の時の美帆です。おでかけした時の写真です。言葉はありませんでしたが、いろいろな事を理解しているようでした。言いたいことを態度で示しカード（人や物や場所が写真で示されています）を使い伝えてきました。音楽が大好きでいきものがかりの歌にあわせて踊っていました。遺影に使った写真です。葬儀にはのべ２００人位が来てくれました。

一応車に乗り寮の駐車場に着くものの車からは出てきません。「帰らない」と強く態度で表していました。パニックをおこして大変だったけれど、うれしい気持ちもありました。

　二年くらいは続いていましたが、それ以降は自分は寮で生活するということがわかってきたようで、リュックをしょって泣かずに帰っていくようになりました。親としては淋しい気持ちもありましたが、お姉さんになったなあといつも思っていました。

月一くらいで会いに行き、コンビニでおやつと飲み物を買い、一緒にお庭で食べるのですが、食べおわると部屋にもどることがわかっていて、食べている間中、「歌をうたって」のお願いをされ、よくアンパンマンの「勇気りんりん」とちびまる子ちゃんのうた、犬のおまわりさん等、うたっていました。私のうたをBGMにしておやつをおいしそうに食べていました。

自分の部屋にもどる時も「またね」と手を振ると、自分の腰あたりで、バイバイと手を振ってくれていました。泣きもせず、後おいもせず部屋に戻っていく後ろ姿を見ていると、ずいぶん大人になったなと思っていました。

美帆はこうして私がいなくなっても寮でこんなふうに生きていくんだなと思っていました。人と仲よくなるのが上手で、人に頼ることも上手でしたので、職員さん達に見守られながら生きていくのだなと思っていました。

言葉はありませんでしたが、人の心をつかむのが上手で、何気にすーっと人の横に近づいていって前から知り合いのように接していました。皆が美帆にやさしく接してくれたので人が大好きでした。人にくっついていると安心しているようでした。

美帆は一生懸命生きていました。その証を残したいと思います。恐い人が他にもいるといけないので住所や姓は出せませんが、美帆の名を覚えていてほしいです。

どうして、今、名前を公表したかというと、裁判の時に「甲さん」「乙さん」と呼ばれるのは嫌だったからです。話を聞いた時にとても違和感を感じました。とても「甲さん」「乙さん」と呼ばれることは納得いきませんでした。ちゃんと美帆という名前があるのに。

どこにだしても恥ずかしくない自慢の娘でした。家の娘は甲でも乙でもなく美帆です。

この裁判では犯人の量刑を決めるだけでなく、社会全体でもこのような悲しい事件が二度とおこらない世の中にするにはどうしたらいいか議論して考えて頂きたいと思います。
障害者やその家族が不安なく落ち着いて生活できる国になってほしいと願っています。障害者が安心して暮らせる社会こそが健常者も幸せな社会だと思います。

二〇二〇年一月八日

一九才女性 美帆の母

＊手記は原則、原文のまま。写真説明はいずれも遺族による。

私たちは津久井やまゆり園事件の「何」を裁くべきか
――美帆さん智子さんと、甲Zさんを世の光に！

＊目次＊

はじめに　3

相模原障害者施設殺傷事件における横浜地方裁判所の遺族・家族のための傍聴席の「目隠し遮蔽」に関する声明　7

美帆さんの母の手記　9

第Ⅰ部　津久井やまゆり園事件は今なお語り続ける

〔序〕津久井やまゆり園事件と私たち（上）……堀　利和　20

第1章　重度知的障害者の生きる場さがしの人間模様……27
津久井やまゆり園事件を考える相模原集会　2017年5月27日
【講演】息子の自立生活を実現して　岡部耕典

津久井やまゆり園を一旦再建してから　尾野剛志
・全体討論

第2章　父親たちは語る
なぜ施設を望むのか、あるいは望まないのか　68
――津久井やまゆり園事件を考え続ける対話集会(1)　2019年1月27日
大月和真／尾野剛志／神戸金史／岡部耕典（コーディネーター）
▼参加者アンケート　104
＊コラム「自立への挑戦」　尾野　剛志　119

第3章　地域生活にこだわる母親たちは語る　122
――津久井やまゆり園事件を考え続ける対話集会(2)　2019年7月28日
平野由香美／西村信子／福井恵／浅野史郎（コーディネーター）
▼参加者アンケート　152

第4章　退所後に始まる新しい生活　162
(1)生きるを実感する　162
～NHK「おはようニッポン」を見て～　石井　美寿輝

(2)ピープルファースト大阪大会に誰が参加？ 167
ピープルファーストジャパン元代表・佐々木信行さんにインタビュー
山崎 幸子

第II部 津久井やまゆり園事件の「何」を裁くべきか

〔序〕津久井やまゆり園事件と私たち（下）…… 堀 利和 174
衆議院議長に宛てた植松被告の「手紙」
強者が被害者意識をもつ構造

第5章 相模原殺傷事件の本質を検証 …… 182
――ドキュメンタリー上映&トークセッション 2019年10月14日
篠田博之／渡辺一史／高岡健／澤則雄（映像制作）

第6章 記者の目 …… 石川 泰大 224
――2019年11月23日「植松被告に接見した記者たちの座談会」から抜粋
▼参加者アンケート 231

第7章　私たちは津久井やまゆり園事件の「何」を裁くべきか?!
——津久井やまゆり園事件を考え続ける会・シンポジウム　2020年1月11日　…… 236
河東田博／平野泰史／千田好夫／高岡健／堀利和（コーディネーター）
▼参加者アンケート　282
＊コラム「再発防止を契機とした措置入院の見直しの動向」　桐原　尚之　291

第8章　黒岩神奈川県知事の決断　……浅野　史郎　296
〔資料〕津久井やまゆり園の再生後の運営についての黒岩知事発言　302

終　章　確信犯としての歪んだ正義感と使命感の「思想」を斬る！　……堀　利和　305

あとがき　317

第Ⅰ部

津久井やまゆり園事件は今なお語り続ける

〔上〕尾野一矢さん。ご両親が息子の自立生活を考え始めたころ（2018年5月30日）
〔左〕ふくろうカフェを楽しむ平野和己さん

〔序〕津久井やまゆり園事件と私たち（上）

植松被告は津久井やまゆり園の重度重複知的障害者を殺したが、われわれはすでに彼らを地域社会から抹殺していた。

植松被告は津久井やまゆり園の重度重複知的障害者の命を殺したが、親・兄弟姉妹は彼らの名前を抹消した。

われわれの善意と恥の意識が、津久井やまゆり園の重度重複知的障害者を、被害と加害の関係性の中で殺した。

津久井やまゆり園のこの事件は、殺した者が殺され、殺された者が生き還るという輪廻の世界を打ち立てた。

障害者の主体的運動の原点と七〇年代

六〇年代後半から七〇年代にかけての政治社会運動の高揚の中にあって、当時の若者がそうであったように、私もそこに身を置いて闘った。ベトナム反戦運動、七〇年安保、沖縄奪還闘争、三里塚闘争、そして石川青年奪還の狭山差別裁判闘争などであった。しかし、その一連の闘争も挫折を強いられ、徐々に下火になっていった。

そんな時、私は学籍をとって大学に入っていたのだが、重度脳性マヒ者の二人が聴講生として入ってきて、その「聴講生」問題に関わった。それが、私が初めて障害者問題に取り組んだ七三年である。

同時に、七三年を前後して一年と八ヶ月、都庁第一庁舎前でテント座り込みをしていた都立府中療育センター闘争があって、私もその闘争に参加した。以来、今日まで障害者問題に関わり続けてきたのだが、それは私自身が障害当事者であるということよりは、むしろ障害者「問題」にはまってしまったというのが本当のところであろう。なぜなら、障害者はすなわち人間解放の最後の存在者・サバルタンであると考えるからである。

その時代と、つまり七〇年代と津久井やまゆり園事件は私の中で強く結びついているといえる。その意味では、七〇年代はまだ終わっていない。

府中療育センター闘争はそもそも、「拝啓　総理大臣　殿」という池田隼人総理大臣に宛てた水上勉の手紙から始まったといっても過言ではない、障害者の「ため」の大規模収容施設・コロニー政策が進められた一つである。津久井やまゆり園も、一九六四年に神奈川県の施設として造られた。府中療育センターは隣接の都立病院と地下でつながっていて、入所の際の要件は死亡後の「献体」、家族はそれを承諾してのことであった。当時の収容施設は、今は多少改善されたとはいえ、外泊はもちろん外出も許可が必要で、四人ないしは六人部屋でプライバシーもなく、ベッド、一日中どう過ごしていたかは推して知るべしである。三食の時間は決められ、入浴もせいぜい週二回、しかも同性介護の原則もなく、女性は処遇困難を理由に長い髪は許されなかった。

「鳥は空に、魚は海に、人は社会に」と、彼らは訴え、施設の改善と脱施設の自立生活を求めて闘った。施設を巡っては、その後施設改革派と脱施設の自立生活派に分かれ、私たちの、障害者解放運動のスローガンは「施設解体！」であった。

七〇年代初頭のもう一つの運動は、「母よ！　殺すな」であった。障害児の我が子を殺した母親への近所の人や家族会などの減刑嘆願運動に対して、横塚晃一、横田弘をリーダーに神奈川県青い芝の会は告発糾弾闘争をもって応えた。殺された障害児に自らの存在を重ね、また「健全者幻想解体」とも訴えた。それは健常者になろうとする、近づこうとする、だがなれない、それは「幻想」にすぎないと戒め、かえってそのことは自らが脳性マヒ者であることを、その自らの存在と尊厳を否定することにつながるとした。したがって、そのことから、いわば「絶対否定」から「絶対肯定」へと自らの存在観を転換したのだといえるのではなかろうか。

そこで、次に横田弘が起案して七五年に全国総連合会の総会で採択された「行動綱領」をみてみたい。これは私にとってのバイブルでもある。

行動綱領

一　われらは、自ら脳性マヒ者であることを自覚する
一　われらは強烈な自己主張を行う
一　われらは愛と正義を否定する

一　われらは健全者文明を否定する
一　われらは問題解決の路を選ばない
われらは以上五項目の行動綱領に基づき、脳性マヒ者の自立と解放を掲げつつ、すべての差別と闘う。

「匿名」に至った経緯

家族がなぜ犠牲者の名前を匿名にしたのか、それはいたって本質的な問いである。同時に、私たち一人ひとりに突き付けられた問題でもある。つまり、この匿名に対していかに現実的に向き合い、かつその原因をつくっているのがはたして何であるかを見極める必要があろう。まず、匿名に至った経緯を検証する。

家族会前会長の尾野さんの話では、息子の一矢さんは重傷を負ったのだが、事件当日の朝七時半頃現場に行くと、居合わせた犠牲者の家族とかながわ共同会理事長とが相談して、津久井警察署に電話で匿名を申し入れたという。津久井署は一旦それを断わったのだが、再度申し入れた結果、県警本部との協議の上、津久井署から例外として今回は匿名を認めるとの電話があったそうである。それで犠牲者等全員の名前が匿名に扱われた。あわせて、職員等全員に緘口令が敷かれた。

昨年二月二四日に、横浜地検は植松容疑者を起訴した。精神鑑定の結果、刑法第三九条「心神喪失、心神耗弱（無罪または刑の軽減）」を適用せず、「人格障害でも善悪の判断ができ、刑事責任能力がある」とした。診断名は「自己愛性パーソナリティ障害」。

そこで、横浜地検は裁判において犠牲者等の名前の匿名を求めるとした。その根拠としては、暴力団や性暴力被害者が二次被害を受けないよう配慮した「匿名」措置を今回適用するというものである。一体、亡くなられた犠牲者の「二次被害」とは何であろうか？ そのことを匿名の問題からひも解くと、障害者やその家族が置かれている社会的状況、差別と偏見の深刻な実態がみえてくる。

家族はなぜ匿名にするのか

たとえば、津久井やまゆり園に限らず家族が我が子をなぜ施設に入れるかについては概ね三つのケースが考えられる。一つは、我が子と一緒に暮らしたいがどうしてもそれが叶わず（共働き）、といって施設以外のグループホームなどを希望しても見つからずやむなく施設に入所せざるを得ないケースである。二つめは、親亡き後を考えた時にも我が子が施設に入るのが望ましい、安心・安全、施設は素晴らしいということになり、公立公営ならなお素晴らしいというものである。三番めは、家族の中に津久井やまゆり園に入っているような重度の知的障害者がいては困る、知られては困る。近所の人や、たとえば一般的に言って兄弟姉妹が結婚していた場合に先方の親戚にそれが知られては困るといったケースである。だから施設に入れっ放しにしてしまう。

三番めのケースの事例について、尾野前会長はこう話していた。事件のあくる日テレビにでた犠牲者の親に、出身地の田舎から「テレビにでるな」と電話があって、それ以来マスコミには出ていないという。また、こんな話もしていた。今回の事件とは関係がないが、尾野さんが会長をしていた時のことである。津久井やまゆり園のある母親から、こどもの遺骨を持って家に帰ろうとしたら、主人がそんなもの持って帰ってくるなといわれ、会長さんどうしたらよいでしょうかと深夜電話があったそうである。

尾野さんによれば、月一回の家族会にも全く顔を見せない家族が三割ほどいるとのことである。津久井やまゆり園に入れっ放しだというのである。植松被告も、衆議院議長に宛てた「手紙」の中で、「車イスに一生縛られている気の毒な利用者も多く存在し、保護者と絶縁状態にあることも珍しくありません」と書いて、さらに「保護者の疲れ切った表情」とも書き添えている。

なぜ隠すのか、なぜ「絶縁状態」にあるのか。障害者の存在は「恥」、身内に障害者がいることが恥なのか、迷惑なのか。植松被告は次のようにも書いている。

「障害者は不幸を作ることしかできません」と。つまり、障害者が不幸なのではなく家族や他人、また社会の不幸を作る原因だというのである。そんな存在だとするのである。

恥と世間

家族が我が子を匿名にして隠すのは、つまりそうさせているのは、恥の意識、恥の文化に汚染されている世間ではなかろうか。では、その世間とは一体何であるか？　太宰治は『人間失格』の中で、次のように書いている。放蕩仲間の堀木から「女道楽ばかりしていては世間が許しませんよ」と言われ、世間とは「堀木、おまえ」だと書いている。世間とは何か、世間とは個人、私たち、私なのであって、私が世間をつくっているのである。犠牲者の名前を匿名、家族に名前を抹消させそれを強いたのは、世間をつくっている私たちなのである。それがブーメランのように世間の私に還ってくる。

情けは人の為ならず、差別も人の為ならず。他人に与えた差別・偏見は、回りまわって形を変えて自分のところに戻ってくる。すなわち、津久井やまゆり園事件は私たちの問題である。

第1章　重度知的障害者の生きる場さがしの人間模様

▼講演　岡部耕典／尾野剛志

＊2017年5月27日　津久井やまゆり園事件を考える相模原集会

【講演1】息子の自立生活を実現して

岡部　耕典

ただいまご紹介に預かりました岡部です。今日は西さんからの依頼で、息子の自立生活についてお話をさせていただきます。

この事件が起きた直後から現在に至るまで、いくどか新聞やテレビの取材を受け、また何か書いてほしいと言われて書いてきましたが、いつも心がざわざわしました。今回も、僕が言ったことや息子の自立生活のことが、どんな風に受け止められ、使われるのかなあと思うと、やはりざわざわします。この会場でお話するのも落ち着きません。性別と年齢だけ書いた紙で作った位牌のようなものが並んでいますが、こういうものを作ってしまっていいのかな、とも思います。亡くなった方々の家族はどう感じるのでしょうか。「名前のない存在」という意味なのかもしれませんが、正直なところ違和感があります。今そんな気持ちですので、少し機嫌が悪そうにみえるかもしれませんが、お許しください。

資料集に朝日新聞記事の記事が入っています。左上写真の真ん中に写っているのが息子・亮佑（りょうすけ）です。その左が連れ合い、右側にいるのが、後でみていただく映像にも出てきますが、亮佑を担当している介護コーディネーターです。

のちほど、重度訪問介護という制度を使って夜間を含む長時間の見守り支援を受けながら通所施設を通い、自分のアパートで自立生活を送っている亮佑と介護者の映像をお見せします。本来は二〇分のものなのですが、全体の時間が限られていますので、一〇分バージョンを使います。そのまえに、少し背景を解説しておきたいと思います。

息子・亮佑は、一九九三年生まれ、現在二四歳です。東京の療育手帳では二度、こちら（神奈川）でいえばA2相当、重複障害を除けば最重度の知的障害者で、障害支援区分も一番上の6です。字は読めず、発話も単語程度です。強い行動障害があり、行動援護対象者の認定も受けています。つまり、自閉症で、知的障害も重い、行動障害も重い最重度の知的障害者であり、かって入所施設でも厄介者とされたいわゆる「動く重症児」です。

親元から離れたのは特別支援学校高等部を卒業した二〇一一年の七月でした。東日本大震災のあった四か月後です。もともと三鷹に住んでいたのですが、市内のアパートを本人名義で借りて支援付きの自立生活を始めました。そのとき初めてヘルパーを使い始めたのではありません。在宅で親と一緒に暮らしているときも、二〇〇二年から東久留米のグッドライフと西東京市の自立生活企画というふたつの自立生活センターから、毎日ヘルパー派遣を受けていました。特別支援学校にヘルパーが迎えに行って夜の七時くらいまで一緒にいるという生活、日によってはヘルパーと一緒に外食をしてから帰ってくることもありました。日曜日は私たちと一緒に過ごしますが、土曜日は基本的に終日ヘルパーがついていました。二〇〇三年に支援費制度が始まったときは一日二、三時間、移動支援介護でしたが、だんだん増やしていって自立の直前には一五〇時間ぐらいは入ってもらっていたと思います。自立して時間数もヘルパーの数も増えましたが、在宅のときに担当していた人たちは今も亮佑の介護の中心メンバーとなり、曜日ごとに担当しています。通所が休みの土日は昼夜で二人ずつです。毎年一名ぐらい交代していますが、そんな感じの緩やかなローテーションです。

このあたりに関心のある方もいらっしゃると思いますので、支給決定についても少し詳しくお話しておきます。自立生活を始めた二〇一一年当時はまだ重度訪問介護が対象拡大される前でしたので、居宅介護の制度をいろいろ組み合わせて支給決定を受けて使っていました。行動援護一二七時間、身体介護九三時間、家事援助一三四時間、合計三五四時間が支給決定を受けた一月の介護時間数でした。これで通所に行っている時間以外は夜間も含めてすべて介護がついていましたので、もちろんこれでは全然たりません。どうしたかというと、行動援護、身体介護といった比較的単価の高い介護が入っていたので、それを、業界用語でいえば「のばして使う」というかたちでヘルパーの給料を出していました。

二〇一四年四月に重度訪問介護の対象者が拡大され、強い行動障害のある重度の知的障害者と精神障害者にも使えるようになりましたので、五月から重度訪問介護に切り替えました。支給決定を受けたのは一月五三一時間で、うち移動介護が八一時間です。通所している時間を除いてもこれでも二四時間ではありません。夜間のうち二時間相当は敢えて支給申請から外しました。あとで映像でも出てきますが、もちろんその二時間もヘルパーは添い寝しています。自閉症の人は睡眠障害が多く、亮佑の場合は夜間の見守りは必須です。

二〇一一年に最初にヘルパーを使い始めたころのこともお話しておきます。自立生活センターは前から知っていましたが、改めて息子の介護のお願いに行きました。そこで言われたことは「うちは自立生活センターだから、親のレスパイトのためにはやらないよ」ということです。自立生活センターですから当然ですよね。私は「親のレスパイトのためではない。将来的に、息子を自立させたい。そのために今から支援をつけたいからお願いしている」と伝えました。それならいい、ということで始まりました。

在宅にしては時間数が多い、と市役所も最初はいい顔をしませんでした。そのときも、言い続けたのは、今だけのためではなく将来の支援付きの自立生活につなげるためだ、ということです。だから、二〇一一年に自立する前に、市のケースワーカーに電話して「今度から息子が自立しますよ」と伝えたら、一瞬絶句しました。支給決定を増やす交渉だとすぐわかったからだと思います（笑）。でも、そのあとすぐに、「仕方ないですね、岡部さんのところは」といわれました。それから現在に至るまで、市は終始好意的、前向きに対応してくれています。ずっと前から将来支援を付けて自立生活させる、と言い続けてきてよかったと思います。
さきほども言いましたが、自立したとき、それまで在宅で入っていたヘルパーの人たちも一緒でした。よく自閉症の人は環境の変化に弱いと言われますよね。卒業と通所、引っ越し、親もいなくなるというライフイベントいろいろあって、それだけの環境の変化があったら大変なことになるのではないかと、自立前には周りの人から心配されました。でも、大丈夫でした。少しは亮佑本人の性格もあるかもしれませんが、スムーズに自立できたのは、自立して住み慣れた家と親元を離れても昔からついていたヘルパーという人的環境は変わらなかったということが大きいと思います。そのあと、年に一人くらいずつ緩やかに入れ替わっているのもよいのではないかと。ずっと一緒に同じ人が担当してその人と一緒に歳をとっていったら、親と暮らすのと一緒ですよね。今のコーディネーターの中田さんだって、亮佑より年上です。先に歳をとる。そういう意味でも緩やかに、しかし継続性をもって彼の生活の支援者がローテーションしていくことは好ましいことだと思います。
それでは少し映像を見てもらいます。本日来ていただいている宍戸大裕監督、（「風は生きよという」という作品を撮った人です）に作っていただいた映像です。

――一〇分間　上映――

いかがでしたでしょうか。もともと、なぜこんな映像をつくったかというと、講演とかでいくら息子の自立生活のことをお話しても、そんな重度知的障害の人が自立生活を送るなんて考えられない、とよく言われたからです。それも親が一番信じないですよね。あるときなど、「どこの宇宙の話?・」と言われました。「どこの世界の話」じゃないんですよ。「宇宙が違う」と。あと、きっと本当は軽度なんだろう、うちの息子は重度だし、大変だから、とか。だから、話聞くだけじゃなくて、実際に見ないと信じられないだろう、ということでつくりました。

ご覧になっていかがでしょうか。重度の知的障害者は意思能力がないから身体障害の人たちと違って主体的にヘルパーを使いこなすことなどできないなどという人もいますが、それは都市伝説だということがわかると思います。もちろん、重度の障害のある人は常時の支援、見守りは必要です。当たり前ですよね。また地域で暮らす以上、地域との調整役、お金の支払いなどの調整は必要です。ですが、そのような常時の支援があれば地域で自立して暮らせるし、介護者を使いこなすことができる。息子は特別じゃないと思います。そして、強い行動障害をもつ重度の知的障害者にはなかなかグループホームでは生活できない人も多く、現在でも多くの入所施設にはそのような人たちが地域移行から取り残されている。津久井やまゆり園にもそういう利用者の人たちは多くいらっしゃるのではないかと。

今回のこの集会は、この後の施設の建て替えについて考えるために開かれているわけですよね。建て替えということで思い起こすのが、一〇年ほど前に見学に行った長野県の西駒郷です。ここは地域移行の成功例・モデルケースとして語られることが多い施設です。グループホームを受け皿として一〇年間地域移行を進め、四〇〇人以上いた入所者を五年で半減させたんですね。すごい、と思って、ちょうどそのころに見学に行きました。ところが行ってみると、新しい建物が建設中だったんです。施設を解体してしまうのに、なぜ新しい建物を建てているのか、と尋ねると、新しい入所棟を建てているところだ、と。そうすると、実は、入所者は一〇年後もゼロにはならないんだ、一〇〇人程度の人が残るので、そのための施設を建てているところだ、とそういう説明があったのです。どういう人たちが残るかというと、その多くが、重度の知的障害があって行動障害が激しくて、グループホームも体験してみたが、やはりそこでは難しくて、地域に出ていけない人たちだと。つまり、うちの亮佑と同じタイプの人たちということです。ああ、重度対応のグループホームでの生活体験を経ても、やっぱり地域に出ていかれない人はいるんだ、と思いました。やっぱり残されちゃう人はいるんだなあ、強度行動障害がある重度の知的障害の人たちは地域移行から取り残されてしまうのか、と暗くなったことを今でも覚えています。

今回の津久井やまゆり園の事件で亡くなられた方やそのほかの入所されている方の障害の重さや状態について、私はほとんど知りません。ただし、今では「改装中」と表示されて閲覧できないやまゆり園のホームページを事件直後に閲覧して知り得たことは、やまゆり園はもともと西駒郷と同じように、かつてコロニーと呼ばれた県立施設のひとつであり、その傘下に地域移行の受け皿となる多くのグループホームを抱え、強度行動障害支援を事業の柱の一つにしていた、ということでした。かつての西駒郷とよく似ています。そうであれば、現在残っている入所者の人たちや、殺されてしまった方たちの中には、息子に似た強度行動障害をもつ重度の知的障害／自閉症の人たちがかなりいるのではないか。グループホームを受け皿とした地域移行が困難な常時介護を要する人たちが含まれているのではないか、と思っています。

それにもかかわらず、今回地域で暮らすと言われていることが、すなわちグループホームでの生活とされているという暗黙の大前提があることに対して、なにかいたたまれない気持ちになります。もし亮佑がやまゆり園にいて、これから地域移行せよ、グループホームで暮らせ、といわれたら、私は「それは無理です」と言うと思います。現在の入所者の家族のみなさんはどうなのでしょうか。逆に、「施設から出られない」「地域では暮らせない」という親御さんたちが、亮佑がしているような重度訪問介護を使って長時間の見守り介護を付けて暮らすという選択肢を知っているのかなぁ、とも思います。まず知らないことは親も本人も選択も決定もしようがないですよね。

とはいえ、津久井やまゆり園の建て替えにはやはり問題があると思います。今回の事件を契機として作られた「ともに生きる社会かながわ憲章」には、「この悲しみを力に、ともに生きる社会を実現します」と謳われています。「ともに生きる社会」を実現することがふたたび施設を作ることだ、というのは、どう考えても無理があります。親の言葉として新聞に載った「テロに屈しない」ために施設を建て替えるべき、というのもやはり違うのではないでしょうか。今回の事件に抗するために施設という形を求める、再建するのではなくて、一人ひとりのいのちを守り、生活を再建することを願い求めるのが偽らざるひとりひとりの親の気持ちなのではないでしょうか。

とはいえ、イソップの寓話に例えるならば、いくら北風を吹かせても旅人はマントを脱がないのではないか、とも思います。必要なのは南風ではないでしょうか。地域で暮らすべきだ、施設を立て替えるべきじゃない、と言っている人たちにも、もう少しそのあたりを考えてほしいのです。どうしたら、現在の入所者の家族のみなさんに南風を届けることができるのか、を。ただ施設建て替え反対、だけでは駄目だと思うのです。自分がどう手を出す、差し伸べることをしないと、旅人はマントを脱がないのではないかと。そのときの選択肢も重要です。もちろんグループホームを否定しているわけではないし、重度訪問介護でもだめだという人もいると思います。なにかひとつに限るのではなくて、可能な限り選択肢を用意しましょう、と。そして、あなたの家族は私たちが引き受けましょう、良かったら私たちと一緒に暮らしませんか、と。そういう二人称の呼びかけが必要だと思うのです。

そしてその呼びかけには、リアリティがある地域生活の受け皿の選択肢が必要だと思います。重度訪問介護が必要な人たちには、自立生活センターとかも手を挙げても、よいのではないでしょうか。せっかく二〇一四年から重度訪問介護が対象拡大されたのですから。いろいろな方向から暖かい南風が吹かないと、親の心は動かないと思うのです。動かないところに北風を吹かせてもますますマントは固く閉じられてしまう。この集会を企画し、やまゆり園の人たちに施設ではなく地域で生きていってほしいと願う人たちは、ぜひ手を差し伸べていただきたい。自分自身の手を出してほしいなと思ってしまうのです。

最後に少し宣伝をさせてください。今回お観せした映像は私が個人的に依頼して作って貰ったものですが、それとは別に、多摩でヘルパーを付けて自立して暮らす人たちの生活のドキュメンタリー映画の撮影が同じ宍戸監督によって進行中で、来年四月ぐらいに完成する予定です。そうしたら全国で上映会をしたいな、と思っています。身体障害者の人たちの自立生活のように、重度の知的障害者も支援を付けて地域で暮らせる、その実際の姿を観せて、そのリアリティを親や地域のひとたちに感じてもらう、それもひとつの南風ではないか、と思ってやっています。よかったら応援をお願いします。

これでひとまず私の話を終わります。どうもありがとうございました。

【講演2】
津久井やまゆり園を一日再建してから

尾野　剛志

皆さんこんにちは。昨年の相模原事件で、息子は当事者で四四日入院しました、重症の（子どもの）親で尾野と申します。多分僕の顔は、事件の当初から新聞やテレビに出ているので知っている方も何人もいますでしょうし、今日も津久井やまゆり園のご家族の方もいらしていただいています。またご紹介いたしますが、神奈川県の検証委員会の委員長をされた石渡先生もおみえになっているので少しでも聞いていただければと思っています。

事件の後、あそこに施設をつくるか、つくらないかということで話していますが、私たち家族はみんなあそこ（津久井やまゆり園）に戻りたいので県にお願いいたしました。九月に知事が「わかりました。元に戻りましょう。」ということで、それは皆さんにとって大規模施設になるかもしれませんが、一三五名、やまゆりの周りのグループホームもあるのでそこの方たちを除いて、うちの息子を含めて事件前に入所していた一三五名を、四年後には一度戻してというお話をしました。

そこで皆さんから逆に、六〇億、八〇億かけて無駄なことをする必要はないんだ、あんな大きな施設はいらないんだ、グループホームを作る方が幸せなんだ、というご意見をたくさんいただいて、県にも提言されました。県は見直しをすることになり、審議会を開いて六月末に決定をし、それを踏まえて県が精査を、八月末最終的に県が津久井やまゆり園をどうするのか、建て替えるのか縮小するのか、元のままにするのか決定します。正直僕らもそれまで不安で不安でしょうがないんですよ。

五月一七日の審議会に家族、職員が初めて呼ばれました。委員長は大学の教授の堀江先生、八名の委員がいますが、七回目にして初めて、家族の意見を聞きたいと呼ばれました。六回まで何をしていたんでしょうか。本来見直しをする、建て替えをするということで指示をしたはずなのに。六回は一度もわれわれ家族を呼ばないで意思決定支援のみを審議していたそうです。これ、毎回取材してきた記者の方が教えてくれたことで、これは本当にがっかりしまして一七日僕は行って吠えさせてもらいましたが、その時の新聞記事を持ってきています。この日の議事録も堀さんにお渡ししました。今は芹が谷の園舎に一一四人いっていますが、（やまゆりの）ほとんどの人が重度知的障害者でA1で、岡部さんの息子さんのように支援員の人と話を理解し、買い物したり、散歩ができたり落ち着いて座っていたりという人は一人もいません。ちょっと目を離した隙にどこかへ行ってしまいます。いろんなことをしてしまいます。一人ひとりそばについていなければならない人達なんですよ。そういう人たちに、僕は皆さんに、津久井やまゆり園に来て、利用者さんを見てください、職員の人たちと話をしてください、家族の人と話をしてください。津久井やまゆり園には四年間で意思確認できる子はいるんだろうかと思います。

うちの息子には一週間に一度お弁当をつくって訪ねていきますが、言葉は片言出るが、最近「おとうさん、おかあさん」とか言えるようになりましたが、毎回言うことが違うんですよ。

「一矢、おうち帰る？」と聞くと「やめとく　やめとく」。

「お姉ちゃんが来たいと言っているけどいい？」と聞くと「やめとく」の返事をするが、次また行くと「おねえちゃんくる？　おとうさん来週すいようびくる？」と聞くんですよ。

本当に毎回変わるんですよ。うちは家族としては頻繁に会いに行っている方だけど、三〇年四〇年たった息子をみていて、たった四年間で第三者の人たちが、職員も含めてですが、本当に意思の確認決定できるのだろうか、皆さんに考えていただきたいと思ってます。

そういう確認ができないのに、意思決定してグループホームに出た方がいいんだ、地域で暮らす方がしあわせなんだとみなさん言いますが、本当にそれで幸せなんだろうか、疑問に思います。本当に意思の確認がどの程度できるのか、四年か五年かかるんだろうけれど。意思確認が悪いとか、グループホームが悪いとか、地域移行が悪いとか一言も言っていません。むしろ必要だと思っています。審議会でも、家族会は地域移行が悪いとか、グループホームが悪いとか言っているわけではないんですよ。

平成一五年に支援費制度ができて、大きな長野県、新潟県、宮城県などの四〇〇人五〇〇人のコロニー的施設は解体しましたが、グループホームはできたでしょうか。一〇〇人とか一五〇人の施設に分散しただけですよ。それで地域移行したことになるんですか？　自立支援法ができて一四年たったが、国は地域移行推進で入所施設の人を一二パーセント削減しましたが、果たしてできたでしょうか？　削減しても待機者が多すぎるんです。相模原市でもやまゆり待機者は五〇人以上います。多くは最重度の人たちばっかりです。グループホームは支援が少ない、グループホームでは暮らせない、うんと重度の人たちがどうしても残ってしまう、だから、津久井やまゆり園のような大きな施設が、県立としては津久井やまゆり園、秦野精華園、三浦しらとり園、中井やまゆり園、愛名やまゆり園五つあるが、半官半民は三つです。地域で暮らす方が幸せなんだと言っても、できないんです。

やまゆり入所の皆さん高齢です。平均年齢五〇歳、最高六八歳、母親は八〇、九〇歳ですよ。そういう人たちにグループホームへ行ってください、と言うが、ちゃんとまわりに受け皿があって受け入れるグループホームいくつもあって、こちらはどうか、こんな支援を行っている、息子さん、娘さん大丈夫ですよ、と言ってくれるホームがあれば、体験入所しますよ。でも実際には正直いって、ないでしょ。ないというより、逆にこれは行政の仕事ですよ。なぜ津久井やまゆり園の事件と行政を一緒にして無理やり押し付けてしまうのか納得いかない。だから、津久井やまゆり園は、とにかく一三五人頑張って、園も職員も本当に今一生懸命支援してくれています。四年間我慢して我慢して、あそこ津久井に戻りたいんですよ。

なんであんな凄惨な事件があった津久井に戻りたいか、思い出したりするんじゃないかと言われますが、あの建物をあのままにはできない。(事件当時)全職員は一日中血だらけの中を走り回って夜中までかかって対応していました。そのままではできない、建て替えは必要です。千木良は僕らのうちなんですよ。地域なんですよ。昭和三九年の二月に県立施設があそこにできたんですよ。それから(地元のひとは)家族も含めて、千木良にずーっといて、やまゆり園を理解していただいて、開けた形で、津久井やまゆり園はあるんですね。この間も家族会でビデオを流しましたが、収容施設と言われますが　津久井やまゆり園を知らない人、地域を知らない人たちがそういうことを言っているんです。ぜひ津久井やまゆり園に来てください、見てください。千木良の説明会では、地区の皆さんはみんなあそこに戻ってほしいと言っている。千木良でやまゆり園は本当にひらかれている。一〇から二〇のユニット制で、バス旅行にも行きますし、ホームごとに車も一台ずつあって、ドライブに行ったり、買い物に行ったり、岡部先生の息子さんと同じことをやまゆりのなかでやっているんですよ。年に二、三回の地域行事で千木良の人を入れて開かれた施設でやっています。本当に開かれた施設としてやっているんです。

なぜそれを壊さなければいけないのか、一三五人の人たちは一度帰って、そのあと半年とか一年たってから、地域移行とか、意思確認とか、グループホームへ移行とかしたらいいと思います。中には地域に行きたいという人もいます。それは一向にかまわないし、それから話したらいいんです。そういうことが話せる家族会としても受けとめたいと思っています。

事件後、かながわ共同会はバリアを張って、取材拒否とか、外部の人を受け入れないとか、いっさい話をしないんです。昨日も園長と話をさせてもらいましたが、今僕のところにNHKの人たちがよく来ています。一周忌に向けてドキュメンタリーを作っているが、メディアに向けて話しているのは僕しかいません。家族の人は皆さんガードが堅い。偏見とか差別を感じてしゃべらない人が多いんです。家族に障害者がいると周りから言われることを嫌がります。

平成一一年までは精神薄弱という言葉でした。知的障害も精薄も一緒なんでしょうけど、精神薄弱という言葉はとても重たい言葉で、みじめになるんですね。本当は白い目で見ていないんでしょうけれど、そういう風に思っちゃうんですね。今回の（被害者の）匿名のことなどで、顔を見せない、口を閉ざしているのは事実。僕は、子どもが小さいときから外につれていきましたが、本当はそうでないのかもしれないけれど、普通に接してくれればいいのに、そばに来ると嫌な顔を見せられたりして親としてはとてもつらい。日本の風土とか含めて、本当に知的障害の家族は心が痛いんです。特に遺族の方は弁護士を雇って受け付けませんし、記者の人がくるとしゃべらずに顔をそむけてしまう。

何も悪いことをしているわけではない、被害者の息子さん娘さん皆さんが痛い思いをして家族の方も病院を駆け回って本当に心配したんですよ。今も、これから四年間どうなるかもわからず心配だし、そういうことを話していいんじゃないかと思っています。こういう家族がいたことを知ってもらえれば、少しは理解してもらえるんではないか、と思っています。

私はそんな思いで皆さんの前でお話ししています。

それからグループホームイコール地域移行なのかということですが、グループホームを先に作ってもらって経験をして、本人も家族も職員も納得して良ければグループホームに移ったらいいと思います、というのが行政の本来の在り方と思っています。一三五人の施設も一つの開かれた地域ですよ。それをみなさん認めてください。家族みんなが望んでいます。一度あそこに帰してください。県は四分の一、相模原市四分の一、国は半分出すと思います。われわれ家族に一度返してください。ぜひお願いします。それから落ち着いて、地域移行やグループホームのことをゆっくり考えていったらいいと思っています。

僕の考える理想の施設とはなにかですが、僕はやまゆり園は家だとおもっています。職員もよくしてくれ、一矢の家、息子の家、僕の別荘かな、そこまではいかないにしても家族みんなそう思っています。あそこにいると、職員も兄弟姉妹のように接してくれる、本当に穏やかにみんな暮らしています。それをなぜ壊してばらばらにしてしまうのか。無理やり子どもにつらい思いをさせなければいけないのか、と思っています、それには順序があるんです。一度津久井やまゆり園に戻ってそれからグループホームに行きたい人は行ったらいいと思います。それが本来の在り方と思いますいかがでしょうか。

僕は平成一〇年から一七年間家族会会長をやっていました。八つのホームがあってマスターキーも預かり、月何回もやまゆり園にいきました。抜き打ちでホームに入ると、寝そべってたばこを吸っているだらしない職員も何人かいました。園長に名指しで首にしろと言いましたが、「首には出来ないですよ」といわれました。今のかながわ共同会の職員は素晴らしい。職員の年齢は若いし、研修もしっかりやっています。親兄弟姉妹のように接してくれるそんな施設を、解体しろと言われるのはどうしても反発してしまいます。本当に僕ら家族は余計なこと、何も考えているわけではないんです。四年後に一三五人をあそこ（やまゆり）に一度帰してもらって、ということです。それから皆さんと協力していろいろやっていきましょう。

ちょうど時間ぴったりで、終わります。

!! 現在、尾野さんは息子一矢さんを自立生活させる、と宣言しています!!

佐瀬　県央福祉会の理事長をしております佐瀬と申します。私のところにはグループホーム三八か所あります。利用者さんは三七五名います。結論的なことからいうと、もう、やるか、やらないかの問題だから、県央福祉会は相模原に受け皿を作りますよ。それでやるしかないと言わないと、ことは進まない、そういうことを宣言したいなあ、と思っています。

グループホームがすべてだとは、わたしは思っていませんけれど、ちょっと流れ的なことから言うと、一九五〇年代に北欧ではとうに入所施設ではだめだと叫ばれて、ノーマライゼーションが発達して入所施設はなくなっています。ヨーロッパもアメリカも。その世界に逆行することをやっていいんですか、ということをだれも言わなかったらおかしいし、これが日本の文化なのかな、と思うと私はとても違和感を感じています。もう一つ別のことを言うと、ハンセン氏病のことがありますが、ハンセン氏病の人、社会から隔離するために療養所をつくったわけじゃありませんか。同じことをまだやるんですか、ということを言いたいです。

最後に、私は実は当事者の片割れでもあるんですね。津久井やまゆり園の受け皿として厚木精華園をつくるときに私はそれを手伝いました。初代の園長が言いました。でも結局入所施設って、職員たちを悪く言うつもりはありませんが、仕組みとか環境とかを考えたら、そうなってしまうんだということと、先ほど尾野さんがいろいろおっしゃっていましたが、私から言わせれば美辞麗句ですよ。確かに彼らたちが勉強してるかというと、そんなことしていません。でも職員たちは毎日毎日こまネズミのようにクルクル回って、支援をしているんですよ。でも本当ならば、利用者さんに話を聞き、向き合い、どういうふうな支援をしたらいいんだろうかを考えるべきなんだろうけど、やる暇がない。それが現状ですよ。どこにそんなに美化することができるんだろうか、できるわけがないとわかっています。

それからもうひとつ、津久井やまゆり園の建て替えは平成八年に終わって移っているんですけれど、その前の施設を私は見たことがあります。そこで一番ショックだったのは、廊下から丸見えのトイレでした。女性も個室じゃないんですよ。なんでこんなことが天下の福祉県・神奈川にあるんですかと、私は思いました。私は当然、おかしいと言いました。それは最初から、そのように造ったわけではないけれど、重度の人に支援するためには、最初からそのように造ったわけではないだろうけれど、見えるところでないと危険性があるからと、多分後から扉を取っ払ったんだろうと思いました。それから昭和三九年に津久井やまゆり園はできているんですけど、お風呂は一か所しかなかったんですよ。一〇〇人くらい入るお風呂で、月曜日は男性、火曜日は女性、そして水曜日は男性と交互に入っていた時代があったんですよ。それが施設の現状ですよ。多少は変わってきているところがあるにしても、同じことがあるんだと考えたら、どうして入所施設を肯定することができるんですか。グループホームが万全とは思ってはいませんが、私は県の方にも提言してます。ちょっとお見せしますが、地域生活ビジターセンターをつくりましょう、と。グループホームは少人数で一人勤務になっちゃうから、支援する仕組みを作ろうという話をしています。誰も乗ってきません。でもそうしなかったら、地域移行は進まないと思います。

池田（旧姓）

旧姓池田と申します。今は文京区に住んでいてパートナーと子どもが二人います。相模原に一二年住んでいました。県央福祉会などが中心で作ったオンブズマンの当事者メンバーとして相模原では岡部さんと障害者支援計画を作ってきました。

僕はＡＤＨＤと脳性マヒの当事者です。東京に住んでいた時に金井康治さんのことがあって、インクルーシブ教育とかもかかわりがあるんですが、学校卒業した後に重度の知的と自閉の人たちのお母さんたちが「でてこいサークル」というのをつくって、僕も養護学校高等部の寄宿舎に入っていたので、いとこにも重度の知的障害の人がいるので、小さい頃からかかわりがずーっとあります。このサークルでは言葉ではコミュニケーションをとれない人たちがいますが、僕は当事者として支援をうけました。

確かに家族の人たちは小さい頃からまわりから、障害のある子を産むなどいろいろ言われて優性思想のなかで生きてきました。明石徹之さんのお母さんは公務員になれるよう活動したり、私の母も障害を持っていても地域に出られるように一生懸命やってきました。

オンブズマン活動で津久井やまゆり園には一回しか行ったことはないんですが、献花では何回か行ってます。また、他の入所施設にも通わせてもらいました。そのなかでやはり意思決定できない人がいっぱいいます。宿泊介助と放課後の活動の中で、みなさん家族といるということを聞かないと何をされるかわからない、虐待があるかもわからない、ということを見ていて、知的、身体、精神の方もですが当事者の皆さんは、言葉がなくても相手がどういう人かをよくわかっていて、自分から手を出すことはほとんどなくて、怖ければ近づいていきません。関係性をゆっくりつくりながら、自分がどうしたいか、ラインとかシンボルマークを使って表現します。身体の方は筋緊張がでたり、涙がでたり、聴覚過敏で耳を塞いだり、いろいろ体から表現されてます。そういったことを家族はどこまでみているんだろうか、僕にとっては課題だと思っています。

あと、家族の中で優性思想が、法律が変わっても生きてます。県の検討会に一回目を除いて全部出ているが、ご家族の思いはわかります。苦しめられたことはよくわかります。僕もこの間、NHKの「きらっと生きる」にでたとき、相当やられた、障害のある夫婦が子供を産む、自分のこともできないのに介助者入れて、とたたかれました。家族がこの子を守りたいと思う気持ちはよくわかります。でも障害が重いからこそ何もできない、と思っていることも、そう思いたいのもよくわかります。その子に対してどのようにアプローチしたらよいか、難しく考えていることもわかります。神奈川で活動し、サンフラワーとか、当事者がいろんな言葉で話したり一緒に行っていろんな活動をして、その中で何をしたいかわかってくるんですね。

今サンフラワーという活動で、自分で活動する障害者がいっぱいいて、いろいろ話したり、遊びに行ったりしています。オンブズマンで活動する中でみんなが何をしたいのか聞いたりしてきました。やはり地域の中で生きていきたいと思うし、障害を持っている人がそこにいるだけで存在感があり、地域のグループホームの人たちと知り合ったり、本人の望む方向を見つけたいと思います。神奈川県を見ていても家族の話を聞いてないように思うし、四月に部署も変わって丁寧に説明されていないように疑問に思いました。東京でもやっていますが相談支援専門員と知り合いになったりして、どういう風に生きていったらよいのか、時間をかけながらやっていけたらいいと思います。

西　ありがとうございました。今の話の中で意思決定できない人はいないわけで、誰もが意思はあります。伝えられるかどうか、受け止められるかどうか、当事者の問題ではなく捉え方の問題でもあると思います。

池田　介助派遣とかやっていると、ご家族はいなくても、本人たちはいろいろ指示を出してきます。言葉でなくても、動きとか手ぶりとかで伝えます。意思の出し方はいろいろあって、いやなことがあると、筋緊張あるとか、突っ張るとか、涙が出るとか自分の殻に閉じこもるとか、自傷とか、多くの行動は、意思の積み重ねと思えたらよいです。

匿名（やまゆり園）　やまゆりからきました。匿名を希望します。初めて参加して勉強になりました。岡部先生のお子さんと、尾野さんのお子さんの話を伺い、やはり、最重度知的障害者とは何かという問題を先ず、一点目の論点とすべきことと思います。それは、この世の中で最も弱い立場にある人たちだということです。食事、排泄、入浴、着替えができない人、寝たきり老人ではないが、二つのケースを伺っても、それぞれ違いがあります。

うちの子どもを見ていると、元気いっぱいに走りまわり、どんな危険な場所も裸で入り込む、他の家に入り込んでものをひっくり返したり、コンビニに入って、ほしいものがあればお金を払わずとってきて警察に通報されたことも何度もあります。こういった問題と、医療的なこととしててんかん発作があり、転倒して大けがをすることもあります。

二点目は、彼等の受け皿をどこに求めるのか、岡部さんの場合はアパートで、尾野さんの場合はやまゆりで暮らすかどうか考えているということで、これも一つの選択、ただ親の選択であることは聞いてわかるわけです。彼らが安全で快適な生活を送るためにはどうしたらよいか、最重度の子の場合彼らの行動を激昂しないで突発的なことにも動じない職員が必要。これはグループホームはまだ受け皿としては万全ではないという、今後の課題で重要であります。元気いっぱいの彼らを家族が受け入れられるかというとそれも難しい。老人のグループホームに似ているが、やはり違う。グループホームで彼らが自立できるか、当面の問題として出てくる。最重度の彼らの指導にはプロの人材が必要で共通の問題。医療の体制も付随して出てくる。

三点目としては、お金の問題をどう考えるか。現在は支援費制度と障害基礎年金があり、重度知的障害者はどうしてもお金を使わない生活をしてるので余禄はたくさんある。ところが、国や自治体は、入所施設を解体する方向で地域に負担を押し付けている。在宅医療や地域移行は、今後家族や本人の高齢化という問題がある。最終的にどこに求めるかというと、やまゆり園は利用者や家族の高齢化もあり、入所施設の存在意義はあると思う。三点をまとめると、地域移行は長期的な視野をもってやった方がいいと思う。性急にやるといろいろ問題が出てくるだろう。利用者家族の高齢化が進めば入所施設も必要となる、重度障害者の支援の人材育成も必要。決まりきった結論になってしまうが、財政面、地域に押し付ける問題は検討、整理する必要があると思います。以上のことを論点として据えたいと考えます。

伊藤　東京の日野市から来ました伊藤と申します。NPO法人やまぼうしというところでグループホームを運営し、重度の障害者の暮らす場、働く場、街づくりをやってます。この仕事について五二年になります。かつて入所施設で三〇年間、施設をよりよくすることに全力あげてやってきたけれど、改革の限界を感じた。地域に出て地域の暮らしを作ろうと思ったが、そんな地域はなかったんですね。当時一九九〇年代、アパートを探しても、二〇年、三〇年も施設にいた人に貸せないとほとんど断られ、ハローワークに行っても介護を要する人を受け入れる職場もなく、仕事はなく、暮らしの場も、働く場もほとんどない。そんな中で当事者と街に出て、一緒に街を変えるしかない。施設を変えるエネルギーを、街を変える、街を耕すエネルギーに転換し、いろいろ模索してきました。その間いろんな困難もありました。

今日の集まりで一番感じたのは、入所施設当事者は残念ながらいらっしゃるかどうかわかりませんが、人生を共にしてきたご家族、施設の職員、グループホームの支援の方、グループホームの限界を超えて個別の生活づくりを支援している方、行政の方とか、これだけいろいろな立場の人が、本音がだされているかどうか別として、フラットな立場で、答えが先にあってその方向に行くことではなくて、問を共有しようという、一緒に答えを見つけ出そうと自問自答することは、私の五二年間初めてなのではないかとうれしく思います。答えは一つではないと思います。一人ひとりのニーズも違うし、支援の仕方も違うし、万能な答えはなくて、多様にいろいろアプローチし、それぞれ模索していくしかないだろうと思ってます。

私は東京都のグループホーム勉強会副会長を一五年やっています。平成二七年度運営状況調査の統計でいうと、知的障害者は三〇五〇人。うち区分4は五四三人、5の方は三一三人、6の方は二二六人と三〇％以上の人が暮らしています。この数を多いとみるか、少ないとみるか、圧倒的に少ないですね。かつてグループホームの利用は就労要件しかなかったわけですから、その時代から考えるとわずかですが着実に前進していると思います。圧倒的に多くの方が、区分6の人でも入所施設二つ分くらいは、地域で暮らしているわけです。それでも、圧倒的多くの重度の方は入所施設などに取り残されている残念な状況でもあります。

ＮＰＯやまぼうしでは二八人が5ユニットで生活しています。区分6が六人、5が四人、4が九人で、二八人中一九人は重度の方。6の方は言語的コミュニケーションはとれません。全介助ですが、一五年間地域でちゃんと暮らしています。入所施設の時と全く違う暮らしぶりをやっています。施設を出たときは四〇、五〇歳だったので、今は七〇歳を超える方がどんどん増えています。問題は加齢に伴って重度化もするし、医療的ケアも必要になって、はたしてこのまま地域での生活を支えられるか最大の課題になっています。だけどなんとかここまで来たんですから、最後まで入所施設に戻らないで地域で大往生できる、そういうターミナルケアを見据えた支援を一緒にやっていきたい、そういう暮らし方ができる地域を、あるいは行政の施策をつくらなければと思っています。

津久井やまゆり園に知人がおりまして、一九七〇年に訪れました。先ほど話した大規模施設の典型です。私が勤めていた施設もそうでした。児童寮二二〇人に風呂が一か所しかない、どこの施設もそうでした。そこからグループホームに移行してきて、最重度施設は地域で暮らせないからいるんだと、私が最後に働いた施設では、一六〇人は誰ひとり地域で暮らせる人はいません、とみなさんに言われましたが、その後一割以上の方が出ました。

その時私は言いました。人生やり直しがきかない、三〇年、四〇年施設で暮らしてきた人に、最後の一〇年二〇年を自分の人生にプライドを持って生きてよかったという、生活を一緒に創りましょう、と。厳しい施設生活を送った人が、どうして地域で生活できないことがあるだろうか。グループホームは個室、本人中心のプログラムで、地域で暮らせないわけがない。入所施設ほど厳しい条件はない。生活は保障されているが規制条件がある、そこを越えていく可能性の一つにグループホームもあると思います。今、サテライトに取り組んでいることをお話しして終わりたいと思います。

平野　やまゆり園に息子が入っております、平野と申します。家族会の意向として大規模建て替えの方向が報道されていますが、私は反対の立場で、施設から社会に出て生活していくべきだと思っています。今やまゆりのご家族の方は、尾野さんが言われるように、このままだととても不安だ、ひょっとしてやまゆりを追い出されるのではないかと、無理やりグループホームに移されるんじゃないかという心配を持ってらっしゃる方がかなり多い。皆さんいろいろ意見を言われましたが、こういった世間の流れというものが、施設にいるとなかなか見えなくて、まして利用者の方保護者の方に高齢の方が多いとなると全く世間の動きが分からないし、地域移行ってそれ何？という方が多いわけです。まして相談員制度がありますが、それもよくご存じない方も多く、外部のことは全くわからない。突然事件を契機に地域移行だなんて言われて、まったくわからないんですね。

一番の問題は、二月に県の小島福祉部長が来た時に質問したんですが、「大規模施設作るより、グループホームを作る方がいいんじゃないか？」と。どういうわけか部長は真っ向から否定するわけですね。神奈川県は態度をはっきりしていない。グランドデザインでは地域移行を言っているわけですが、内実はそうでなくて、何をどうしたらよいかはっきり言わない。もっと県が主導してやるんだと言って、家族に不安を抱かせないことが大事だと思うんですね。五月二一日に意思決定支援のガイドラインを作られた大塚先生がやまゆりに見えたんですが、質問をしたんですが、いきなりそのことを言われても皆さん不安でしょうがない。西駒郷でもそうだった、でも、一切家族を路頭に迷わすことがないとはっきり言って進めた、と。ですから、そういう進め方をしないと家族はとても不安に思う。なおかつこれだけ周りから言われると疑心暗鬼になってしまう。大塚会長もよく言うには、施設の中のことを知らない人間が騒いでいる。我々はほっておいてほしいんだとよく言われる。はっきりとした言い方を県がしない、共同会もしない、共同会も一緒になって、地域移行は反対だというわけです。共同会自体も地域移行を理解していない。もう少しそういうことを県が説明しなくてはいけない。ですから私も役員をやっており、地域移行についてわかっている人を呼んで話をしてもらいたいと、家族会で言っています。

これから少しずつ意識は変わっていくと思います。なおかつこれから四年間芹が谷におりますけれど。四年間進めていけばかなりの方が外に出られると、ましてや四年間あそこにいたら、津久井の方はあそこに帰りたいと言わないと思います、職員もですね。ご存知のようにやまゆりはなかなか交通の便が悪く、職員も集まらないし、そういうのも事件の伏線にはあると思います。もっと言えば津久井なんかやめて、もっと開けたところへ、どうしても施設が必要だという方を集めて作れば、そうすれば話は進むと思います。質問があればどうぞお受けします。

尾野　平野さんありがとうございます。僕は平野さんとまったく違います。津久井やまゆり園は地域ですよ、広がってますよ、田舎じゃないですよ。確かに通うのは不便な人もいるかもしれませんが、皆さん通ってきてます。平野さんは嫌いかもしれませんが、僕はそう思っていません。家族会の総意、大月会長の言葉にはいろいろあるが、反論してる人はいません。この間の大塚先生の話では、意思決定支援地域移行ありきで話が出ている。今この話をする必要があるのかなと思うんです。地域移行は国の制度としてあるので、僕らは反対しているわけではない。ただこの事件が起きたから、なんで今地域移行しなければいけない、ただあそこへ一度帰してください、というのが僕らの気持ちなんです。その後から、地域移行でも意思決定でもすればいいんです。それには協力しますよ、そういうことなんですよ。

岡部　尾野さんに申し上げたいんですけど、東北で大震災がありましたよね。町が壊滅した、みんな復興、元に戻そうと言ってましたが、うまくいっているとか、ほとんどのところがうまくいっていないですよね

いろいろな考え方があるし、年月は経っていくし、元に戻せ、は無理と思います。ただ冒頭の堀さんには僕文句言いたいんですが、人が住んでいるところを、所詮入所施設だと言ってはいけないと思うんです。昔アメリカの入所施設解体の現場に行ったことがあるんですが、当事者の方と一緒に行ったんですが、施設を出た方ですね、施設が解体された後どうなったかというと、刑務所になったんですね。その話をしたときにその方、泣いちゃったんですね。なんてひどいこと言うの、と。誰だって自分の住んでいた所が否定されるのは嫌ですよね。そうなると、僕も尾野さんに肩入れしたくなるわけですよ。意思決定支援だ、地域移行ありきだ、冗談じゃねえよと。だけど、元には戻らないとは思うんですよ。考えなくちゃいけない。西さんに文句言いたい。西さんのリアリティを押し付けちゃだめですよ。

じゃあどうしたらいいかというと、多様なあり方があって、全員地域移行もなし、全員建て替えた施設に住むのもなしですよ。その上で何があるか、多様な形があるかをみんなで探る、そのことをみんなで約束する。神奈川県が約束すればいいじゃないですか。僕は八〇億をグループホー

ム建て替えに使うのも嫌なんですね。県は出し惜しみをしない、形はいろいろあるけれど皆さんの生活はちゃんと守ると約束すればいいんですよ、という議論をした方がいいと思います。

他の方も含めて、ご家族の方や当事者を訪問して一緒に出ようよ、出るべきだではなく、いっしょに暮らそうよというのが、ＣＩＬの方もいるが地域で一緒に暮らそうよ、と言わないと、地域か施設かという択一を迫るのではなく、あなたは僕の仲間だよ、と言いに行けばいいじゃないですか。そうでないとゆっくりと、あたたかい南風にならないと思います。過去七生福祉園に入所していて、地域に出てきてピープルファーストという団体を作った経過があるんですね。支援センターグッドラックの仲間が行って、俺たちと一緒に暮らそうと言ってきた。施設に入れようとする親に向かって、僕の嫁にください と言った人もいた。一緒に暮らそう、自分が責任持つよ、と親がどうこうより、そういう強くてあったかい南風を吹かさないとダメなんじゃないか、と思うんですね。理屈めちゃくちゃなんですけど。

佐瀬　大事なのは、現実の路線をどうするかという話だと、そう思いますよ。共に暮らそうという話は分野が違うかもしれませんが、バザーリア法で二〇年以上かけてイタリアでは単科の精神病院をなくしたんですよ。今の岡部さんの話のように、医者もケースワーカーも、看護師も介護人も一緒に街に出たんですよ。だからできたんですよ。佐瀬がまた同じことを言っていると言われてますが、私のところには入所施設はありません、必要ありません。誰か防波堤にならないとできないですよ。

もう一つ、県の検討会七回あったのですが、グループホームを作るだけではできないよ、その時に県が支える仕組みを提案しなければダメなんじゃないかと言っているんですが、なかなか聞かない。トランジットホームみたいなもの、体験型、ショート型のホームを作ろうと言っても、県は聞かない。

一番困ったのは堀江先生ですよ。家族や行政に振り回される。五月の説明会では小島福祉部長は、グループホームの職員は質が悪いなどと悪口を言う。高めようとしないで、批判する。事業主体に任せるようなこと言う。おかしいですよ。

女性

相模原で三十数年地域福祉をやっている者です。

八〇年代に相模原には地域作業所しかなかった、通所施設は全くなかったです。でも親たちは昔の津久井やまゆりに行ったときに、自分たちの子があそこで暮らすと言ったときに涙を流しました。でも二〇数年前に津久井やまゆりが建て替えをした時は、あんなすてきな立派な施設に、いずれはあそこに入りたい。通所に通っている人たちは短期入所を希望してショートステイを利用しながら入所を待っている方もいました。でも親御さんたちはグループホームを作り続けてきました。実際は県央福祉会ですけれど、現在一一か所で一三〇人以上の方がグループホームで暮らしています。半分以上が区分5、6の方です。強度行動障害の方たちも暮らしています。多くの方、私たち親もグループホームを希望しています。実際のところ重度の人は無理だと言われました、たしかに無理でした。お金もかかるし、建物を建てるのも大変なことでした。年金だけしかなくて、だからそれなりに見た目がよくて親たちも入れたいと思えるような建物を用意するには年金だけでは無理でした。

相模原で家賃補助を創設しました。横浜ほどはかないませんけれど、家賃補助が二〜三万出るようになりました。何とか年金でぎりぎり暮らせるようにやっとなりました。グループホームを作るからと土地を貸してくれる地主さんはいなかったです。でも地域で暮らしていけば地域は変わります。東京のように手当が数十万もでればいいが、相模原では違う。この地域を変えていくしかないんです。

三〇年たって親はどんどん齢をとっていて、グループホームは足りません。本当に困っています。津久井やまゆりの方だけが重度ではありません。でも何とか地域で支えていこうと思っています。その中で津久井やまゆりは重たい人たちだから入所施設がいいと言われたら、その先私たちにはないです。当初グループホームを作るために土地を貸してくれる地主さんはいませんでした。反対運動もありました。でも地域の中で、生きていけば地域が変わります。やまゆりは建替えてそこに入ったらもうおしまいですよ。出て生活するなんてありえません。そこで落ち着いてしまいます。このような事件があったから言うんです。地域を作り変えていかないと、こういう話をすると地域移行と津久井やまゆりの話を一緒にするなといわれるんですが。今回このような事件があったから言うんです。この事件がなければ言いません。この事件があったからこそ相模原という地域をつくり変えたいんです。一緒に変えていく力をぜひ皆さんとやっていきたいです。

言語障害の脳性マヒ者　殺された人たちはなぜ匿名なんですか？

尾野　わかりません。なぜ匿名を望んだかは、僕にはわかりません。

岡部　なぜ、名前を知りたいんですか？　名前を知ってどうするんですか？　そうやって、親を追い詰めても仕方がないですよ。

鶴田　鶴田といいます。大田区で知的障害者の自立生活支援に関わっています。B型就労に関わっているんですけれども、先ほど岡部さんが、親が決めたということを話されましたが、僕はほんとに親が決めたのかな、施設入所も社会が決めたと思うんです。それ以外の選択肢が示されていなかったのではないかという思いが強くあって、その選択肢をどうやって示していくかです。僕は亮佑さんみたいな暮らしをプロモーションしたいと思っていますけれど、亮佑さんのような暮らしを知らない人が多いんじゃないか、どうやって知ってもらえるか、親御さんに寄り添いながら話していくことが大事かと思います。

平岡　一月四日の神奈川新聞のトップに、娘と一緒に紹介してもらいました大和の平岡です。今日お話しを聞いて、親御さんに、もう子どもたちを解放しませんか？　娘は今年高等部を卒業して、県央福祉会の通所に勤め始めましたけども、もう社会が受けとめてくれるんだから、子どもたちをもう解放しませんか?

あそこ(献花台)に六六歳と書いてある人は、その親御さんはもう八〇、九〇歳じゃないですか?今週仕事で七沢療育園に行きましたけれど、誕生日会の一番最初の歌に驚きましたけれど、「チャンチキおけさ」ですからね。ほんとお父さん、お母さんたちの会ですよね。もう子どもたちを解放しないといけないんじゃないかと思いました。成年後見とかに親御さんが反対をするということがよくわかりました。自分たちの苦労がほしいんですよね。自分と同じ考えをする後見人がほしいんですよね。ありえませんから。僕は後見人もしていますが娘の後見人はやるつもりはありません。なぜかというと、親のエゴをはりたいからです。後見人は娘の側になって考えなくてはならない。僕は親として娘のことを考えたいから娘の代理人にはなりたくありません。ずいぶん前から思っていましたが、家族会自体がおかしいですよね。成人、大人になってからもずっと見守っていく考え方がおかしい。支援者としてかかわることはありますが、子どもが成人になって二〇歳になって、親権を失っても家族の権威を振りかざしていくことは、僕には考えられない。

それから、やまゆりのことにばかり焦点あたっていますが、神奈川の障害者福祉を考えたら、僕は肢体不自由父母の会の県の副会長をやっていますが、医療ケアを必要な子どもたちの施設が全然できない。それを取り残して、津久井やまゆりが再建だというのは納得できない。そこも含めて考えていきましょうと言ってもらえないか。自分たちのことだけで再建というのは納得がいかない。そこは話し合いましょう。

岡部　圧倒的に旗色が悪い尾野さんに肩入れして言いたいですが、社会が助けるというのはやめてほしいです。社会なんてないです。支援者は自分がやっていくよと言えばいいじゃないですか。自分が引き受ける、自分がやる、そう言わないんですか？　そういうことがなくて、べき論だけ飛び交うのは納得がいかない。うちへきて支援をつけて、東京でも滋賀でも自分のところで手を上げて、一緒にやっていこうとなぜ言えないのか。自分ができることがあったらやるよ、希望者が来たらそれでやるよ、って言えればいいじゃないですか。そういう尾野さんが窮地に陥っていく姿、よくわかりません。

小田島　ピープルファーストの小田島です。僕も日野市の山奥に入っていました。七生福祉園に五年入ってました。その前に八幡学園に、小学校をやめて、お前は多く食うから駄目だと親にも言われて、親の言うとおりに最後なったんですけど。やっぱりやまゆり園だけでなく、こういうことは他の施設でもあると思うんです。殴ったり蹴飛ばしたり、七生でも一人亡くなって、お風呂の時に職員はどこにいたのかという裁判を起こしたこともあって、僕たちもいろいろ考えました。施設はあっていいのか、なくていいのかという話だけど。僕は七生を出てグッドライフに入ってひとり暮らしをやっています。自分の気持ちは自分で決めてやっていくのがいいと思うけど、そんな中でもつらいこともいろいろあるし、職員は怒っていて、自分やってないのに黙って、怒ってるんだなと思うこともありました。

平野　先ほどの尾野さんの話に反論。先ほど私だけが違う、一三四対一のような感じですが、結構他のご家族にもグループホームに関心のある方もいて、知らないということがまず第一で、今日活発なお話がでていますが、ほとんど届かない、まずは皆さんご存知ない、関心がない、そっとしておいてほしい、と。今さら騒ぎたてないでほしいと。私も啓蒙していこうと思っていますが、ちょっと時間がかかるかなと思っています。

できましたら皆さんがやまゆりに話に来ていただけると一番いいんですが。なかなか機会がなくて、六月には家族会はなく、年に数回しかなく残念ですが、できるだけ機会を作ってみたいと思います、よろしくお願いいたします。

それともう一つ、先ほどのお話では尾野さんは施設を肯定的に捉えられているようですが、私にいわせると、土日出られない、好きな時に食べられない、外出できない、コンビニにも行けない。旅行とかありますが、ヘルパーを使ってたまに食事に行ったり、私も毎週土曜日連れ出しに行きますが、親がいなくなったらそういうこともできなくなると思います。

もう一つ、怒ってることがありまして。あの事件後、私の子どもは体育館におりまして、ある日連絡がありうちの子はなかなか夜寝なくて他の子に迷惑、三浦しらとり園に移ってほしいと言われました。風光明媚だし立地もいいので、これならいいかなと思って行ってみたんですが、外には出ない、散歩にも出ない、庭にも出ない、プールはあるが、子どものためのもので大人は入れない。運動しないのはどうするのかと聞いたら、部屋の中を歩いているから大丈夫だと。びっくりして毎週土日休日連れ出しに行っていたんですが、中はまあ汚いんですね。廊下に物は散乱している。物は埃だらけ、カーテンは垂れ下がっている、子どものいる三寮は、生きていくのがようやっとという人たちばっかりだから、どこにも外には出れない。皆さん身体が弱い人たちで、一切外に出ていない。まるで収容所、監獄ですね。二ヶ月たって一〇月一五日に行って外出したら、園に戻ろうとしない。大パニックを起こし、道路に飛び出そうとする、よその家に入ろうとする、川に飛び込もうとする。必死で抑えたが、物は投げるで、しらとりに戻ろうとしない。園に連絡をして、車で迎えに来てもらって、とにかく安全なところに、と。うちに連れ帰って一週間いましたが、パニック起こしまして、手に負えなくてやまゆりに連れて行った。一〇月二四日連れて行ったが、二七日までしか預かれないと言うんですね。部屋がない、人もない、連れて帰ってほしい。とても一人ひとりに向き合っていないですね。市のケースワーカー、課長呼んで何とかしてほしい、部屋も作るには一ヶ月かかる、たまりかねて連れ合いも泣き出し、話し合ってようやくやまゆりに戻ることになった。体育館で一人で生活していたが、何とか芹が谷に移っていきました。やまゆりなくすより、しらとりなくしてほしいと思うくらいですけど。それからみるとまだやまゆりはいい方です。

尾野さんは私がやまゆりを嫌っていると思われていますが、うちの子はやまゆりに三年いるが入って非常に状態がよくなった、そこはとても感謝しています。それでもやっぱり限界はあります、われわれ親がいなかったら好きな時にお風呂に入れない、好きなものを食べられない、プールにも動物園にも…。そういうことを考えれば社会に出た方がはるかに人生を楽しめるし、いきいきとすると思う。そのことを伝えたいと思いますが、皆さん七〇、八〇歳の方が多く、説得するのは容易ではありませんが、やっていきたいと思います。

石渡

神奈川検証委員会の委員長をやっておりました石渡と申します。それを申すのはとても恥ずかしく思っています。検証委員会で議論されていたことが、ちゃんと社会に伝わっていたとは思えません。神奈川県がもうちょっときちんと、あそこの議論のなかで、県の職員が障害がある人の生活を理解しているとは思えません、親の声、議員がこう言っている、知事がこう言っているで、当事者がどう思っているかは重度でわからない。先ほど平野さんのお話にもあったように、しらとりであんなにパニックになるのは、ご本人がきちんと自分の意思を伝えているわけですけれど。先ほどお話があったように、ピープルファーストの方たちからお手紙が来ていることなど全く無視されたままです。こういうところで議論をすること自体が問題と思いましたし、いろんな立場の人から、いろいろな意見を聞いて、これからのやまゆりや、これからの障害者福祉がどうあるべきか議論する、そういうことがあったからこそ議論する。ここにいる方たちは関係者が多いと思いますが、やはり一般市民の方たちも巻き込んだ形が必要で、そうなったら地域も変わっていくだろうな。先ほどの相模原の実践の話にもつながっていくんだろうなと思うんです。岡部さんのいわれるようにこれが正解というのではなくてとにかく、ご本人の思いをしっかり受けとめていくことが大事です。

これまで何百の入所施設、グループホームを見てきたが、決定的に違うのは、グループホームで暮らしている人たちは自信がある。自分で決めた生き方をしている。中にはこんなところかと思うところもありますけれど、そこを選んだ当事者の方は誇りをもっていきいきとしていらっしゃる、と思います。先ほどの岡部さんの息子さんの映像を見て、ブランコの漕ぎ方なんかにとても感動したわけなんですけれど、ああいう形の在り方もあるんだけれど。入所施設の限界というのを感じてしまう。やっぱりご本人の思いからというところに、もう一回立ち返ることが必要だと思います。

尾上

障害連（障害者の生活保障を要求する連絡会議）の尾上です。

本当に貴重な集会の開催ありがとうございます。私の祖母が介護が必要で、本人がサービスを入れたがらず、家族の負担が大きくなっていることで、老人ホームに入れるかという話になっています。私は入所施設を反対してる立場なので、すごく複雑です、多分、家族は大変だから施設にと思います。なぜそう思っちゃうのか。多分、入所施設があるから、在宅サービスが貧弱だからと思っています。ニーズがあるから入所施設を作るからとよく言われますが、特に介護保険の場合、入所施設しかないのでニーズが高まると思います。お金がかかるので入所施設をなくして、その分在宅にお金を回してほしいです。（トーキングエイド使用）

藤沢市のO

藤沢から来たOです。統合失調症の家族会の者です。皆さんのように専門的な立場ではないんですがたまたま知的障害の方のサポートに入っていまして、三年間に五回の措置入院、精神疾患じゃないんですよ。その家族は父子家庭で、二四歳の女性で知的障害ですが、街の人が通報するんですね。自傷他害の恐れがないのに、五回ですよ。そして入院させられて、統合失調症の薬をのませられちゃうわけですね。非常にひどい状況です。コンビニ行って喫煙場所で吸い殻を拾って吸う、おにぎりを食べて万引きと間違えられる。それがお店の人に営業妨害と思われて、すぐ通報。近所の家に靴を投げ入れる。よその敷地に勝手に入っちゃったり、なんですね。今も入院している。早く措置解除になるように思っているんですが。

警察からも、病院からからも、早く住む場所を決めてこの街から出ていってほしいと言われ、長年住んでる街から追い出されてしまう。夜に家を出て、なかなか目が離せない。地域移行は大賛成ですが、併行して地域で障害者が住みやすくしてほしいと思います。

女性（車イス利用者）

いろいろな立場の方がいて難しい議論と思いますが、少しでも若いときに地域に住まないと。施設にいったん戻ってそれから考えてと言っていると時機を逸してしまうと思います。一緒に暮らしていこうと思っている人たちを少しでも増やしてやっていきたいと思います。

堀

様々な立場で様々な意見がありましたが、有意義な集まりだったと思います。施設をつくる北風に対して、今日の参加者は、地域を耕し、地域に南風を吹かせようとしてきた方が多かったと思います。地域の太陽になり続けていただきたいと思います。人はどこに住みたいか誰と住みたいのか、これは権利条約にありますが、健常者の選択肢の一つに大規模施設はないんですよね。

なぜ障害者だけに選択肢の一つに大規模施設があるのか、疑問を持ち続けたいと思います。今日は本当にありがとうございました。

（文責　山崎幸子　堀　利和）

第2章　父親たちは語る
なぜ施設を望むのか、あるいは望まないのか

▼発言者・発言順
大月和真／尾野剛志／神戸金史／岡部耕典（コーディネーター）

＊2019年1月27日　津久井やまゆり園事件を考え続ける対話集会(1)

「津久井やまゆり園再生基本構想」から

大月和真　津久井やまゆり園の大月でございます。スライドを用意いたしました。津久井やまゆり園が今どういうことになっているのか、ご紹介していきたいと思います。施設かグループホームか、という内容も中には入っていると思いますので、あらかじめお含みおいて、お聞きいただければと思います。

資料は、神奈川県の「知的障害者施設保護者会連合会」が本年（二〇一九年）一月六日に学習

会をやり、県の共生社会推進担当の柏崎部長から、やまゆり園の再生がどこに向かおうとしているのか、それは共生社会の実現に向けてであるということで、講演をしていただきました。その一時間の資料でございますが、それを今日は一五分くらいに短縮してお話しさせていただきたいと思います。それから残り五分で、いまの家族会の様子をご覧いただければと思います。

まず、こちらは再生基本構想です。平成二八年七月に事件が発生しまして、その九月に県のほうに私どもが要望を出しました。津久井地区にほぼ同規模の施設を建ててほしい、と元の方向での再生を希望しておりました。「ともに生きるかながわ憲章」は、平成二八年一〇月にできております。当初私は、これは二度同じ事件を起こしてはいけないという考えから来たなと思っていたのですが、話を聞きますと、この事件にネット等で同調する方の意見がかなり出ていたといい、県と県議会で危機感をもち、この「ともにいきるかながわ憲章」をつくったと聞きました。

翌平成二九年一月には、再生の基本的な考え方を示し、障害者団体や有識者にヒアリングをしましたが、ご存知のように異論が出まして、部会を作って検討をし、八月にその議論をいったん〆て、報告書が出され、「津久井やまゆり園再生基本構想案」が公表されました。一〇月には決定し、その翌日に黒岩知事がやまゆり園の芹が谷園舎に来られて、「非常に申し訳ない。皆さんのご要望にはこたえることはできなかったけれども、こういう形になったので、ぜひ協力してほしい」というお話でございました。その内容を見て、これなら大丈夫かなと、私たちも了解したというような経過がございます。

「再生基本構想が目指すもの」ということが四ページ目に書いてあります。ここはとても重要なところだと思いますので、読み上げます。

「この基本構想は、事件によって命を奪われた利用者への鎮魂、ご遺族の痛惜の念、そして心身に傷を負った利用者及び職員の尊厳の回復を念頭に置き、利用者、ご家族、職員、津久井やまゆり園を支えていただいている地域住民の方々など関係するすべての人々、さらに社会全体として、この事件を乗り越え、『ともに生きるかながわ憲章』の理念を実現することを目指して取りまとめた」

非常に端的な文章でありますが、私が考えていることは、このなかに全部含まれております。その基本構想を踏まえ、色々な議論が始まっております。まず「利用者一人ひとりがその人らしく暮らすことができる環境を提供」したい、そのためにどうあるべきなのかというところから「意思決定支援」をベースに置き、安全に安心して生活できる暮らしの場を作っていこう。地域に暮らしたいと思われる方は地域移行へ。そういう構成になっております。

「意思決定支援」とはどんなものかと言いますと「津久井やまゆり園利用者一人ひとりには、それぞれに尊重されるべき意思がある。今後、どのような暮らし、どのような支援を望むか、より丁寧に時間をかけて、かつ、適切な手続きにより、意思決定支援をする」。グループホームに行けよということではなく、どのような暮らしをして、どのような支援を受けることが、その人らしく生きられることになるのか。

本人を中心に、友人、相談支援専門員、市役所、後見人、県、アドバイザー、施設サービス管理者、家族など、本人を囲む関係する人たちが集まりまして確認し、それぞれが持ち帰って行動する。支援の連携を模索する。そういう形になっております。

現在の流れは、まず状況を整理するということで「チーム会議」があり、これが去年の末までにほぼ全員に対してなされました。その下の「担当者会議」は、約百名になされました。一番下が「意思決定支援検討会議」はフルメンバーで行われるもので、この会議が十数名に対してなされました。

次は「Ⅱ　安心して安全に生活できる暮らしの場」です。アンダーラインを引いているところが大事ですが、全文を読みます。

「津久井やまゆり園利用者が事件の被害者であり、大変な精神的苦痛を受けたことを踏まえ、まず、一三〇人のすべての利用者が安心して安全に生活できる入所施設の居室数を確保することを前提とする。その上で、利用者本人の選択の幅を広げ、その意思を可能な限り反映できるよう複数の選択肢を用意する」

これが県の基本的な考え方であると解しています。

その仕組みでありますが、まず一三〇人の居室を用意する。意思決定支援の結果を踏まえ、複数の選択肢を用意する。生活の場も複数。グループホームもそのなかに入るということになります。それから「県立施設として専門性の高いサービスの提供」ということで、どの場に行こうと十分な支援が受けられることを前提とする、という構造になっています。

施設の規模ですが、千木良と芹が谷に、合わせて一二〇人分。既存の支援施設に一二人分。合計で一三二人の施設は確保します。全員がその規模に入れる施設を作っていただけるということは、私たちにとっては、基本構想はありがたいものだということになります。

居住棟のイメージについては、図のほうをご覧ください。

次に「地域生活移行の促進」ですが、こんなふうに書かれています。

「意思決定支援を進める中で、地域生活移行の希望が示された場合は、安心して地域生活を過ごせるよう、①専門的支援の継続的な提供や②グループホームの整備の促進、③移行先のグループホームのバックアップ支援体制整備などの支援に取り組む」というように、三つの施策として進めてまいります。

そして今後のスケジュールですが、来年度のしかるべき時に、いま進めている意思決定支援の状況を見まして、芹が谷と千木良の施設規模を決めていく。そして三三年度中には何とか施設に落ち着けるようにというものです。

つぎに「ともに生きるかながわ憲章」が書いてございます
「一　私たちは、あたたかい心をもって、すべての人のいのちを大切にします
一　私たちは、誰もがその人らしく暮らすことのできる地域社会を実現します
一　私たちは、障がい者の社会への参加を妨げるあらゆる壁、いかなる偏見や差別も排除します
一　私たちは、この憲章の実現に向けて、県民総ぐるみで取り組みます」
その具体的な内容は、次のように進められていると聞きました。

最初の「いのちを大切にする取り組み」は、ともに生き社会を支える人づくり、福祉人材の確

保・育成、成年後見への取り組み・支援。二番目の「地域社会の実現」ですが、地域づくりという枠になっています。そこでは、やまゆり園の再生をまずやり遂げる、ということですが、地域包括システムを最大限利用して、地域に住みやすい環境を作っていく。三番目の「偏見を排する」は、社会参加という位置づけで、バリアフリーのまちづくり、駅のホームドアの設置、福祉タクシーの導入等を検討して進めている。四番目の「県民総ぐるみの取り組み」でございますが、憲章を普及啓発していくという活動ですが、以下のようになります。

なぜ普及啓発が大事かと言いますと、まずこの憲章を知ってもらうことによって、人々の意識が変わってくるだろうということがございまして、これを理解し、自ら行動していけるようになることを期待しています。

それを実現するために、県が今どういうことをやっているか（平成三〇年度）。

まず年間を通じて、市町村、団体等が開催するイベントでの普及啓発。事件があった月から、県立施設や市町村庁舎でのパネルの展示。県内公立・私立学校でのポスターの掲示。それから七月二六日が命日ですので、それを含む一週間を「ともに生きる社会かながわ推進週間」と位置付けまして、集中的な広報をやっております。これは、今年度からだと思いますが、県内四か所で「みんなあつまれ」のイベントをやる。一一月から一二月にかけて「障害者週間」ですので、共生社会の実現フォーラムの開催等々、という形になっております。

特に聞きましたのは、いま、神奈川県と東京都、埼玉県、千葉県と政令指定都市が五つございますが、九都県市で、九人の知事さんや市長さんが共同して、共生社会の実現に向けて色々なことを発信しているといいます。できればこれを全国に広げていきたいとも言っております。

憲章の普及は、まだ十分ではないわけですが、こんな形でいま県は取り組んでおられます。

家族会の取り組みから

大月
最後に家族会の話をさせていただきたいと思います。

私は、平成二七年の四月に会長に就任しまして、今年で四年目になります。家族会の現状ですが、三大行事がありまして、「笑顔がキラリ☆いい日交流会」「夕涼み会」「まつりだ！　やまゆり」です。八月に以前は夕涼み会ではなく、納涼祭ということでやっておりましたが、鎮魂の意味も込めまして、夕涼み会に変更しております。

今、みどり会（家族会）は、芹が谷園舎で土曜日に開催しております。千木良でも行っております。そこには県から共生社会推進課、法人から理事長、常務理事以下の方に、お越しいただいて、色々と話を聞いたりしています。七月には、県の追悼式とは別に、追悼のつどいをやっています。施設の建て替えはどういう状況かと言いますと、千木良では建物の除去がすべて終えており、次は地下の杭を取り除いて三月中旬には終わる予定で、いま新施設の設計が行われているところです。

実は茶話会を、去年の一二月に行いました。あるお母さんから私のところに、「どうももやもやして、すっきりしない」と言われ、一一月の家族会でどうしようか考えました。私は、安心して新年を迎えてもらいたいと思ったので、八つのテーブルを置いて好きな所に座ってもらって、県から今後のスケジュールについて説明してもらい、その後ワイワイガヤガヤお話をしてもらいました。すると、やはり不安の声が出てきまして、「施設規模はどのように決めるのか」「定員より希望者が多くなったらどうするのか」「意思決定支援で、家族の声が無視されるのではないか」「生活の場所を勝手に決められてしまうのではないか」「グループホームの見学を盛んに進められるが、施設を出されてしまうのではないか」等々、ございました。

なかには前向きな意見も出てきました。「グループホームを見学したいので、情報提供をしてほしい」「これからは本人の気持ちを大切にしていきたい」「不安もあるが、生まれたときから今までのことを、丁寧に聞いてくれて感謝している」「職員が先のことまで考えた支援に取り組んでくれていて、感心した」「ちょっと視野が狭かったかも知れない、もっとおおらかな気持ちをもちたい」などでした。

皆さんには、安心して正月を迎えてもらったのかなと思っております。前を向いていこうと考えておりますが、今回の再生は、津久井やまゆり園の建て替えということにとどまらないで、神奈川県が県民総ぐるみで取り組んでいる共生社会の実現に向けたものだ、ということを、私ども十分に理解しながら進めていきたいと思っています。以上でございます。

かつての津久井やまゆり園のこと

尾野剛志

皆さん、こんにちは。ぼくの顔を、このなかの半数以上の方はテレビや新聞でご覧になった記憶があるのではないかと思います。先月、堀（利和）さんのほうから、一月二七日に集会があり、父親たちが集まって話をするから、尾野さんもなにか話をしてくれと言われ、引き受けさせてもらいました。他の皆さんはレジュメを作っておられるようですが、ぼくは何も持ってきませんでした。自分が今思っていることをお話しできればいいかなと思います。

ぼくは一七年間、家族会の会長を務め、七〇歳になって今の大月会長にバトンタッチをしました。そのときはまだ事件が起きていなくて本当に穏やかで、会長を離れ、うちの息子ともやっと父親という立場からゆっくりと接することができるようになったな、と過ごしていました。ところがそれから一年三か月たってこの事件が起きてしまい、昨日でまる二年と六か月になります。昨日、津久井やまゆり園に献花に行ってまいりました。いままでは本当に何もない状態になっていて、寂しいものがありました。やまゆり園の家族にとっても、千木良という地域は本当にすばらしいところで、地域の皆さんにはよくしていただいたなと改めて思います。

そういうことも含め、なぜ施設が必要なのか、というきょうの問題のなかで、ぼくが言いたいのは、逆にじゃあなぜ千木良に家族が戻ってはいけないのかということです。ぼくの息子は入所して二二年になりますが、まだ措置の時代でした。措置の時代に入所して、支援費制度になって、契約制度になって、そのまま入所しています。

そしてやまゆり園は、平成一六年にかながわ共同会が県の指定管理を受けてから、半官半民になりました。県立のときよりも、いまのかながわ共同会の運営方針、支援体制のほうが素晴らしいです。ぼくは県立時代のことをよく知っていますが、職員が百数十名いまして、こんなことを言ったら怒られるかもしれませんが、怠慢な職員が何人もいました。当時の園長のところに行って、名指しで「あの職員を辞めさせてほしい、こんな職員が、ぼくらの息子や娘の支援をしているというのは、ちょっと情けない」と言ったことがあります。園長に「私の一存で辞めさせるわけにはいかない」といわれ、それなら仕方がない、子どもには近寄らせないようにしようと考え、管理指定となる平成十七年を迎えました。

やまゆり園は、施設が山奥に閉ざされていて、何百人もまとめて入れられている、というコロニーの時代のものとは違います。施設がなぜ必要かということでぼくが訴えたいのは、一つは支援体制です。それから医療体制、食事。これがパーフェクトです。親にも、よほどのことがない限りは苦情を言う人はいません。ほんとうに素晴らしい施設で、ここにきてよかったなと思っています。

映画『道草』と宍戸大裕監督との出会い

尾野　ただ、さっき、司会の方が、ぼくの考え方も変わってきていると言ったのですが、事件が起きて、この「津久井やまゆり園事件を考え続ける会」に何回か足を運び、ディスカッションをさせていただきました。そのときには「施設は必要である、なぜグループホームに行かないといけないのか。いま、重度の知的障害をもつ人を引き受けてくれるグループホームはほとんどない。そういう状況なのに、これまでのやまゆり園のような建物は作る必要がない、出ていけ出ていけと言われるが、行くところがないのに、出ていけというのはおかしいじゃないか。だから施設が必要だと言っている」。そう訴えてきたんです。

そしていろいろなところでお話をさせていただいてきた中で、これから岡部（耕典）先生がお話になると思いますが、『道草』というドキュメンタリー映画の宍戸大裕監督を紹介されます。『道草』は重度の知的障害をもっている人たちが、重度訪問介護制度をつかって、地域で介護者とアパート暮らしをしている。その様子を描いています。

この重度訪問介護制度は、今まで身体障害の人を対象としたものでしたが、四年ほど前から知的障害の人も使えるようになりました。それを使って、重度の知的障害の人のアパート暮らしの支援をしている事業所が西東京にあり、これまで二〇人以上の方のアパート暮らしを支援しています。

一昨年当時、岡部先生からメールがあり、「紹介してほしいという人が居るので連絡先を教えていいですか?」と、尋ねられました。私は「是非お願いします」と返事をし、その後、宍戸さんから電話があり、お付き合いが始まりました。宍戸さんはぼくに、「一矢さんのことも二年から三年くらいかけて撮らせていただいて、ドキュメンタリー映画として三〇分ほどにまとめたいのですが」と言われました。ぼくはいいですよ、と答え、それから何度か会って、宍戸監督に撮ってもらいました。そこで宍戸さんに、こういう制度を知ってますか、と初めて重度訪問介護制度について知らされたのです。親御さんは経済的負担をしなくてもよい、本人の年金と自治体の支給で生活ができるというのです。

尾野さんもチャレンジしてみませんか、と言われたのですが、ぼくは施設とグループホームしか知らなかったので、そんな制度があるのかと思いました。話を聞いて、うちの息子にも本当にアパート暮らしができるのだろうかと思って、座間市役所に行って聞いてみました。座間市役所は、制度は知っているけど座間ではやっていません、事業所は二、三、四あるけど、重度訪問介護制度を使っている事業所はありません。そういわれました。それで、西東京の自立生活企画の担当の相談支援専門員に会うために何度か足を運び、色々話を聞きました。時間はかかりましたが、やっと「尾野さん、一矢さんにもアパート暮らしができるようになるから、話を進めていきましょう」と言ってもらい、一矢にも会ってもらったりしました。ぼくもケースワーカーに会ったりしています。

いまの施設が絶対だと思っているわけではなく、施設には施設の役割がある。重度の知的障害で、どうしてもアパート暮らしという形では生活が無理な人たちはいる。そうすると、その人たちは、やはり施設だということになる。グループホームがもっと重度の人たちを受け入れ、色々な地域にできれば、親御さんたちだって施設だけではなく、もっと考えますよ。でもまだそこまで行っていない。

ぼくも大月会長も、やまゆり園の家族会のなかでは年齢が若いほうです。八〇代の人、九〇代の人もいます。そういう人たちに、施設を出てグループホームに行きなさいと言っても、簡単に、はい、分かりましたとはなりません。支援体制も素晴らしいし、利用者さんも穏やかに暮らしているのに、なぜ苦労したり辛い思いをしたりしてグループホームに行かないといけないのか。県の基本構想もできたことですし、利用者さんは津久井やまゆり園にいれば何の心配もないわけです。

いま、本人の意思確認をして、住まいを選ぶようにという話になっていますね。県は利用者さんたちの意思確認・意思決定を始めており、私の息子もついこの前、二回目の意思決定支援担当者会議に行ってきました。県の職員、座間のケースワーカーさん、相談支援専門員の方、それから、息子の介護者になってくれる方もいて、一年後、二年後にはかならず自立できるということで、介護者を付けてくれているんです。今ではぼくがいなくてもいいくらい、介護者の方に懐いています。

施設かグループホームか、ということではなく、まず人だと思うのです。やまゆり園の利用者さんは、自分の意思をきちんと伝えられない方がほとんどです。毎日とは言いませんが、せめて一週間に一度くらい接してもらえれば、心が伝わってくる。それが意思の確認につながるし、何をしたときが本人にとって一番うれしいのか、それを感じ取ることができるし、それが意思確認であり、意思決定だと思っています。そうやって一矢のことも理解していき、将来は、岡部さんと同じようにアパート暮らしをさせてみたいなと思っています。以上です。

グループホームと施設をどう考えるか

神戸金史

こんにちは。福岡にあるＲＫＢ毎日放送の神戸です。家族はみんな福岡ですが、私は三年前から東京で単身赴任をしています。二人の子どものうち、上の子が知的障害を伴う自閉症です。当初は意思疎通ができず、妻はかなり大変な状況でした。いまこうやってお話しするように、子どもと何らかの形でコミュニケーションが取れるようになったというのは、すごく驚きです。発語はほとんどありませんが、ＩＴ機器を使います。ＩＴ機器というのはいいですね。ＴＰＯが分からない自閉症の子たちには難しいやり取りが、ボタン操作をすれば「おはよう」とか「ありがとう」と出てくるわけです。

息子は文字を十分に理解しているわけではないのですが、絵カードに「ありがとう」とか「おはよう」とか言葉をつけたら、その文字を覚えてしまいました。特別支援学校で教わったのですが、こうすれば自分の意思や思いが相手に伝わることを、彼は初めて気づいたのです。（スマホを示し）これが今日の朝のやり取りです。左側が長男が書いたものです。「おはようございます。お父さんは今日も入ります」。これは長男が毎朝、三六五日書くことですが、お風呂のことです。自閉症なので、おはようと言ったら、次には、今日はお風呂に入るのかと聞くのです。私が「おはようございます。きのうは東京でお風呂に入りました。きょうも東京でお風呂に入ります」と返すと安心します。

次はお昼。さっき橋本の駅前で食事をしたので、「お昼を食べました、半ラーメン、半チャーハン、半ギョーザ。こんなに小さいです」と写真付きで送りました。そして「きょうはなにをしますか」と送ると「ゆうごはんはスパゲッティです」と返ってきました。これは、私の聞き方が中途半端でした。「何をしますか」を「何を食べるか」と勘違いしたのですね。それで「きょうは、どこかへいきますか」と送ると、「マクドナルドのおみせにいきました」。単語だけですが、こんな感じのやり取りはできるようになってきています。ゆっくりとですが、ちゃんと成長していることを、ぼくは感じています。

東京に赴任した三か月目で、相模原の事件に遭遇しました。やはり私の家族も対象になっているような気がし、メディアの一員である以上、植松被告の「障害者なんか生きている資格はない」とか、そういう言葉を報道せざるを得ない立場にいて、非常に苦痛を感じていました。そのときにフェイスブックに書いた文章はプライベートなものですが、とても拡散したことで、今日もこうやってお招きを受けたりするようになりました。私は福祉の専門の記者ではありません。とりたてて知見をもってこうではないかと意見を述べる資格も立場にもないのですが、少しお話してみます。

私は生まれは群馬県です。高校時代は高崎で一人暮らしをしていたのですが、親に車で送り迎えをしてもらうときに、山の中を通ります。そこにはコロニーがありました。ですから、私のコロニーのイメージは、山中にある大規模な施設で、人里を離れていて、社会とは切り離されているところだと思っていました。事件の後、やまゆり園の施設を見たとき、高崎にあるあの施設を思い出しました。

一方、私の子どもは二十歳になります。今後どうするのかと考えると、私たちは地域で暮らしてほしいと願っていますので、グループホームを作るなり入れてもらうなり、何らかのことをしようと考えています。津久井やまゆり園のような大規模施設は望んでいないのですが、しかし、地域で暮らすことが本当に可能なのかどうか。尾野さんの話にもありましたが、本当に可能でしょうか。

東京青山の児童養護施設の建設にも、大きな反対が起こりました。保育園・幼稚園さえ反対運動の対象になる社会で、グループホームの建設は可能でしょうか。これは東京近郊の話ですが、福岡は、関東のような広域の都市圏のような場所ではありません。地域には自治会もありますし、私も参加しています。自治会活動をやっていますし、私の長男の存在は、地域では知られています。グループホームの建設に関し、この地域で私が何かをするときに反対運動が起こるとは、私にはちょっと思えない。起きたとしても、多くの方々が賛成をしてくれ、大丈夫だと言ってくれると思っています。

地域で暮らすということは、そういうことなのではないでしょうか。見知らぬ人のなかに、突然、見知らぬ人のためのグループホームができる。そのことを違和感をもって受け止めることは、実際には起こりうることかもしれません。

昨年、横浜である集会に呼ばれ、話をしてくれと言われました。父として記者として、植松容疑者と面会を重ねてきているからですね。実は先週、植松容疑者から手紙が返ってきて、来週、五度目の面会に行くことになっていますが、今度はもっと突き詰めた話をしようと考えています。そんなこともあって、去年の四月に集会で呼ばれました。

一つは、施設に反対をしている団体が中心になっている集会でした。最初、お断りしました。私自身は、長男はグループホームで暮らすほうがいいと思っています。しかし、津久井やまゆり園の再建に反対する立場ではありません。そこに戻してくださいと言っている方がいらっしゃるわけですから、その方たちに、地域で暮らしなさいということは、私にはできません、だから施設に反対する集会には出られません、とそう伝えました。結果的には、その会はそういう趣旨にはしないので、神戸さんの言いたいことを自由にしゃべって下さいということでしたので、それでOKしました。

その時とても複雑な思いを感じました。私自身はグループホームを希望し、施設には反対です。理由は、いま再建するとその施設は五〇年は続くわけで、神奈川県の施設政策がそのまま固定化されてしまうのではないか。そう思ったりするからです。一方、その施設で長年暮らしてきた方が、建物を建て替えてあげると言われ、そこに戻れることを喜びと感じている、やっと落ち着きを取り戻せると感じている。そういう方に、私の理念で「反対」と言っていいのだろうか。そう感じ、複雑な気持ちでした。だから私は自分の意見は言えません、と言って断ったわけですが、ここには葛藤があると思いました。

「役にたつ／たたない」の二分法

神戸

六〇年代の前半に大規模な施設ができ始めたとき、どういうふうに障害を持つ子の親は受け止めたでしょうか。それまでは障害者の施設は皆無だったわけです。そこに、行政がお金を出して施設を作りますということになったとき、親は、やっと自分たちの努力が実ったと思ったんじゃないでしょうか。

四〇年代前半は戦争中でした。その時代は障害者は生きている資格がない、お国の役に立てない人は死になさいという時代です。それから二〇年ほどたち、戦後の焼け跡のなかから何とかして国家の再建を果たそうとする中で、障害者にも人権がありますというように国家の考え方ががらりと変わり、そこで初めて施設をつくろうと考えたのだと思います。

戦前の国家主義的な社会のその前の段階では、障害をもつ子も大人も、地域で一緒に暮らしていたかもしれません。働けるところは一緒に働き、農作業をしていたかもしれません。あまりに多動の子は、あるいは座敷牢のようなところに入れられていたかもしれません。個人も村も国も障害者の人権を弾圧し、場合によっては殺傷も行われていたかもしれません。そんな時代の後、民主主義が浸透し、そのなかで障害者の施設が認められてきたわけです。

ところが、色々な問題が出てきました。物なのか人なのか、箱なのかサービスなのか、ということかもしれません。箱を作った後、人やサービスがどこまで進化するかは別問題だった。だから、県営時代はひどい状況だったと尾野さんは話されていましたが、当たり前ですが、箱があればいいわけではないということですね。箱ができたことはすごいことだった。でもそのあとの、人とサービスが追い付かなかった。施設の問題とは、そういうことだったのかなと伺いながら感じました。

先ほど「障害者は生きている資格はない」という植松容疑者の言葉を紹介しました。あれは、戦前の日本社会の考え方とまったく同じものです。国家の役に立たない人間はだめである。兵役に合格できない男はだめな人間である。子どもを産まない女はだめである。目的は国家の繁栄で国威高揚ですから、そこに協力できない人間はだめだと切り捨てられる社会でした。植松容疑者が言っていることは、まさにそういうことです。

それから彼は、イケメンであるとか不細工であるとか、物事を二分して考えます。自分は不細工です、というのです。そんなことはないよというと、いや神戸さんにはイケメンではない人間の気持ちは分からないのです、ぼくのような不細工は、整形してやっとここまで来たのです、不細工はイケメンになる努力をすべきなんです、という言い方をするのです。どうしてそういうことを言うのか、よく分からないのです。かなり自己肯定感が低いのです。

不細工や役に立たない側の人間は、役に立つように努力をすべきだ。そういいます。非常に危険な考え方で、真ん中がないのです。ここにいる圧倒的多数のひとは「普通」で（笑）、超イケメンの人はいないようですが、彼には普通というものがないのです。人間はもっと幅が広くて真ん中が分厚いですね。真ん中がない考え方をするのです。

それで、あなたは自分を役に立たない人間だと思っていたんではないですかと聞いたら、そうですと答えました。非常に危険な質問だと思いましたが、「事件を起こしたあなたは、役に立つ側に回れたと思ったのではないですか」と聞いてみました。「そうです」と答えました。ポイントはここなんですね。役に立つかたたないかの二分法で、事件を起こせば、役に立つ側に回れる。浅はかにもそう考えてしまった。

障害者を殺傷することで役に立つ側に回れる、という考えは戦前の日本と同じです。とても危険な考え方ですね。真ん中がありません。そうではない障害者が多いとぼくは思います。いるだけで役に立っている人もいますし、多動で迷惑だなと思っても、その子がいて大変だけど幸せだ、と感じている家族もたくさんいるはずです。

最後に施設の問題に戻りますが、施設か人かという二者択一でもないですね。箱を造ったら人が整備されないと意味がないでしょうし、理念だけで地域で暮らせと言われても、住むことができない地域もあるのではないでしょうか。宙に浮いてしまうことにもなりかねません。

色々難しい問題だと私は思っていて、私自身に解答はありませんが、私の家族は福岡のある地域で暮らそうと思っています。その地域の人たちに存在を認めてもらう。それがまず大事かなと思っています。これほど人口が多くて、流入の多い地域でどうすればいいか、私にも回答はありません。隣の人にしてもらうということは、どこの地域でも同じかもしれません。まとまりませんが、こんなところで終わりにします。

「重度訪問介護」とパーソナルアシスタンス

岡部耕典

岡部です。のっけから集会を企画された方々にいちゃもんをつけるみたいで恐縮なのですが、一言。ちらしに載せたいので、息子の写真を提供してほしいと言われたのですが、ちょっと勘弁してほしいな、と思ってお断りしました。だから、私だけ息子の写真が載っていなかったのですが、この壇上にも私以外の方は息子さんの写真が飾ってあって少し閉口しました。写真になぜこだわったかというと、親は当事者を代弁してはいけないと思うからです。息子の写真の陰で親が語る、みたいな感じはどうなのかな、と。この集会の趣旨がそういうものでないことは趣旨文を読めばわかります。でも、その辺をミスリードさせる演出はどうなのでしょうか。あと、父親だけが集まって語るという構成も、どうかなと思っています。私自身も含めて父親は母親に比べてやはり能天気ですし、子どもに寄り添って考えるというよりは政治的で大所高所からの話になりがちですし。

それはそれとして、私が依頼された役割は、この後の話し合いのコーディネートということです。というところに焦点を当てて進めたいと思っていますが、その前に、私自身の立場性や考え方もきちんと話してほしいとも言われているので、少しお時間をいただきたいと思います。

私には今年で二五歳になる自閉症で重度知的障害の息子がいます。六年前から一人暮らしをしています。肢体不自由の方が自立生活運動でやっているような介護者をつけた一人暮らしです。そういう暮らしを実現するために、重度訪問介護という、重度の肢体不自由の人たちの生活を支えてきた支援を、重度の知的障害の人にも使えるようにという運動をしてきて、六年前に実現しました。

子どもが小さい頃からずっと、入所施設でもグループホームでもなく、介護者をつけて一人暮らしをさせたい、そう思ってやってきました。私は基本的には施設ではなく地域で暮らさせたいという立場です。ただし、ともかく地域ありき、とは思いません。それが本人の望む暮らしであることが大事です。また、息子・亮佑の場合は、そういうありかた（介護者をつけて一人暮らし）でしか暮らせないだろうな、とも思います。これが一番の理由かもしれません。障害特性とかだけでなくもって生まれた性格もあるかもしれませんが、入所施設はもちろん無理だけど、グループホームも無理なのではないか。グループホームも一種の集団生活ですから。グループホームを使うのは無理だということがあったので、そうではない暮らし方を考えてきました。肢体不自由の方の自立生活運動に出会い、「支援付きの自立生活」なら亮佑もできるし、望む暮らしが実現できるんじゃないかと思ったのです。

津久井やまゆり園の建て替えや地域移行には思うところがいろいろありますが、「グループホームありきの地域移行」については疑問を持っています。施設を丸ごと立て替えて、以前と同じようにそこに暮らす。それはいくらなんでもおかしいですけど、だからといって、全員いっぺんにグループホームに移行する、それしか受け皿がない。それしか選択肢がないのは、やはりおかしいと思っていました。詳しくは配布資料のなかの「津久井やまゆり園再生基本構想と重度知的障害者自立生活支援の課題」(『賃金と社会保障』二〇一七年一一月下旬号)をお読みいただければと思います。

そこでも書きましたが、これまでの日本のコロニーの解体の成功例として知られているのは、長野県の西駒郷です。ずいぶんしっかりとした地域移行をしたのですが、実は現在でも百人ぐらいの人たちは施設に残っています。過去に調査に行ったときに聞いたところでは、多くは重度の知的障害で、行動障害もあったりして、グループホームでは暮らしにくい人たちだということでした。

津久井やまゆり園に現在も入所しているのがどういう状態像の人たちなのか、私にはわかりません。ただし、津久井やまゆり園も、強度行動障害者処遇事業もやっていますし、傘下にグループホームをたくさん持っています。現在残っている人たちはグループホームでは地域移行できない人たちである可能性も高いのではないでしょうか。それなのに地域移行の受け皿としてグループホームしか用意しない、というのはどうなのか、と思ってしまいます。

国の政策のなかで、重度の人たちを対象とするグループホームがどんどん施設化しているという現状もあります。重装備化した専用の建物で二〇人で暮らすことがそもそも地域生活といえるのか。そういったことも踏まえて考える必要があるのではないでしょうか。

『道草』制作事情とコミュ力の問題

岡部　三番目の資料に、『道草』という映画のチラシがあります。宣伝で恐縮ですが、でもこの映画の宣伝は今回の集会の目的にも叶うことだと思います。これは重度の知的障害の人たちが（うちの息子も含まれています）、地域で自立した生活をしている姿を描いた映画です。施設ではなく、グループホームでもなく、地域のアパートで一人暮らしをしている、二四時間、支援者が付いた暮らしをしている。そこでの生活を描いたドキュメンタリー映画です。人工呼吸器のユーザーを中心に描いた『風は生きよという』という映画がヒットしましたが、その監督の宍戸大裕が監督しています。尾野さんの息子さんの一矢さんも登場しています。

もともとこの映画は、私が宍戸監督に依頼した短い映像がもとになっています。それは息子の自立生活を描いた映像なのですが、それを作った理由は、私が講演会や研修会で息子は地域で自立していますよ、こんな暮らしをしていますよ、という話をしても、なかなか信じてもらえなかったからなのです。重度の知的障害で自閉症、行動障害もある人が、そんな生活ができるわけはない、と。そう皆さん、おっしゃるのです。先生、話を盛っているんじゃないですか。あるいは、あなたの息子さんはそんなに重くないんじゃないですか。そういう話になるのです。

専門家の方もそうですが、一番信じてくれないのが、実は親御さんです。重度の知的障害の子どもをもつ親御さんであればあるほど、そんなことはあり得ない、と言い張ることが多いのですね。それで、宍戸監督に頼んで息子の支援付きの自立生活の映像を作ってもらいました。話だけじゃなくて、それを見せると信じてくれるのですね（笑）。映像の力は大きいなと思いました。

それが映画に発展したのです。重度訪問介護の対象者が重度の知的障害者と精神障害者の一部――重度かつ行動障害が激しい人のみ――に拡大したので、制度的にもこういう生活が可能になったことを、ぜひ当事者の家族の人たちに見てもらいたい。宍戸監督とも意見が一致しました。

撮影がはじまり、しばらくしてから津久井やまゆり園の事件が起こりました。この映画は家族や支援者ではなく、重度の知的障害者に会ったことがない、と少なくとも自分で思っている一般の人たちにもぜひ観てほしいと思います。「重度の知的障害者は生きている価値がない」という植松被告の挑発に多くの人たちは眉をひそめましたが、だからといって、「いやたしかに意味がある」と実感をもって言い切れる人はどれだけいるでしょうか。映画を通じて、きちんと訴えていく必要があるということを考えたので映画を作りました。ぜひ劇場でも観てほしいし、多くの人に紹介してほしいと思います。

いま『こんな夜更けにバナナかよ』がヒットしていますが、主人公の鹿野さんは支援を受けているにもかかわらず、非常に我がままな障害者である。好きなことをやっている。その意味ではうちの息子たちも同じです。しかし、息子たちと違うのは、鹿野さんは我がままだけど、非常にコミュ力（りょく）もある人だ、ということです。主張することや、人の迷惑を無視することを含めてコミュ力がある。なぜこういうことを言うかというと、植松容疑者が障害者を殺した理由は、二つあったわけです。一つは「役に立たない」こと。生産能力がない、ということです。これは鹿野さんのような重度の肢体不自由の人たちも当てはまります。もう一つは意思疎通能力がないこと。でも、鹿野さんは意思疎通能力がものすごくありますね。だから彼が現場にいたとしても植松容疑者は殺さなかったでしょう。

だけど私の息子たちは違います。殺されたでしょう。でもそれは本人たちの責任なのか。それとも入所施設に隔離して意思疎通をしようとしない社会の側の責任なのか。神戸さんもおっしゃっていましたけど、言葉がほとんどない人を含めて、重度の知的障害者も自分の主体をちゃんと持っています。関わり、分かろうとする人にはわかる。障害の社会モデルを当てはめれば、意思疎通の責任というのは、社会の側にあるのではないでしょうか。だからぜひ映画を見てほしい。地域で自立生活をする重度知的障害者と介護者の姿を。優生思想に対し、心からノーと言えるような社会を作っていくために。

「施設入所」にたどり着くまで

岡部　それでは順番にお伺いしていきたいと思います。最初に大月さんからお話ししていただきたいのですが、大月さんが話されたことについては私も思うところがあるので、少しそれを話させていただきます。ぼくは大月さんとは今日初めてお会いしたのですが、津久井やまゆり園の再生基本構想の部会があり、そのヒアリングの資料も読ませていただいています。大月さんの発言として、議事録にこんな記述がありましたので、読ませていただきます。

「津久井やまゆり園は、苦労の末、家族がやっとたどり着いた場所です。子どもたちにとってはかけがえのない暮らしの場、簡単に言えば家かなと思っています。私たちはグループホームや地域移行を決して否定するものではありません。でも、津久井やまゆり園は私たちがやっとたどり着いたところです。行くところがなかったのも事実です」

大月さんは、やっとたどり着いた場所、単なる施設ではなかった、とくり返しています。かけがえのない暮らしの場であった、と。多くの家族は葛藤と苦しみのなかで施設を選択せざるを得なかったのだと思います。その苦渋の選択のとき、地域はなにをしてくれたのでしょうか。福祉関係者や行政はなにをしてくれたのでしょうか。行政は、地域で暮らせるたしかな支援を紹介してくれたのでしょうか。福祉関係者はうちで責任をもって面倒みるから地域で一緒に暮らそう、と言ってくれたのにそれを振りきって入所させたのでしょうか。そうではないですよね。そういうことがないまま、どうしようもなくて施設に入れた、いれざるを得なかったという人がほとんどだと思います。

大月さんは議事録の別のところでこんなことも仰っています。「私たちは正規の仕組みで支援計画に基づいて入所しています。他人になんだかんだと言われる筋合いはありません」と。なんかすごく硬い言い方で切ないです。もう一つ紹介します。利用者の声を聴いたのかと言われるが、家族や職員はこう思っている、という文脈で出てきます。「家族も職員も、誰もが利用者を第一番に考えてきております。利用者の声を聴いたのかという心無い言葉は、私にはヘイトスピーチとしか受け止められません。このことによって皆がいわれのない・・・を感じます。これは植松が、障害者はいらないといったことに匹敵するくらい、私たちにはショッキングな言葉です」。

誰も助けてくれなくて、色々な気持ちをもちながらなんとかここまでやってきた。すると今度は、施設から出せ、親は施設を守るな、と言われる。色々な思いはあるし、問題はあるかもしれないけれども、とにかく慣れたし、関係のある職員がいる。今度は、そこから出ていけという。福祉関係者の人たちは、今度は地域でやるべきだ、なんでやらないんだという。言っていることはわかるけど、入所に至った経緯、家族の気持ちを考えると、いかがなものかなとも思ってしまうのです。

じゃあ施設を建て直せはいいと思っているかというと、もちろんそうではありません。さきほどの大月さんのお話しには二つのポイントがあったと思います。一つは施設職員というか、支援者との関係の問題です。当事者のことをよく知った関係のいい人がいること。もう一つは、これは大月さんの息子さんがそうなのですが、医療的ケアが必要な人の支援がきちんと行われていること。ポイントはこの二つですね。

逆に言えば、この二つがかなえられれば、施設ではなくてもいいのか。「施設を建て直すな」とか、「施設から出ていけ」とか、そのあたりをひとまず置いて、忌憚のないところで、息子さんにはどこでどういう暮らしをさせたいのか、そのための必要な支援や生活のかたちはどのようなものなのか、忌憚のないところでお話いただければと思うのですが、いかがでしょうか。

大月　なかなか難しいのですが、いま拾っていただいた発言は、家族会長としての立場があってそういう内容になっていると思いますし、言っていることは今聞いても矛盾したことは言っていないと思いました。「やっとたどり着いた所」というのは、じつは私のことではなくて、家族会の皆さんの話を聞いたり見たりしていると、私としてそのように感じたということです。

私の息子が入園することになったきっかけは、私の女房ががんの宣告を受けまして、平成一三年に亡くなったのですが、その時高等部の三年生でした。夏休みまでは学校と家庭と、預かってくれている施設を往復するような形で何とかやっていたのですが、夏休みになって、私は仕事をしなければいけない、でも息子も見ないといけないということになって、そのときに女房が、やまゆり園に短期入所させたらどうかと言ったのです。どうして女房がやまゆり園へといったかと言いますと、高等部になると色々な施設を回り、自分の息子たちがどういうところでどういう生活をするのか、ということをイメージしていく機会があり、その中でやまゆり園がいいなという印象をもったのだと思います。

そこで夏休みになってやまゆり園に連れていきました。その時息子が「家に帰る」と言ったらどうしようかな、と心配しました。ところが行って、職員さんに案内されると付いていきまして、一緒に帰るという素振りも全然見せなかったのです。彼なりに母親の状況を察し、家にはいれないんだということを理解したかどうかは分かりませんが、そんな状況でした。私にとって施設入所は選択肢がなかったからではなく、女房が、ここがいいんじゃないの、といったところにうまくタイミングがあった。タイミングの問題なのかなという気がします。

じゃあ、私は施設にへばりついているのかというと、まったくそうではなく、私自身は意思決定支援で、グループホームなり、ここで暮らしてもいいんじゃないの、という息子へのアドバイスが多数の方からあれば、そこでいいんじゃないのかなという感じは持っております。ただ、私自身が今それを言うべき時期ではないとは思っていまして、千木良に皆さんを連れて帰るまでは、千木良へと言ったほうが皆さんも安心するし、皆さんの気持ちにも合っているのかなと思います。答えになったかどうかは分かりませんが。

なぜ一矢さんの自立生活を選んだのか

岡部　私にとっては十分な答えだったと思います。次は尾野さんにお伺いしたいと思います。以前映像でのうちの息子を観て、自分の子はこんなに軽くない、施設を出て自立なんてできない、とおっしゃっていましたね。それが今では、将来一矢さんを一人暮らしをさせようということで、ヘルパーや担当者をつけています。これは、その辺のことについてもう少し詳しく、どうしてそう変わったのか、また、いまどんなことを考えているのか、といったことをお話しいただければと思います。

さきほど、なぜ地域に戻ってはいけないのか。なぜ施設が必要か、支援体制の問題なんだともおっしゃっていました。支援があれば地域で暮らすことが可能なのか。ヘルパーの支援と施設の支援はどう違い、一矢さんにとってどちらのほうが良いのか。どんな支援がもっとあったほうがいいと思うのか。そんなことも含めて、お願いします。

尾野　これはぼくと女房の考え方ですが、将来親がいなくなっても、息子が穏やかに、幸せに暮らせる暮らしとはどんなものかと考えたとき、いまは施設にいれば何も心配はいりませんし、やまゆり園の支援体制、医療体制、すべてパーフェクトに近い状態で支援していただいているので、施設にいることは何も問題はないのです。岡部さんの映像を観て、最初、冗談じゃねえよと思ったのですね。うちの息子はそんなことまでできないよ、と思った中で宍戸さんを紹介していただいて、宍戸さんと接していく中で、そういう考えもあるのか、ということに気づいたのです。一矢にとって、施設にいることだけが本当に幸せなのか。違う幸せもあるのではないか。健常の人が一人でアパート暮らしをしたり、家族と一軒家で暮らしたりしますね。でも重度の知的障害者の人にとっては施設だけです。家族に会うのは一か月に一回か二回。施設に戻りたくないという人はいなくて、家族もそれでほっとするわけですが、何日間か自宅にいて、息子と一緒に同じ布団で寝て、また施設に戻っていく。そういう暮らしですね。戻っていくのが、本人の幸せだと思っているのですね。

いま全国に一〇〇人以上入所している施設が九〇か所以上あるのですが、津久井やまゆり園だけではなく、全国のほとんどの家族は、一緒に暮らせるなら暮らしたいけど、それは不可能だと思っている。特にやまゆり園では親が八〇代九〇代になっていますし、子どもが強度行動障害だったり、寝たきりで言葉も発しなかったり、そういう子どもたちにとっては施設のほうがいいと思っていることは事実なんです。それに対して県は、いままで入居していた一三〇人分の居住は確保します、グループホームに行きたければそれでもいいです、という選択肢を出してくれたわけです。

ただグループホームやアパートという選択を知らない家族は多いし、そういう人には、この『道草』という映画を観ていただければいいと思うんです。ぼく自身は、息子の幸せにとって何が一番幸せかということを考えたし、岡部さんの息子さんが実際に暮らしているアパートなんかを色々見学させてもらって、もっと行動障害の強いお子さんもアパート暮らしをしているのを目の当たりにして、俺の考えは間違っていたかもしれないと思ったんです。二人三脚でアパート暮らしをするというのは、本来の人間の暮らしの原点なんじゃないか。それで宍戸さんに、ぜひやらせてください、挑戦しますよとお願いしました。

ただ、最終的に決めるのは一矢です。一矢が嫌だと言ったらしようがないです。いやだと言わないように、上手に一矢の気持ちを変えていく。買い物に行きたければ介護の人と一緒に行けばいいし、泊りに行きたければ行けばいいし、自由に暮らせるんだよ。やまゆりでも買い物に行ったり、この前も何人かで熱海に旅行に行きました。そういうこともやってくれているんですけれど、親しい人と自由に暮らせることがどれほど幸せか。ぼくはそう考えるようになっています。

岡部　ありがとうございます。尾野さんのお話のなかで重要なポイントがあったと思うのですが、どこで暮らすかを、だれが決めるかということですね。幸せかどうかを判断するのはもちろん本人なんですが、重度の知的障害者の場合、施設であれ地域での自立生活であれ、どこで暮らすかを実際決めるのは親です。親が決める。しかし暮らすのは本人。そうである以上、親は自分が決めているということに対して自覚と責任を持たないといけないと思います。

一矢さんが自立生活に向いているかどうかは、私には分かりません。いままでの暮らし方の歴史もありますしね。それでも決めていくこと、そのうえで、幸せかどうかを判断するのは本人なので、その結果も虚心坦懐に引き受けていくこと、そういったことが大事なのではないかと思いました。

子どもの成長を受け止めること、将来のこと

岡部　最後に神戸さんに伺いたいと思います。いま福岡でお母さんと弟さんと本人の三人で暮らしているわけですね。いままでのお話をお聞きになって、いまこの時点でどうお考えか、というあたりをお話しいただければと思うのですが。

神戸

　うちの長男も二〇歳になるわけですが、先ほど皆さんに、ラインのやり取りを見てもらいました。じゃあ障害が軽くなったのか。そんなことはないわけです。今日のテーマは住まい、居場所、落ち着き場所についてですが、長男は、一つの場所で、こういう流れでこういうふうになっていて、というようにスキームが安定しているなかでは落ち着いています。だからラインでのやり取りができるような、心の余裕が生まれてきたのだろうと思います。もし安定が崩れてしまうような環境に突然置かれてしまうことになれば、パニックを引き起こすことになるかもしれません。そういう意味では、居場所はとても大事だと思います。

　それで今のお話の、親が一定程度設定しないといけないのはそうだろうと思うのですが、その中で提案し、本人にもかかわってもらい、自分が選んだんだという意識を持たせると、うちの息子でもできるかもしれないなと、いま考えています。親亡き後というのはもちろん大切なテーマですが、なるべく早く、親とはかかわらなくとも生きていけるようにしたいと、前から考えてきました。例えば小学五年のときに、甘えたら楽しいことに初めて息子は気づいて、布団の中に潜り込んで抱きつくようになりました。それまでは、甘えることをまったく知らない子どもでした。ぼくはかわいいですから、甘えさせてあげます。食事の前、ぼくの膝の上に上がり込んで座るようになり、かわいいなと思いました。妻から途端にものすごく怒られました。「息子が五〇歳になっても、八〇歳のあんたは膝に乗せるのかい！」。ひぇーと思いながら（笑）、まあその通りだなと納得しました。「大人になってやってはいけないことは、今からやってはいけない。親を何年やっているんだ」と、再び妻。私は返す言葉がありませんでした（笑）。

そのとき、親がいなくなっても一人で生きていけるようにしないといけない。それが基本なんだなと思いました。三〇歳になったらグループホームに入れよう、というのが妻の意見なのですが、月から金までグループホーム。土日だけ帰ってくる。そういう環境を用意できないか、二〇代のうちに模索しようと思っています。軸足は月金のグループホーム。ときに帰ってきて、ちょっと別の生活。いずれぼくらがいなくなった時には軸足のほうで暮らしていく。妻はそんな風に考えているようです。ぼくもそうかなと思います。本人が納得できるなら、それでいい？ と思っています。

岡部 はい。ありがとうございます。後半は会場のみなさんにも議論を開いてということでしたので、前半のシンポジウムについては、これで終了させていただきたいと思います。

大月和真（津久井やまゆり園家族会・会長）
尾野剛志（津久井やまゆり園家族会・前会長）
神戸金史（RKB毎日放送記者）
岡部耕典（早稲田大学教授・コーディネーター）

（二〇一九年一月二七日　相模原市橋本ソレイユ相模にて）

＊『飢餓陣営49　2019夏号』編集・発行人　佐藤幹夫　発行所　編集工房飢餓陣営　より掲載

参加者アンケート

父親たちは語る

〔対話集会(1)　2019年1月27日〕

1　しょうがい当事者

①施設↓GH↓自立生活支援の流れはあるけれど　経過処置は長いタイムスパン　切迫諸事情もある　6寮の問題は今の段階でもひどいですね　施設に立入できないのはありえません。勉強になりました。

②2016年12月26日　やまゆりに献花台が閉じる日に現地にうかがいました　元職員の太田さんにお話をききました。以来ずっと関心をもち本日の集会にて施設　地域GHの問題新しい知見もえました　これからも話をききつづけたい

③いろいろなお話　それもお父様のお話がきけたのはすごいことだと思った。

私は精神病院の入院歴があるが「今の日本の知的の方のシセツは、今の、というか、今もというか、精神病院と同等かそれ以上ヒドイ！」と、知的と精神のグループホームを運営している人からきいたことがある。

息子がかつて何年か学童保育室で働いたことがある。ずっと自閉症のお子さんを担当していたが、「自閉症の子どもの家庭は、僕の知る限り母子家庭ばかり。男って逃げちゃうんだろうな」と言っていたのが、とても印象的

です。

私は仲の良い人（よかった人）たちが、精神病院やシセツで（その経験で）ＰＴＳＤをおこすことをたくさんみてきました。

オカベさんの「親は子どもの代弁をしてはいけない」という言葉、とても納得します。しょうがいしゃも権利の主体なのに　家族はそれをいつのまにか忘れてしまう。

④身体しょうがい・呼吸器ユーザーですが、この問題に興味があるため、参加させていただきました。「道草」を作るきっかけが、岡部さんが自立している子どもを見てほしい、わかってほしいという目的だったと伝えられていたことは興味深かったです。また、尾野さんがシセツ、自立にかかわらず、本当に子どもの幸せはどうなのか？といったことや、最後に決めるのは当事者だと語っていた話は心に残っています。

（裏面）父親たちの考えは十分伝わったのですが、実際にやまゆり園で入居者を世話している職員、もしくは同じような施設で仕事にいる職員たちの声が聞ければ良いなと思いました。

⑤やまゆり園のご家族の生の声がきけたことがよかったです。

知的障害の人の選択肢には、シセツ、グループホームしかないことにいきどおりを感じています。

一人でくらす、けっこん、友だちとくらすことを選択肢とする社会にしなくてはいけないとおもっています。がんばりましょう。

2　その他

①芹ヶ谷園舎入所している父

障害者の軽度・重度の判断で施設・ＧＨの判断するのは短絡的、色々なタイプがあり学識者・コーディネーターが判断ナンセン

ス　各人タイプが１０００人色々である、意思確認そして本人・家族。支援員の判断で施設ＧＨの判断がベター。他の人が色々いうのは主観的・無責任・わかっていない　一緒に生活したこともないし皆自分の子が一番大変と思っているのではないか。（裏面へ）ＧＨも色々、支援員・相談員も人間だし能力的・人柄といろいろ違う　最終的に本人が判断出来得るか家族が最終決断となるのではないか
軽度でも重度と感じる親もいるし逆に重度でもこのくらい当り前を感じる親もいるしつねに客観的に理解しおしつけはナンセンス色々な外部団体なので理解わかってない半田氏（女性）一ヶ月ぐらい芹ヶ谷で支援経験してほしい

（芹ヶ谷入所している父親）

②親（一人親）

　重度で身体障害・知的障害　てんかん有

一人親（母）兄二人いるが・・・・　地域で暮らすのは理想であるが青山、幼稚園や保育園でさえ反対運動が起きるこの時代　やまゆり園でさえ短期のみの利用と言われた娘せめて、短期で（自分も病気持ち）もやはり自分が大きな病気（やまい）をわずらったりしたら・・・・それは心配です、医療ケアも必要な娘ですのでほとんど全介護ですので山おくではなく　町の中での施設がのぞましいと考えています。

私もあの事件の前日まで利用していて…当日の朝のニュースで知ってゾーッとしました。悲しいですが自己的な人が多くなっているように感じます。

③母　（主婦？　表現おかしくありませんか）

　　＊転記者注：アンケート用紙の立場の表現に対する指摘

　母親は多分障がい者の最後の行き場を自分が元気なうちにさがしていきたいのだと思います

それが保障されるのなら　在宅でもグループホームでも施設でも本人が楽しんでいける所ならよいのです。

グループホームだけが地域ということではないと思います。

在宅でヘルパーを使って暮らしていくことも地域で暮らしていくことです

高齢者が特養の入所待ちのように障がい者にも施設が必要だと思います

④家族全員

私の場合は、当事者が（狭義の意味で精神障害者ですが）かなり共通の問題があると思いました。

⑤親　支援者

療育手帳A1、強度行動障害　区分5の娘＝2000年生まれ。神奈川の児童療育施設に昨年4月末まで居ました。成人施設移行に向けて津久井やまゆり園も視野に入っていました。津久井やまゆり園事件時、母子家庭の母である私はステージⅢで療養。復職して一か月で体調が崩れました。娘の将来を思いつめていた時に、たまたま千葉県のグループホームに出逢い現在に至ります。

成人施設移行練習が始まった娘自身が神奈川の自宅付近での写真を拒否したからです。娘の意志で県外に逃避しました。転居して6か月余り。

私（＝StageⅣ）は娘と別のGHNお世話人　娘＝GH　外部工場（B）で働く　月1万円　収入を得て、幸せです。

私　やっとお試し行動されていた利用さんに慕っていただける様になり家族も働いてください！！

平野さん（多分先輩OB）の指摘同様なことがあり、逃げるように船橋に転居しました。

山田郁代

⑥支援者（家族）教師

重度知的障害で強度行動障害の33歳の娘が

います。シングルマザーで育ててきました。フルタイムで大学の教員をしています。昼間は日中支援の生活介護、私の帰宅や週末はヘルパーさんで、なんとかやっています。週1回重訪をおねがいしています。自立に向けてヘルパーの人材が足りないので、どのようにしていくべきか考え始めています。

意志決定の方法がむずかしいですね。一度、重度の子どもの親とグループホームを作る試みをしましたが、それでも集団生活なので、自由にやめる（手をつなぐ親の会）ことができないことに疑問を持ちました（親たちの関係もあり）

⑦家族

大変参考になりました。ありがとうございました。よい集会だったと思います。

施設（大規模でなく）、GH、自宅（アパート含む）それぞれが必要だと思います。

又、本人の意志決定とは、どのようにどこまでやるか、非常に難しいと思います。因みに、重度心身、肢体不自由の人の為の（医療的ケアも含む）GHは非常に少ないという現実があります。

結局のところ、親が高齢になり、ギリギリの状態になるまでかかえてしまうのが現実だと思います。

⑧元施設職員

とてもとても　おもしろかった。

次回ぜったいに会を開いて下さい

☆平野さん発言

虐待を追及してほしい。家族で知らない人がいる？実体が　家族会会長（2名）となぜこんなに違って語られてるのか？びっくりしました。

まずは救うことから大事です

⑨県職員OG　山崎公江

(開会前に記す)

この事件が起きたとき、やまゆり園が指定

管理者制度を導入していなかったら防げたのでは？と強く思った。Uを退職させ、切ってしまった。介護労働者は、感情労働者、いろいろな感情がうずまいているだろう。それを表現できる場必要だっただろう。病気を治すための休暇も県職員であれば3年までである。

終了後
尾野さんの県営時代の話を聞いて、太田顕さんの発言と同様の気持ちがわいた。

⑩地域づくり、子ども支援
日常、たくさんの子ども達と関わりますが、我が子も精神障がいの手帳を持っていて（障がいのある子ももちろん）その障がいの度合いによって対応、親の心の向き合い方は大きく違うので大変さが身に沁みます。

1つ、いつもついて回っていることに、加害者（今回は植松氏）自身の障がい、育ちの在り方が気にかかります。社会はそこにも大きく向き合ってもっともっといくべきで、何ができるのだろう？と思っています。

⑪障害児を普通学校へ全国連絡会
やまゆり事件から生まれたかながわ憲章の理念が絵そらごとになっていないか
川崎市で、地域の学校に就学ができない状況にあり、裁判をしています。県の対応はひどいです。

地域の中でくらすということでは、地域の中で支援者とだけくらしていては、どうなるのでしょうか。

だからこそ、小さい時から地域で共に生きていくことを、めざしていくべきではないでしょうか。

⑫（　）内記載なし
様々な立場の皆さんのお話をきくことができて　とても貴重なじかんとなりました。相手のことをいったん思いをはせることの立場状況　うけとめることは　対話の第一歩なのではないかと　感じました。

誰かがわるいのではなく　社会へはたらきかけること　現状を知ってもらうこと　あきらめず発信　伝えつづけることは　本当に大切だと感じます。ありがとうございました。

⑬大学職員
初めて障害者に関する集会に参加しました。やまゆり園事件をニュースで見てから障害をもつ人、その家族や支援する方々がどのようなことを考え　日々を過ごしているのかを知りたくて参加しました。

障害だけではなく、世の中で「勝ち組」「負け組」のカテゴリで分ける考え方からどのようにすれば脱することができるかという問題に対する答えを求め続けたいと思います。

⑭市民活動家
現場も方々から貴重なご報告とご意見を大量に聞けて、大変有意義でした。ありがとうございました。

⑮一市民
「正にこれから」だけど高齢化した親御さんが心配！

施設かGHか地域でくらすのか　誰もが選べる、情報を共有することが大事。

本当は「自宅」でくらせるのが理想。でも、現実は施設は辿り着く場所。国策、行政によって選べもしない状況を招きたくない。

人を大切にする、誰でも対等にくらせるという社会にしていきたい。市民は二極化しないで多様に生き合うこと！二極化をあおる風潮に危惧している。地域の学校では支援級があるが、一緒に勉強できない。常ひごろから一緒に居ないと、障害への理解が進まない。中高一貫や、(選抜)私立中への進学など、子どもたちがバラバラにされている状況なので、ある意味強引でも岡部さんの言われるように地域でくらせる方が理想としては良い。神戸さん岡部さん、記者さん、先生などの方が「情報量」で優位だが、家族会の方の思いとガッチリ組んで協力していってほしい。

⑯一般人
ネットやSNSの発達のせいか　一般の人々地域について　知らなすぎというか関心が行ってないということを知らされたように思います。

⑰（ ）内記載なし
ニュースだけではわからない　関係者がそれぞれの立場で意見を交わし　ベターな選択をする集会で意義を感じた。

犯人の心理は「役に立つか否か、意思表示を当事者が発することができるか」ということで　必要のない人間であり、殺傷するほうが世の中にとって良いことであるという考えが恐ろしい。

二度と繰り返さないためにどうしたら良いかという議論も聞きたいと感じました。

3　支援者

①支援者　施設職員　作業療法士
事件について
　施設の要不要以上に、介護職員の適性が議論されるべきではないかと考えます。介護は誰でもできる仕事ではありません。対象者へ積極的主体的に歩み寄れるその素養が欠かせません。仕方なく介護職に就く方々が多い現状に問題があると考えています。
Fa介護について
　なぜ、Fa介護は無償で当たり前なんでしょうか？重度訪問介護は疑似Faの構造です。介護者が血縁者であっても報酬を受けられ、生活を送れるならば（経済的に）、悲しい事件は減るんじゃないでしょうか。

②本日は様々な方面からの意見を聞かせていただける場をありがとうございました。
　２部のところ　大月さんの「息子が自由に

生活できる～」という言葉を聞いたとき、長い？対談の中で当事者に対して「自由」という言葉が使われるまでにこれほどまでに多くのことを語る必要があったのかと　いかに自由のないくらしを本人に選択させていることが支援とされていたのかを考えさせられました。

今後も考えていきたいと思います。

③様々な立場のお話が聞けて大変勉強になりました。ありがとうございました。

④ありがとうございました。

⑤支援者　施設職員

様々な立場で話し合う時（間）が（たくさん）必要に思う。

⑥対話集会として議論が展開され、安易に、正解をいそがずに話し合われた大変良い集会でした。

⑦支援（発症　交通事故40代）

考えつづけていきたいと思います。

病院から出たあとの体制を考えさせられました。

⑧それぞれの立場・考えを出し合ってもらったのはよかった。ただいろんな選択肢があるということで済ませてしまうのではなく、なぜ殺傷事件がおこったのか、そのこととどのように暮らしていくのかを関連づけて考えていけたらと思います。

教育のことも絡めていけたらと思います。小さい時から一緒に育つことは重要だと思うが、意外と話題にならないのは何故でしょう？

⑨地域がよくて施設はダメという単純な話ではなく、それぞれを尊重しつつ「選択肢の多い社会」の創造がポイントだなあと改めて確認した機会でした。

4　施設職員

①議論の視点論点が狭いと思います。

大月さんがおっしゃった、それぞれの利点の整理が必要でないか？　集団だから出来る事、GH 個別だから出来る事、その話は？　もっといろいろな視点から話をしてほしい。生まれ育った場所で、ずっと生活、それを見守る社会、神戸さんが目指す地域社会、期待しています。はっきりと「施設はいらない」と言う人はここに必要だったか？　岡部さんの話はこの場にはまだ早いと思います。論点がずれる！

②私は横浜市港南区の障害者通所施設で働いています。入所施設かGH か、または一人暮らしかということですが、一人暮らし（自立）する制度があることを知りとても勉強になりました。

③一人だとわがままで、多数だとニーズになる。とても考えさせられた対話集会でした。ありがとうございました。

その一人のわがままなニーズを　まわりはキチンと汲み上げていかなければ、自ら発信してつながることの出来ない人の環境は、なかなか変わらない。

職員や保護者が自分たちだけではかかえることの出来ない本人のニーズ＝希望にきちんと向かい合う時間を大事にしたい。

とても濃い内容で大変考えさせられます。考え続けることの大切さ

有難うございます！

④生きる環境の多様性は、地域移行支援がすすむ中で、改めて考えさせられました。行政にはきちんと説明してもらいたいです。

意思決定について、受けとる側がどうあるかこれから働く中でも心にとめたいです。

⑤皆さんのお話に圧倒されてしまいました。しかし、施設の職員からしますと、親亡き後その方がどう幸せに生きていくか大事なテーマだと思います。

ありがとうございました。

⑥やまゆり園関係の利用者ご家族のお話を直接聞く機会は初めてだったので、とても貴重なお話が聞けたと思いました。

私は現在は施設の仕事をしていますが、昨年まで地域の訪問看護の事業所での仕事をしてきて、在宅（一人のアパートの暮らしを含め）やグループホームでの医療的な支援ができるのにと良く思ってきました。

今日の集会の中では、多くの選択肢があることが大切と強く思いました。

アパート生活等での重度訪問介護の枠が拡がると良いと思いますが、一人の介護者に頼ってしまうことにその人に何かあった時を考えると複数の人の支援に対する方が良いのではとも思い、制度もまだまだこれからのような気がします。

⑦色んな世界が見たくなりました。

⑧きょうは大阪から来ました。

事件が再び起こらない為に私たちはなにが出来るか。

飛行機の時間もあるので端に座ってたんですが、中に詰めるようしきりに言われ、私は障がいはありませんが、配慮がほしかったです。資料、ホチキス止めしてもらうか封筒に入れるかしてほしいです。私も含めておとしてる人がたくさんいました。

⑨会場の一般の方からの意見も大切にしていただきたいと思いました。

壇上の方の思いを伝える場になって残念です。

⑩〝自分らしく生きる〟という事はどういう事なのかを、改めて考える機会になりました。施設が社会に対して訴えていくべき事を併せて考えたいと思います。

⑪重度訪問介護、興味あります。

⑫周りに障がい者がいないのです。

いずれ社会で暮らすなら、健常の者（特に子ども）にこそ障がいある人とのふれあいを。

変なかたよった先入観のないやわらかいうち

にふれあいを望みます。

5　主婦

①千木良の近くに住んでいる者ですが、お話を聞けてとても良かったです。もっと広報などにも発信してください。

6　学生

①高校1年です。障がい者の居場所に関するお話、とても興味深かったです。考えは違っても、このように対話する集会は素晴らしいと思います。自分も彼らの居場所を考えてみたいと思います。

②簡単に「地域！地域！」と言うことの危けんがあると感じた。

私は、メディアへの就職を目ざしている学生であるが、なぜ、やまゆり園の家族が施設と求めるのかを報じねばならないと感じた。

7　教師

①今まで選択肢としてほとんど挙げられなかった「一人暮らし」という選択肢が加わるのはとても重要だと感じました。一方で、コストという視点が語られていましたが、「人」の視点も重要だと思います。ヘルパーの力量や事業所の質も千差万別なので、一人暮らしに関わってくれるヘルパーの力量や事業所の質が担保されない現状がある点がネックだと思います。施設（かながわ共同会は特に研修に力を入れているようですが・・・）やグループホームは職員の目が複数あることで危険を回避できる面もあるのではないでしょうか。

何よりも「広い選択肢」が保障されていることが重要なのだと思います。

②知っている人がいる所で、どのような形でも暮らしていけるのがいいと思いました。

会場からありましたが、子どもの時から一緒に学ぶことも地域で暮らしていくことにつながります、

しかし、現在は、障害者雇用の入り口が大きく広がり、特別支援学校の生徒が非常に増えている状態です。特別支援学校の高等部を卒業してもほとんど高校卒業の資格は得られません。それでも特別支援学校を保護者は選びます。

③〝やまゆり〟の事件を契機にこのように市民が共に話し合う場ができていることにうれしさを感じます。様々な生活の場があり、その人らしく生きていける社会づくりがすすむことを願っています。

④家族の方々が入所施設を強く望まれることを理解しつつどんな言葉をかけていくことが可能なのだろうか、というもんもんとした疑問を持って参加しました。いくつものヒントを得られたと思います。パーソナルアシスタント（専任の介助者　とでもいえばいいのでしょうか）の支援による地域生活という選択肢があることをもっと知らせていくこともその1つです。

同時に、その制度の運用にまだまだ地域格差が大きいことも現実であり、私自身も含め様々な市民が自身の地域で制度を使えるようにしていく運動が必要だと思いを新たにしました。

⑤元養護学校職員　元施設職員

岡部氏は「今後施設はダメ」という考えを変える気はないようだ。でもその根拠は明確でない。

自分の通うNPOもGHを1つ作ったが、地域にどれだけ気を使うことか。

8　立場の項目に〇の記入なし

①知的障がい者の施設で働いています。
施設が必要かどうか、GHはどうなのか、一人で暮らしている暮らせている環境がいいのか悪いのか・・・選べる判断できる環境設定がまずないですよね。

(家族も含め) 当事者の方が人として当たり前の生活が出来ることが本来の姿。当事者の方、家族、施設職員はもっともっと柔軟になる必要があるのかと思いました。

できること、できないことの制限を設けないで　色々な見方でおはなしが聴けて良かったです。

ありがとうございました。次回があれば是非参加したいです。
②対話集会に出られてよかった。
③障害のある方たちの暮しをどう考えるかは、同時に　その家族の暮しをどう考えるかでもあり、何を選択するかは迷いつつも決めていかなくてはいけないことで　悩ましいことだと思います。
神戸さんのおっしゃっていられた小さいころから存在を認められていること、家族がその地域に根づいていることを強みにできる環境のあることがとても大切なのではないかと感じました。
④まずは、知るところからと思い参加しました。様々な立場からのお話が聞けてまさに、対話集会、刺激的でした。
広い視野で考えていきたいと思いました。

9　番外編（翌日）

選択・選択肢とは、AからEまでの全てを選択できる状況の中でEを選んだ時に初めて「選択」と言える。しかしEしかない、Aから

Dに拒絶された状態の際にはEを選択したとは言えない。選択させられた、すなわち強制されたということであって、それは選択幻想にすぎない。

矛盾には本質的矛盾と副次的矛盾がある。この場合、本質的矛盾は施設否定。しかしそこに現に施設があり、したがって否定すべき施設だからと言って、それが非人間的人権侵害にあったなら、それを改善するのは当然。これを副次的矛盾という。ここに対話が成立する。社会的コミュニケーションである。

堀　利和

※アンケートの転記は原文のままとしました。句読点がないところや数詞の不統一などがありますがご理解ください。

自立への挑戦

尾野　剛志

家族会前会長

私は、障害のある人もない人も、普通に暮らせる社会であることが当たり前になってほしいと思っている。どんな人間も「命の重さ」は同じはずで、住まいの場が、施設であろうとグループホームであろうと、また、親元での在宅や自立生活によるアパート暮らしであろうと、利用者本人や家族が幸せに過ごせることが一番である。障害が重く、グループホームでの支援が難しい人たちは、施設を選択してもいいのではないかと思う。どこに住むにせよ、家族は利用者が本当に「穏やかに幸せに暮せる」場所を選択できるようにしてあげることが大切だと思う。

＊私は今、息子とともに、自立生活に挑戦しようと考えている

事件が起きて十か月が過ぎた頃、早稲田大学教授の岡部耕典さんから、映画監督である宍戸大裕さんを紹介され、私の家に来ていただくようになった。その後、宍戸さんから、「尾野一矢さんのドキュメンタリー映画を撮らせていただけませんか」と申し出があり、三年間の取材と撮影が行われるようになった。宍戸さんは、津久井やまゆり園に戻るまでを追いかけたいと、私たち家族三人の昼食に何度もお付き合いくださり、撮影していただきました。

宍戸さんと行動を共にする中で、宍戸さんが、「一矢さんなら、『重度訪問介護』の制度を使って、介護者と二人でアパート暮しができますよ。挑戦してみませんか？」と言われました。私は、「一矢にそういう幸せもありだな」と思い、宍戸さんと西東京市に有る「自立生活企画」という事業所の障害者相談支援専門員の方と会うことになった。また、座間市役所や障害福祉課とも相談するようになった。

昨年、二〇一八（平成三〇年）八月には、今後の一矢の自立生活に向け、介護者が一人決まり、その彼は、私たち夫婦と一緒に毎週水曜日に一矢と昼食を共にしている。

私は、座間市に住んでいることから、一矢の自立生活に向けても、座間市の事業所が見つかればよかったのだが、今のところ、座間市には重度の知的障害のある一矢を受け入れてくれる事業所が存在しない。今後、座間市の障害福祉課とも折衝しながら、受け入れてくれる事業所探しを行い、近隣の市（相模原市、町田市など）とも折衝していくつもりだ。

一矢の支援には、少なくとも七～八人の介護者を探さなくてはならないが、その点は「自立生活企画」の方が手配して下さるということなので心配はしていない。

息子が介護者とアパート暮しができるのであれば、私たち夫婦は「それも一矢の幸せ」につながるのではないかなと思う。もちろん、すべて整ったとしても、最終的に選ぶのは一矢自身である。しかし、親として、息子の幸せの選択肢を増やしてやることが、私たち夫婦が一矢にしてあげられる精一杯の気持ちだと思って取り組んでいる。

column

＊映画「道草」について

この映画は、障害者総合支援法の「重度訪問介護」という障害福祉サービスを使い、重度の知的障害のある人三人が、自立生活をする風景を撮影したドキュメンタリー映画である。

知的障害のある人にとっての「自立」とは、身体障害者の自立生活のように、自分一人で「自己選択や自己決定」を行っていくわけではない。知的障害のある人が、介護者の支援を受けながら、共に考え、共に本人の意思を確かめ合いながら暮らしていく。それが知的障害のある人にとっての「自立」であり、そこには人と人が助け合い、支え合う風景がある。

宍戸大裕監督は、これまで、東日本大震災で被災した動物たちや人々の姿を描いた「犬と猫と人間と2　動物たちの大震災」や、重度の身体障害で人工呼吸器を使いながら地域で生活する海老原宏美さんらを描いた「風は生きよという」、知的障害がある人の入所施設での人生を描いた「百葉の栞さやま園の日日」などの作品がある。

「道草」は、今年二月二六日、東京を皮切りに全国公開されている。ぜひこの映画を見て頂き、重度の知的障害があっても、幸せに暮せることを理解してほしいと思っている。

ちなみに、インターネットで「道草」の公式サイトを見ることができる。上映してもらえる映画館を募集するとともに、自主上映してくれる団体も募集している。是非、ご紹介をお願いしたいと思っている。

第3章　地域生活にこだわる母親たちは語る

▼発言者・発言順
平野由香美／西村信子／福井恵／浅野史郎（コーディネーター）
＊2019年7月28日　津久井やまゆり園事件を考え続ける対話集会(2)

浅野史郎
　浅野です。これからシンポジウム始めます。
母たちが語る。三人のお母さんたち、さっきの映画に出てきた方もいらっしゃいます。早速始めたいと思いますが、私がやることは時間の管理だけです。これからまず三人の方に二〇分ずつお願いします。そのあと私が話します。二〇分経ったら私が立ちます。コーディネーターの役割です。それでは最初にトップバッターは和己君のお母さんですね。平野由香美さん、お願いします。

平野由香美
　こんにちは、平野由香美と申します。大変なプレッシャーのなかで、こういうところにも立ったことがなくどんどん進めていきますのでよろしくお願いいたします。

お手元のプリントに息子のプロフィールが出ています。この写真は南大沢で映画を観た後にとったものです。その次のページは、やまゆり園の記録となっています。スライドを流しながらで順番が分からなくなりそうですから、まず子どものことを簡単に紹介させていただきます。全部話すと時間が長くなるのでさっといきます。息子は一九九〇年の四月三日生まれの二九歳です。二歳になったときに熱性けいれんを起こしまして呼吸停止したので緊急搬送されました。そのあとは北里大学に入院したりして、五〇日入院しまして障がいを持つという、中途障害です。ちなみに倒れたのは七月二六日です。やまゆり園事件のあった日と同じでなんともそんな日に倒れました。通っていた保育園が共生をうたっているところでしたので、そのまま子どもを受け入れてくれて普通の子たちと一緒に育ちました。小学校もなんとか強行突破で、このへんは詳しくは言いませんが普通級に入学させました。それから行動障害がひどくなり梅が丘に入り、梅が丘の入院を経て心障級に戻って、翌年は弘済学園で母子入園、今はないんですが、家に帰らずに母と二人で子どもは療育を受け、母は親としてのセミナーを受けたりするという形で三か月過ごしました。そこを出て翌年には弘済学園に入ることになります。どうして入ったのか理由は長くなるのでさけます。

そこに一四年間いました。これが弘済学園の時の写真ですね。養護学校も中にあったので自転車に乗れるようになったりとか、音感のプログラムだったりとか、体育やプールも毎日あるくらいのところでしたので、結構楽しんでいたとは言えませんけれども、先ほどの犬はうちの犬なんですけど、動物も大好きでした。加齢児ではあったので、そのあと津久井やまゆり園に入ります。

すばるホームに入ります。事件は二年後におきまして、体育館で過ごした後三浦しらとり園にいき、また津久井やまゆり園に戻りまして、現在はやまゆり園を出て新聞テレビなどでも紹介されましたが、体験を重ねて同愛会のグループホームに（やまゆり園から）出ています。四か月くらい経ましたが、不調と他害行為など出て。もともと行動障害があったので同じ法人の「てらん広場」というところに入り、またグループホームに復帰するためのプログラムを受けながら調整中です。それがざっとした経緯です。

何を話そうかなと思うんですが、弘済学園では本当に母子入園という形でとてもいろいろなレクチャーを受けさせていただきまして、子どもの療育だけでなく親の教育とか父母の会とか、とても積極的に地域に出るための視察とか研究など行っていて、親も関心のあるものだけになってしまいますが、啓発も受けていたという状況であります。まあそういう中でも虐待はあったりとか、施錠されていたりとかそういうことにもずいぶん抗議もしたなかで、成人施設の津久井やまゆり園に移っていく経緯です。ひょんなきっかけですが津久井やまゆり園に入ること、できればグループホームへといろいろと考えていろんな体験の場所とか友人とかも考えながらの状況で私と夫は仕方なくの選択で、いつか出て、ここを通過の施設でいようね、その次を考えようね、と常に思っていました。

施設であるので外部サービスは受けられない、移動支援も行動援護も受けられず、土日はどこへも出られません、と言われて土日はどこへも出かけられない、行くとしたら四週に一回、それもピックアップで全員出られない、ドライブがあるくらいということに絶望したので早くここを出よう、それでも月曜日から金曜日は当然日中の生活介護に行っているものと思って、廊下を渡るなんですけども、土日は私たちがどこかへ一日中連れていけばいいと思っていましたが、お手元のプロフィールの二枚目にありますよう、記録を出してもらうと、一回は入っていないと、それも週二日、午前か午後しか行けてなくてあとはずっと部屋の中で過ごしている。

ということは土日どころか平日もどこへも行けてないと、部屋からも出られていないのではないか、それも後から知ったので、後からですがすごく憤りを感じました。

事件があってから、三浦しらとり園とかも行ってますが、二か月いて本人が大爆発して家に戻し、またやまゆり園に戻ります、四か月ですね。そして三浦しらとり園ですね。三浦しらとり園はとても海が近くていいところですが、まったく外に出してくれない。プールもあるのにねえ、と思ったのですが、なぜ外に出さないのか聞いてみました。寮長さんのお話ですと、これも驚愕したんですが、このクラスは二〇人くらいだと思うんですが、「今日を何とか乗り越えて生きようという人たちばかりで外に出すことができない」という説明でした。とても元気なうちの息子はまだ二七か二八ですね、その状況にいられるわけがない。大爆発を起こしまして、結局うちに戻すことにしました。

戻ったやまゆり園ですが、これはすばるホームで一番最初にいたホームです、事件の後、体育館、しらとり園、と移ってやまゆり園に戻ったときはこのすばるホームはありませんでしたので、事件でただ一つ死者の出なかったみのりホームに移ることになります。そこでしばらく芹が谷に移るまで生活することになるわけです。そこで、すばるホームしか知らなかったものですが、そのみのりホームは、とにかく何が驚くべきかというと、保護者がだれも入れないんですね。すばるホームは中に入れたんですが、みのりホームはだれもいれてくれない状況で、なぜかと聞くと「刺激に弱い人たちばかりで誰かが入ることはできません」と。じゃみんなで外出もできないんですか、と聞くと交替でいくと刺激がひどくなっちゃうからつれていきません、できません、親が出すのは構いません、ということで。じゃ親が迎えに行くと、みのりホームから出てきた子供は全身おしっこ臭いんですね、体だけじゃなくて手も足も、着ている冬のコートの手元やフードまで、私から見ればおしっこのプールに沈めたんじゃないかというくらい臭いがひどくて、なんでと思って、中には入れてくれないので、質問するんですが「さあ」としか答えが返ってきませんし、家に戻って漂白したんですがまるっきり臭いが抜けない。今は証拠品として家にとってあるんですけど。体だけならともかく、どうしてかけてあるコートが袖なんかひどいもんですよね、そこまで臭うのか。行くたびに私が臭いをかぐので息子が「くさい？　くさい？」と聞きながらそこに慣れていく息子を見てとても悲しく思っていました。

親が連れ出すときぐらい手を洗ってきてくださいということも、守ってもらえませんでしたし、そういうことにとても無神経なところに私はびっくりしましたし、確かに昔みのりホームを見たときには裸の人がずっーと部屋にいるような状況で、その後カーテンやらで外から見えないようにしたようですが、そういったことも私のなかでは一分一秒も耐えられない、何とかここから出したいと思いがどんどん強くなりました。やまゆり園をはじめ施設の内実は非常に見えにくいのですが保護者にもほとんどわからないという方が多いと思います。

そんな中グループホーム「ななほしてんとう」というところに、やまゆり園からどうにかしてやりたいと、体験、あとは新聞にも載っているように意思決定支援会議を経て昨年六月一日に入居しました、当初は本人も張り切って、バスも通勤も仕事もと頑張っていたのですが、ちょっと行動障害も出始めて、今言った同愛会の「てらん広場」に移って、少し気持ちや心身を整えようということで移っています。今はだいぶいい状態になってきています。

「てらん広場」はあくまでも地域に出るための準備ということですので、月～金の日中はそこにいることがなく朝から夕まで仕事に出ています。またショートステイ枠の利用ですので土日はガイドサービスを使って外に出ています。

息子は九時半から五時まで発泡スチロールのリサイクルの仕事をしており、五〇〇円くらいの工賃をもらって月八〇〇〇円くらいの仕事をしています。

～ビデオの説明～

これが発泡スチロールの仕事です。積んで仕分けの仕事です。週四日で月に八〇〇〇～八五〇〇円位いただいている状況です。本人もその仕事に対してだいぶ意欲をもっています。ここに九時半から五時まで。よく続けているもんだと思います。行動援護も使えますので今日もまさに出ておりますので、これは施設に入っていては基本使えないサービスですので、月四日いろんなところに出かけております。サーカス、水族館、フクロウカフェなどヘルパーさんと出かけて、好きなもの食べて。すき焼きとかナンジャタウンの餃子、このパフェは千疋屋ので、私も食べたことがない一番高いパフェでいいなぁと思います。行き先はヘルパーさんに任せることもあり、私たちもここがいいかと話したり、お天気にもよったりもしますが行き先は話して決めてますね。いろんなヘルパーさんを心待ちにしていて、外部の事業所のヘルパーさんで、ヘルパーさんがいながらも団体で行動することもあったり、作業所以外の方たちと会ったりで、関係性がどんどん広がって会話も出てくるようになって、最近だと、今度はこの映画を観ましょう、次はアイスを食べましょうとか、「今度このハンバーガーがええ〜」とか、最近は関西弁にはまっていて「ホンマや〜」とか言ったり、そんな感じで楽しみにしています。施設では絶対に得られない形ですね。仕事は充実して、土日どちらかは楽しみに待っているので、本人の中ではストレスもなく、同じ部屋の人にも今は「最近仕事はどうよ〜」とか聞いたりしているそうです。わたしのガイドヘルパーの仕事も通して、地域に出ることはとてもいいことだと思います。簡単に言えることではないですが、施設をでて、いろんな方たちと交わり、自分の関係性を広げていく。それよりも何よりも親が望むことは、普通に暮らす、自分が生きていることを実感して暮らす、そういうことが親の願いでもあり、本人にとっても素晴らしい人生を送ることができるのではないか、と思っております。以上です。

浅野　ありがとうございます。平野さんは、今日の三人の母親のなかでただ一人やまゆり園に和己さんが入っていた経験がある、ということでやまゆり園の悪口もいろいろ聞かせてもらいました。それはやまゆり園自体に関心をもって実際に足を運んだり記録表を作ったり、あんなことまでやる親は平野さんしかいない、なかなかいないない珍しい親。他の親はいったいどうしたんだ、ということです。
それでは、次は奈緒ちゃんの母親、西村信子さんです。二〇分です。

西村信子

皆さんこんにちは、座らせていただきます。今日は「やさしくなあに」の映画を見ていただいてありがとうございました。先ほどあいさつした監督は、私の六歳下の弟です。奈緒とは叔父と姪の関係で、まだ奈緒がてんかんの発作で大変だった頃から映像をまわしてくれました。「奈緒ちゃん」「ぴぐれっと」「ありがとう」「やさしくなあに」という四本の奈緒ちゃんシリーズの映画をずっと作ってきました。その中で今回この「やさしくなあに」の映画は、本来私はここで仕上がるとは思っていませんで、この二年前の夏に監督が「僕はこの映画を一回仕上げる」というのでどうしたのかなと思ったら、やまゆり園事件のことがあり、「僕は三五年間、奈緒さんはじめ奈緒の仲間たちを見てくる中で僕らが接してきた彼女たちからもらうものがたくさんあった三五年間だった。彼女たちがいなかったら僕らはまた違う感覚でいたかもしれない。それほど障害がある人たちが僕ら健常者といわれる者にもたらすものの大きさを感じてきた。ものを伝える仕事をしている一人としてこのやまゆり園のことを風化させてはいけない、これをそうじゃないんだということを伝えたい、押し戻していきたいという思いをもってこの映画を仕上げる役目がある」という彼の決意を感じて、当事者の親としてとても感動しました。

当事者の親が訴えたり伝えたりしていく以上に彼女たちにかかわっている人たちの声がとても

大事だと思って、私はその時からこの映画をわが家の映画というより、監督と一緒にずっと伝えて広めて行きたいと思い、今日ここにおります。ごあいさつの前になぜ私がここに呼ばれたのかということを一言話したいと思いました。これからもこの映画を応援していただければ嬉しいと思います。よろしくお願いいたします。

私の娘の奈緒は先ほどの映像にもでていましたが、現在は四五歳です。生まれたとき重度の難治性のてんかんが生後三か月から出始めました。生後六か月と一歳の二回、一時間半のてんかんの発作、重責発作を起こして、そこから彼女のてんかんとの戦いが始まりました。一日に六回七回と重責発作がおこる奈緒のてんかんは大変難しいもので当初神奈川の病院に通っていましたが、その頃新聞で静岡のてんかん専門センターがあることがわかりそこへ移動しました。その時にも神奈川の病院では、奈緒さんはどこの病院に行っても治らないです、いくつまで生きられるかもわからない、とも言われていて、それでも親としてはできる限り奈緒の発作のことが分かる、発作を持ちながら生活していける術を教わりたいという思いがあって、当時ＭＲＩとかＣＴとか神奈川の病院にはなくて、そこにぜひ行かせてくださいということで静岡の病院に移動しました。当時神奈川では九種類の発作の薬を飲んでいたんですが、静岡へ行って、みるみる薬を減らしていって最終的には四種類になりました。みるみる奈緒の様子が変わり、まさぐって歩くような歩き方でしたが、私の目をちゃんと見るようになってふわふわした状態が減ってきまして、嘘のように朦朧状態もとれて、てんかんの発作も少しずつ減ってきました。一日に五、六回の発作も一週間に一回ぐらいになりました。その頃四十何年前ですので、てんかんについてはとても世の中は閉鎖的でした。お友達のなかでも「うちはてんかんじゃなくてよかった」とよく聞きまして、奈緒はそのてんかんと知的障害できておりましたが、何とかそういうものを持ちながらでも、たとえ四年間の命でもいきいき暮らしてほしいなあと思って、自分にできることは何なのかなと思った時に、地域で暮らすことだと思いまして、当初住んでいたところから公園のある住宅街に引っ越しました。家はボロだったんですけれど、前の公園を庭にして、そこで奈緒は多くの人や子どもたち、私は公園も一つの社会だと思っていたので、その中できっと育つと思い、そこへ引っ越してきました。そこから奈緒は地域とつながって成長していくことになり、すぐ目と鼻のところの幼稚園に何とか入れてもらえないかなと思い、その幼稚園の前を毎日毎日お散歩に連れて行ったり、大変図々しかったんですが園長先生が奈緒に気づいてくれないかなとよく散歩に連れて行ったりしているうちに、園長先生が一度お話ししませんかと声をかけてくださり、奈緒はその幼稚園に受け入れていただくことになりました。

その時園長先生がおっしゃったことが、「おかあさん、僕らもね幼稚園で障害のある人をうけいれるのは初めてです。だけどこういう子たちは地域で生きていかなければいけない。この子たちがいることによって地域の力にもなるんです」と言っていただき、「僕らも一から始めますが一緒にやりましょう」。その時私は五年間で初めて自分の荷物を一緒に背負ってくださる人に出会ったということにうれしくて、涙が止まりませんでした。今も思いますと本当にうれしかった。安心しました。そこから奈緒はどんどん私の知らないところで幼稚園のお友達、お母さん、地域の人、お店の人達が「なおちゃん、にしむらなおちゃんよね」「なおちゃんおはよう！」とか声をかけてくださるようになりました。私はやっぱりこの子たちが、わかってもらうようになるには発信するのは当事者からでなければだめなんだということを、周りから手を差し伸べてくれることを待っていても、まだまだあの時代はそういうことではなかったので、自分でできることは何かなと思った時に、とにかく仲間をたくさん作ること、それから奈緒の病気を理解してくれる人、ボランティアさんを作ることを、そして仲間の障がいの子どもたちを見てくれるボランティアさんを探すこと、お友達に声をかけて、子どもたちとボランティアさん、親、兄弟姉妹で一緒に活動できることを始めました。奈緒が七歳くらいの時だと思います。

そういう方たちの中で、小学校の先生からは中学は養護学校がいいと思いますよ、普通の学校の特殊学級に行くと奈緒さんはお客様になってしまって面倒を見てもらう、でも養護学校に行くと奈緒さんはお友達の面倒を見れる立場だからいいんじゃないかといわれたんですけど、私はご近所の子どもたちが一緒に通える学校に行かせたいと思って小学校中学校と特殊学級に進んできました。その中で得たものはホントにたくさんのことがあって、もちろんいじめもあって、公園で奈緒がよたよた歩きしてると突飛ばしたり転ばしたりする人もいました。そうすると四歳下の弟が走って行って、「『せいしんはくじゃくしゃ』奈緒ちゃんをいじめちゃいけない」と上の子たちに言ったりして、そうすると近所のお子さんたちがだんだん奈緒ちゃんは面倒みないといけない子なのかなと、子ども同士のなかでわかるようになったりしました。

昨日、地域でお祭りがあって、奈緒が大好きだったお兄さんがたまたまうちに来て、彼も四七歳になっていますが、「奈緒さん来ているんですか?」と聞いてくるんです。彼は当時ガキ大将でした。それで彼のことが怖くて、みんな彼の言うことを聞くようでしたが、奈緒のことはよくかばってくれて奈緒をいじめる人がいると「俺はね、ぶっ飛ばしたんだよね」と言っていました。昔はそういうガキ大将がいて、いいことと悪いことをちゃんとしていて、影でこそ悪いことができないようになっていた。今はそういう社会じゃないというか、子どもの社会も福祉の社会もいつからか守りの社会になっていて、私も施設を運営していて思うことですが、いけないことはいけないと言えない、叩いちゃいけない、怒っちゃいけない、どなっちゃいけないという風になっているんですね。そうすると子ども同士は本当のことを教わらない、本当にいい悪いを教わらないというところでいえば、社会が変わってきてしまっている。それって何なのかなと思うと、管理社会だったり学歴社会だったり、優秀な人、資格を持っている人、優生思想、偉い人が偉い、そういうふうな社会の在り方の中でいろんな事件が起こってくるんじゃないかと思ったときにやまゆり園の事件が起こりました。

全部が全部、社会が悪いというわけじゃないんですが、本当にいいこと悪いこと、何が大事なんだということを伝える人がいなくなってしまって、それってこれからもっともっと大変なことになるのではないかと感じています。

私はこの障害のある子たちが、いろんな人たちがいる中で育っていかなくちゃいけないんだと思って「ぴぐれっと」という施設を作ることになるんですね。作ろうと思って作ったんじゃなくて、仲間づくりボランティアさんを育てていく場所にしようと思って。そんな中でお菓子を作ったりお人形さんを作ったりして一〇年間活動してきました。てんかんの子どもたちが入れる場所にしようねと作業所を、平成三年にスタートしました。来年三〇周年になるんですが、当時五人で始めたんですが、今は一一〇人の利用者さんが通ってきています。一〇〇人十把一絡げの施設ではなくその人たちが一つの屋根の下にいることはあえてやめて、今は六か所デイサービスで、それぞれのニーズに合った形にして、小さい形のまま、ぴぐれっとは途中で法人に変わりましたが、やってきました。

グループホームも一〇か所できたわけです。最初はグループホームはどういうところなのという勉強から始めました。三年後に一か所スタートしました。その中でグループホームの方がいいんじゃないかと思ったのは、その当時近くにあった入所施設を交流という形で伺ったことがあったんですが、ある時、夜合宿して泊まっていたら夜A棟とかB棟とかあって前を通ったら、寝転んでいる子がいました。誰もみていないんだということが分かって、私は入所施設は嫌だと単純に思って、そこからぴぐれっとを立ち上げようと思いました。

現在ぴぐれっとは一一〇人の方のために、グループホーム、支援センターも作りながら現在に至っています。そういうことで、地域をとても大事にしてきたと思っています。終わります。

浅野 聞くまでもないかもしれませんが、親なき後、奈緒さんを入所施設に入れようとちらっとでも思ったことはなかったですか？

西村 それは全くなかったです。

浅野　正解です、ハイ。次に　ゲンちゃんの母親、福井恵さんお願いします。

福井　恵　はい。今日は素敵な場所に呼んでいただきありがとうございます。何を話したらいいかすごく緊張しているので、お手柔らかに聞いてください。よろしくお願いします。

私は福井恵といいます。先ほどの「ゲンちゃんの記録」の中に少し出てきました。五年間の間に、太ったり痩せたり、ずいぶん変貌したなあと、五年間確実に年をとったなあと。始めた時より、老眼もひどくなり、気力もなくなり、体力もなくなり、先ほど見ていて思いました。

まず家族の自己紹介を先にさせてください。うちは元気を含めて子どもが三人います。三つ子で六か月で生まれた元気は第三子なんですね。第一子、一番上はなつみという同じ二七歳なんですが、彼女は療育手帳の軽度をもらっています。一般企業で事務補助として働いて九年目になります。元気は重度なので昼間は生活介護の施設で、バス通所をしています。一番下が大学生の娘がいまして、この子は健常児で生まれたんですが、それはそれで普通の子っていうのも育てるに大変なところもありまして。うちは普通級の末っ子、特別支援級―当時特殊学級と言ってましたがそこに通う長女、養護学校―今でいう特別支援校に通う元気という形で、三か所の小学校を体験しています。当然父母会とかＰＴＡも三か所、バタバタした子育て時代を送ります。

その中で家族が大切にしてきたことは親も楽しむということなんですね。障害のある子がいるということはすごく大変で、お出かけをして電車に乗れば騒ぐし、病院の待合室でおとなしく待てない、常に夫と二人で何とか外に出ていました。それに一番下の妹も振り回されるようなそんな幼少時代を過ごしました。

彼が一七歳のころ私の両親が認知症になって、実家がゴミ屋敷で近所から苦情も出て、「娘さん、あのゴミ屋敷どうにかなんないの？」など電話がかかってきて、つらい日々が続きました。仕方がないので両親を引き取ることにして、障がい児二人、認知症の老人二人、私と夫、末娘、という生活が二年ほど続いたあとに、息子の一人暮らしの話をいただき、うちはたまたま恵まれていてどうしても一人暮らしする必要もなかったのですが、どうですかという声に断れずに、とりあえずやり始めてみました。

今思い出したんですが、二〇年位前、子どもが六、七歳の時に、あるお母さんが自分の本当の母親に、あんたね〇〇ちゃんが先に事故にあってもし死んだとき、その子は重度で多動の子だったんですけど、一時は悲しいけど、将来楽になるわよ、と言われたそうなんですね。えっ、おばあちゃん実の孫にそんなこと言うの、と思ったんですけど、そこを否定できない母親同士。そうだよねえ、自分たちが老人になってこの子たちより先に死ぬのはわかってるんだから心残りだよね、障がいのある子を残していくのは。だったら自分では命を奪うことはできないけど、事故にあっちゃうんなら一時は悲しいけど、自分がお墓に行くときは心残りないかもね、などと話したのをちょっと思い出しました。

その時は、障がいのある子どもに対しての個人としての尊厳や彼の人生とか全く考えずに、自分が死んじゃったらこの子はだれがみるのみたいな、子どもを自分の所有物か自分の人生の一部と思っていたんだなあって思い出しまして、それが彼がひとり暮らしする時まで続いていたんですね。

一人暮らしを始める、といってもヘルパーさんが二四時間いるわけですから他人さまに託すわけですけれど、自分の価値観で二〇年間子育てをしてきて、彼の食事の嗜好とか、好きなおもちゃとか、睡眠とか、お風呂で体を洗う順番とか、今までに二〇年やってきたものをそのままヘルパーさんにお願いできないわけです。それが果たして自分としていいのか悪いのか、一番わかっているのは私なのに、明日からは知らない人と生活して大丈夫なんだろうか、すごく思いました。主人のほうは、ダメなんじゃない、だめなら泣いて帰ってくるから。多分泣いて帰ってくるよ。とりあえずしようがないからやらせるしかないかな。私より主人のほうが心配していました。実際やってみたら、親といるよりも全然のびのびしていましたし、食事もどんどん変わって、きらいだからと食べさせなかったものをちょっと調理法を変えるだけで好きになったりとか。親だったら当然夕方連れ歩きたくないですよね。園から帰ってきたら後は部屋に入れて、後はおふろにいれて、後はすんなり寝てくれるのを祈るという毎日だったのですが、先ほどの記録にもありましたようにヘルパーさんと不忍池にスケートボードに乗せるなんて、親は絶対やりませんよ。あと、居酒屋行ったりとか、外食したりとか、生活が広がった。他人に託すということは新しい可能性を広げることでもあると思ったんですね。それを本人が望んでいることとか、好きとか嫌いとか、彼は言葉がないので意思表示できないんですから、本当に一人暮らしたいのか、本当に望んでいるのかいろいろ聞かれたんですが、やってみて、精神的にも安定していて、いやにならず結局帰ってこないんですから、それは彼も望んでいたんだろうなと今では思っています。

それから、彼がいなくなったときにゲンちゃん空の巣症候群みたいになりまして。私、今までずっと彼中心に生活が回っていたんですが、いきなりいなくなって毎日どうしたらいいかわかんないわけです。ぼーっとしながら毎日過ごして、ガイドヘルパーをとりあえずやってみたりしたんですが、自分の子どもを人に預けて人の子どもをガイドヘルパーってなんか違うんじゃない、と世の中の人に言われたりしながら、そうかなあと思いつつヘルパーさんてどんな思いで障害のある人たちに寄り添ってやってるんだろうと勉強のつもりでやってみたり、社会福祉士の通信の学校に行ってみたりして、ちょっと異色なんですけど。親が行ってる人はあまりいなくて。

その中で感じたのは、福祉に携わっている人は何かをしてあげたいという上から目線というか、困っている人を助けてあげたいという方が割と多いんだなあ。それは間違ってないかもしれないけど、一緒に生きるとちょっと違うんじゃないかと今では思っています。その時のお友達とは今でも交流はありますが、みなさんご老人のほうの地域包括へ行ったりとかして障がいのほうの方はあまりいないんですけれど。自分はまだその資格を活かしていないなあ、これからどうしようかな、などと思っています。

あと映画の最後のほうに出ていましたが、これまで五年間住んでいたトランジットヤードが立ち退きすることになりまして、半年間の猶予期間が与えられました。次の生活をどのように、これまでのようにシェアハウスのようにするのか、まったく独立して一人暮らしにするのかいろいろ考えながら、不動産巡りを始めました。

まず大田区の住宅困窮者支援の窓口に行って、今度こういう障がいのある息子が一人暮らしするんですけれど支援してくれると聞いたので、とお願いしたら、不動産業者の一覧表を渡してくれたので、意気揚々と頭から回っていくと、どこも障がいのある人はねぇと真剣に話を聞いてくれませんでした。「一覧表に乗っているんですけど」というと、「うちは名前を貸しているだけでうちは賃貸やってないから」と。区役所でもらったのに、そんなことあるんだと役所に不信感を持ちました。どこに行っても、不動産屋が感じいいと最後大家でダメとか、大家さんのオーケーになかなかたどり着かなくて三か月ほど足を棒にして回ったんですが、いい加減嫌になり、ふてくされて、もううちに連れて帰ろう、もう一回彼と一緒に暮らそうと思ったのですが、この生活を五年やっていたらもう無理なんじゃないか、という家族の話もあって。迷っているうちにたまたまなんですが大家さん、紹介してくださる管理会社で六月末に見つかって新しく暮らしを始めています。

今度のところは、周りがお年寄りばっかりなんですね。お隣は九〇過ぎのおじいちゃんだし、お向かいも八〇代のご夫婦だったりして皆さん地域で長いこと暮らしているんだけれど、とてもいい方で、あいさつに行ったら握手されたり、お年寄りも災害とかあったら助けないといけないし、うちも助けてもらうんだよねなどと若い男のヘルパーと話したりして、なにかあったら一緒に逃げようねみたいな話をしています。そんななか、まだまだ不動産屋は障がいがあるだけで一発でだめが多かったです。二四時間ヘルパーが付いているといっても、マンション集合住宅は毎日入れ替わりで不特定多数の出入りになるから、治安的に他の居住者に迷惑だからダメと言われ、まだまだ社会はこういうものなのだとすごく思いました。

自分自身は先ほどのカラーズというトランジットヤードの一階の集合スペースで、目の見えない方、耳の悪い方、肢体の方、精神の方、車いすの方とかいろいろかかわってきたんですけど、たまたま息子が三階に住んでいたのでかかわることが多かっただけで、振り返ってみると、今まで息子の知的障害以外は興味がなかったというかあまり関心がなく来ていたんだなあということがわかりまして。相対してみると皆さん障害があっても意思の疎通とかできるじゃないですか。筆談だったり、あと精神の方にも幻聴きこえるって本当なの？　ひどくなると聞こえるんですよと教えてくれるんですよ。ああ、でも怖くないんだなあと知りました。障がいがあるなしにかかわらず、相手を知ることは大事なんだなあと思いました。

で、これから私はどうするかですけれど、自分の親がぼけちゃってゴミ屋敷になって近所からつまみ者になっちゃって、その親をこれからどうしてみていこうかと思った時に、地域包括に割とレールに乗せられて、はいはい施設に入れましょうとか、そんなに単純なものでないのではないかと思ったりとか。自分も年をとって足腰弱くなり老眼がひどいとか、今後自分も年をとるしどうしようとか、これまでの私のところの介護の経験を世の中に伝えていけないかとか、高齢者ドライバーの事故が起きたりすると自分もそうなっちゃうのかなあとか、社会に対していろいろな提言をできるのでしょうが、やれていない自分をすごく感じています。

たまたま今日この席に来させていただき自分を振り返る良い機会にさせていただいてますが、

この経験を将来世のために生かす一端になればいいなと思いながら、今日は参加させていただきました。以上です。

浅野　西村さんに聞いたことと同じですが、気が付いたらトランジットヤードにいたわけですが、入所施設に入れようとは思ったことはなかったんですか？

福井　いえいえ、最初きっかけになったのは、トランジットヤードを主宰している風雷社中の代表に、「私も年になって、将来は認知症の私と障がいのある息子と一緒に入れる施設はないかしら」と言ったんですね。そしたら「そんなことないよ、地域で暮らせる選択肢があるからやってみない？」と言われたのがそもそものきっかけでした。いまも生活介護の父母会の役員をやっているんですが、そこの施設で親が八〇代子どもが五〇代半ばくらいの方が、次々と郊外ではなくて東北とか北海道の施設に去年今年すごく多く入っているんですって。やはり、制度もなく地域で暮らすことがなかった世代の親たちには入所しかなくそれが安心なんですね。資産管理のことを課題はたくさんあります。生活費は私が週に一万円ずつ渡しています。いろいろ課題はあるので。

浅野　気が付いたらトランジットヤードに住んでいた、これもまたラッキーですね。

福井　ラッキーですね、将来はありえないとは言えませんけど。

浅野　三人の母親から、面白い話を聞きました。私も面白がって聞きました。やっぱりこういう母親は珍しいですね。珍しいという意味ですよ。ラッキーだったということもあるし自分でかかわっていく。少なくともほっぽり投げなかった。

ここで私に一〇分間いただき話します。今日はね、やまゆり園のことを考え続ける会だけど、考え続けるだけではだめで、やまゆり園をどうするか、やまゆり園このままじゃすまねえぞ、ということでやまゆり園の更生を考えなくちゃいけない。事件を起こしたやまゆり園が変わらなくちゃいけないのに、そのままになっている。やまゆり園が感ずるべきだけど、鈍感で今まで通りになっているから、私たちがやる、という意識で今日のコーディネーターを引き受けたわけです。

私でいえばですね、三〇年前に厚生省障害福祉課長の時にグループホーム制度を始めました。一五年前、宮城県知事の時に宮城県障害者施設解体宣言というのを出した。そういう経歴から言うと、やまゆり園なんか許せないんですよ。私、施設大嫌いですから。施設そのものというより、ああいうような運営をしている施設は大嫌い。もう変わってもらいたい。これには私の原体験があります。それこそ昭和六〇年ですけども、初めて私が障害福祉の仕事をやったのは、北海道庁にいって障害福祉課長をやりました。何も知らないので現場の入所施設に行きました。そしたらなんだこれは、と思った。入っている人たちみんなぼーっとしている。みんなずーっと余暇時間なんですね。入っている人たちがみんなドローンとした感じでいる。これはなんだと思ったことが原点です。これは絶対この人たちのためにもいい施策じゃないということで、その時点から地域で生きるのが当たり前のことだと。

そしたらたまたま北海道庁の仕事が終わったら、今度は厚生省で障害福祉課長をやってくれと。これはいい機会、天の配材のようなもの。就任したその日からグループホームやるぞ、と。これは何かというと、人間としての尊厳、今日何回も言いたい言葉ですが、知的障害を持った人たちがあんな入所施設で、死ぬまでいるんですよ、何の罪もないのに無期懲役って、そのままの言葉じゃないけど。そういう方たちが生きてきてよかったなということを示すため、たまたま天の配材でもらったんだったらやろうと。それがきょうここにきている理由でもあるんですね。やまゆり園だけじゃないですよ。知的障がい者の入所施設に生活があるか、それは平野さんがビビットに、やまゆり園に行っているときに、これが生活かと。外出することもない。ということもあって、やまゆり園って何のためにあるのかということを考えて、職員はいる、職員は支援する、何を目標にしているか。この人たちが死なないように生きること。ライフには生活という意味もある。人生、命という意味もあるが、そのうちの命、死なないようにすることだけやる。こんなことだけで働いていたらいやになりますよ。目標がないんだから。毎日毎日コミュニケーションが取れない方たちの世話だけして、ふと思わないんだろうか、自分は何をしているんだろうかと。言いたいことは、施設において生活の目標を持つべきだということです。

話は飛びますが、今やまゆり園の再建計画というのがあります。これは建物の再建ですね。今度は少し小さくします。これまでの規模を小さくして、と言ってます。小規模だからと言っても管理は管理なんですよ、施設は施設なんですよ。職員はおんなじですよ。重い人たちが入ってきて施設でしか生きられない人たちが入ってくる。そうなれば第二の植松を生んでいく。他の施設でもいわれてることなんですよ。今日もらったパンフレットに河東田博さんが『大規模施設だからこの事件は起きた』と書いてありますが、その通りです。植松はあの施設に三年間働いてたんですよ。その時に会った障害者がドローンとした、生きている価値がないようにみえた。それはそうですよ。彼らには目標がないんですもの。だから毎日毎日生きている、支援するといっても、人手が少ないところで、夜は暴れると困るから強い睡眠薬飲ませて、そういうようなところで毎日暮らしている人を見ていたら、植松聖ならずとも、生きていても仕方ないなと思ってしまうのもやむを得ない。そして、それは植松聖が悪いんでもない、利用者が悪いんでもない、施設が悪いんですよ。そのことに特に施設運営者が気づかなくちゃいけない。この前入倉さんという施設長が「施設ができたら皆さん戻ってきたら迎えて」と言っていた、それじゃダメなんですよ。

再建計画というのはやまゆり園の建物を直すだけじゃなくて、やまゆり園をあの反省を込めて運営を変えなくちゃいけない。目標を持たなくちゃいけない。私が初めて北海道庁に行ったとき施設の名前はなんて言っていたかというと、あの頃は精神薄弱者と言っていましたが、「精神薄弱者入所更生施設」と言っていた。今は知的障がい者と言いますが。「更生」というのは「さらに生きる」と、紙と鉛筆で書いてみるとわかるけれど「よみがえる」という意味です。英語で言えば「リハビリテイション」施設なんですよ、入所更生施設は。さっきもだれか言いましたが、通過施設なんですよ、本当は。そこで何をやるかという、訓練してそこから地域へ出られるように。自分のことは自分でできるようにする。三年かかるかもしれない、人によっては五年一〇年かかるでしょう。でも外に出していく、利用者も目標をもっていく。

施設運営している方に聞いたんですが、毎年アンケートで何をやりたいか聞いてみると、まず第一番には、お母ちゃんのところに帰りたい。外に出たい、仕事をしたい、結婚したい、いろんな答えが返ってくるんだけど、何年も同じ質問で同じ答えがある。それは自分で決めて自分で入ってきたという人はゼロですよ。みんな誰かに言われた、親に言われた、福祉事務所に言われた、養護学校の先生に言われた。自分で入りたいといって入ってくる人はいない。なのに自分で目標を持ちようがありますか？　親が安心するために入ってくるんですよ。いい人がいる、楽しいことがあるよ、と言われて。だったら自分で選んで入ってくるでしょ？　そうじゃないと思うんです。これを話すと一時間くらいかかります。

一端を言っただけですが、私はやまゆり園の再建計画には怒りを持っていますが、できちゃったからしようがない。また一一〇人くらい入る、もともといた人に加えて新しく他からも入ってくる。そしたらやり方変えなさい。目標を持ちなさい。もっと言えば、ここに入る人全員が地域に出ていけるように目標を持ちなさい。施設も職員もです。意思確認とかやると施設にいたいとかあるようですが、それはそれで問題で、そのようなモチベーションしか与えていないからでしょうけど。

これはやまゆり園について言っていますが、全国にある十数万人が入っている入所施設にも同じことが言われていることなんですよ。やまゆり園事件のことを聞いて自分たちも学んでほしいんです。そのためにはやまゆり園は先鞭を取ってほしいんですよ。そうでなかったら亡くなった一九人の魂は浮かばれませんよ。犬死にですよ。だんだん激してきましたね。一〇分をオーバーしちゃいました。

では皆さんに少し伺いたいですが、この前やまゆり園の慰霊式が行われました。亡くなられた方たちの名前がなかった、匿名だった、親が望んだ、そのことについて理解できるかどうか少し伺ってみたい。これから六分間の中で、お話しお願いします。平野さんお願いします。

平野

私もやまゆり園の話は、二時間も三時間も話せそうですが、匿名を希望していることについては私にはよくわかりません。親戚がどうのこうのとかありますが、やまゆり園の中で私の味方をしている方でも、親戚には言ってないので内緒にしてね、などと私よりも若い人ですが言われたりもするので、そういうこともあるのかな、と。私は子どもの名前も顔も出たりしていますし、これで他の子どもが結婚できなくても構わないという気はあるので、そこは私の強気のところですが。そういうところでは個人の問題になるかもしれませんが、お母様お父様、強気でいかないと何も変わらず、と思っています。

浅野

ちょっと伺いますが、和己君は自慢の和己くんではないですか？　匿名にしてくれっていうのは自慢の息子自慢の娘でなかったということですね。匿名ということは考えられないですね。

平野　自慢ですよ。匿名なんて考えられないですね。この事件をきっかけに私は施設建設反対の立場でしたので、いつも手を挙げるのは一人という形でしたのでつらい思いはしなかったのですが、介護福祉士をしていて、いろいろな方を知ってるといえば知っているので、行動障害の大変な人達に対して知識をもっている方たちがいったんお預かりして、いずれ地域に帰るという形ができればいいなと思います。今のやまゆり園は監獄、刑務所のようなもので、一度入ったら二度と出られないんじゃないかというようなところで、恐ろしさに近い。うちの息子はよく我慢したな、と思って悲しくなるは、涙が出てしまうくらいですけれど、爆発もしましたが、よく我慢もしたなと思います。親御さんの中にはまだ地域にいる方の中には将来自分が死んだら入所なんだろうなと思っている方もいらっしゃるんですけれど、そこがどういうところかをよくわかってない方もいると思うので、何とか家にいて行動障害で、日中は生活（介護）にも行けてない方もたくさんいるのでほんとに親御さんは困るので、施設に入れて後悔するという方もいらっしゃいます。地域で頑張っているうちに、この子のためにグループホームを作ろうとか、ゲンちゃんのところみたいに、いろいろなネットワークを作ることが大切と思います。

施設に関しては私は大反対ですので。自由がないということもあるし、子どもの生活を見ても、おしっこのプールの中に生きているような生活を想像していましたし、また、本を差し入れても差し入れてもきれいに戻ってくるので理由を聞いてみると、本は他の方に刺激的なので見ることはできません、ということで戻ってきます。とにかく施設大反対ですので、何とか上からぶっ壊してほしいと思ってます。

浅野 ありがとうございました。では続いて西村さんお願いします。

西村 この事件が起きた時に、まず一番最初に感じたのは、名前を出さないということは親としてとてもショックでした。誰の意思で出さないのか、最初は施設かと思っていたんですが、後で親の意思であったということで、私は障害のある子どもたちは気持ちを上手に伝えられない人がほとんどなんですね。そのために伝えられるのは親しかいない、私は奈緒の代弁者だと思っているので、唯一親は自分の子どもの代弁者であってほしいと思ったんですね。それが名前を出さないということはどういうことか、すごく考えました。今だにわからないですけれども。入所施設に入れていくお母さんたちと地域で何とか生きていこうと思う、そこのところでいろんな人の事情があるのかなと思います。ただ植松被告がこの人たちは世の中にいらないといった言葉を考えたんですが、彼がどう育ったのかとかいろいろ考えたんですが、親としては全世界の人たちが奈緒たちをいらないといっても親だけは自分の子どもは生きてほしいし、今でも時々グループホームから帰ってくる時にいろんなものをもらうし、いろいろ感謝があるし、ほんとに生きていてくれてうれしいし、植松被告もあんな事件を起こしたから全世界の人が彼のことをいらないといっても、植松被告の親は彼に息子に生きていてほしいと。親って絶対無条件で理屈じゃないんです、親と子って。うまく言えないんですが、大事なものがどこにあるのか、報道とかいろいろ言ってますが、親は子どものために絶対でいてほしいし、親御さんがいない方もたくさんいらっしゃる。私たちは同じ障害のある方たちにとっても、そういう方たちのためにも、代弁者でありたいとすごく思っています。

浅野　親にとっては自分の子どもは生きていてほしい。親だけは、それはちょっと違うんですよ。わたしも奈緒ちゃんに生きてほしいと思いますよ。子どもは親の所有物でもない。生きている価値がないから死んでもらう、というときに匿名につながるかもしれないけど、植松に聞きたいけれど、お前の生きる価値言ってみろと言ったらこたえられないですよ。この中で三人くらいしかいないですよ。

奈緒ちゃんは自慢の娘ですよね。みんな見てよ、障害を持って頑張っているという言いかたじゃなくて、こんなにいきいき生きているんです。奈緒ちゃんは社会を変えてるんですよ、外に出ていくことによって。さっきのガキ大将だって真人間に変えている。それでは福井さんお願いします。

福井　名前を報じなかったことについてあの時どう思ったか、思い出してみたんですけど、まず最初は何で？　ということでした。後から親の意向だったと聞いたときに、複雑な思いでした。

うちは名前も顔も出しているので、自慢の息子かといえば愛すべき息子でかわいいですし少しイケメンですし。ヘルパーさんから褒められたり、この仕事を続けていこうと思ったのは元気君のおかげです、と言われるとうれしくなりますね。

浅野 親が匿名にするというのは家の恥ということなんですね。社会がそういうふうに見て差別すると感じているからですね。福井さんは、そうは思わない、自分のところにゲンちゃんがいることということを恥ずかしいとか思わなかったですか？

福井 姑は多少思っているらしくて、言える兄弟と言えない兄弟がいる、と言い、亡くなった実家の母は、孫が障害児だと思われると近所に恥ずかしいので、あんた、実家に帰ってくるな、と言われたりしましたね。

浅野 それは洗脳しなさい。

福井 でももう亡くなってますけど。

浅野 お墓の前で。

福井 かわいいんだけど恥ずかしい、昭和一ケタ生まれの人で、戦前教育を受けていて、障害者は座敷牢に閉じ込めていたような田舎に育った母だったので、わからなくもないですが、孫かわいいでしょといったことあります。孫はかわいいけどちょっとね、と言っていました。

あと、ＳＮＳでこういう集会ありますよ、とか今度こういう障害者仲間経由で集会出るのねとか、大田区障がい者権利条約を考える会とかの集まりとか、関心のある方しか来ない。関心のない方にどのように情報を発信するか、知りたいですね。不動産周りをしているときに、何でお母さん育てられないの？　体弱いの、病気なの？　施設になんで入れないの？　一人暮らし、そんなのしてる人いないよ、世の中の人は、障がい者は施設か親元だと思ってるんだな、と。

関心がない人にどうしたらいいんだろうと、皆さんに伺ってみたいと思います。

浅野　私が聞かれたら、それは外に出ることなんです、と答えます。奈緒ちゃんのお話にもありましたが、みなさんのお子さんは社会を変えるんですよ。それは施設にいたんじゃ変わんないんですよ。いろいろあったけど社会に出て行ってる、それは半径一キロ以内の人だけかもしれないけれど、あそこの人は地域の中にいる人で、地域の人に見せることで地域の中に入っていってるんだよということを伝えています。ということで、社会を変える尖兵としているんです。

休憩を入れてまた感想など全体会で行います。

（文責　山崎幸子　堀利和）

参加者アンケート

地域生活にこだわる母親たちは語る

〈対話集会(2) 2019年7月28日〉

1 やまゆり園事件遺族

色々の見方あり、よかった。

2 その他

①参加できてよかったです。

世の中が政治、社会が一人一人の生命を大切にしない新自由主義につきすすむ中で、ギスギスと生きづらい世の中になりつつある中で、今日のような集会は大事に広げていく必要があります。このような思いを広げつないでいくことで世の中を変えていく力になると思います。国会議員も2名の障害のある方が当選し、一歩進みだしました。

私も3人のおかあさんの話、すごくよかったです。福井さんのお話 特に印象に残りました。個人的には両親のゴミやしきの話(自分のこととして)

②親

映画のご紹介 シンポジウムでのお母さん方の実体験 大変良かった。

特によかったのは浅野先生のお話 生きる―ただ命をつなぐ × ↓目標をもって生きる―

このことは障害者だけではなく、全ての人間にとって重要ですね。

③高齢者ひきこもり娘の親
よい集まりでした。ありがとう！

④親の会役員　権利擁護NPO法人
入所には反対です。しかし地域支援（特に夜間支援）がないため家族のかかえこみしか選択肢がない場合があり、心中するよりは、という入所の決定となっています。唯一しかない逃げ道をふさぐ前に、地域の支援を何とかしないと、施設反対者も含めて、家族は社会をすべて敵だと思ってしまいます。

匿名問題について、自分自身はオープンにすべきだと思っていますし、オープンにしないことでのデメリット（障がい者自身にとって）のほうが大きいとも思います。ただ今、入所者の親御さんがお子さんを入所させた時代の障がい者への偏見は大きく、心が大きく傷ついておられるのもわかります。これからの時代はちがってくるのではないでしょうか。

現在、芹が谷園舎の人たちに対し、「お友達プロジェクト（2年間の県事業　予算年間200万）を始めています。芹が谷園舎の意思決定支援チームと連動し、親や職員以外のゆるやかな人間関係を、若い学生さん中心に利用者さんにつくっていき、利用者さんの将来の意思決定を豊かなものにしていきたいと考えています。

県主催の追悼式（相模女子大グリーンホール）には、毎年県予算が600万円つかわれています。こうしたイベントは節目ごとにあった方が良いとは思いますが、この予算でこれからの津久井やまゆり園の利用者さんの地域生活に向けて何か組み立てられるともっと良いと思います。

最近芹が谷園舎に行く機会があり、活動内容を聞いたところ、以下のお話がありました。

Aグループ　コミュニケーションが苦手な人

（ワークシステム　個別課題）
B　創作活動
C　比較的高齢の人で活動意欲ある人
（ハタおり　ヒモ通し）
D　身体的機能維持の運動が必要な人
（PT指導含む）
E　集団OKの人　散歩コースの高い人の五グループに分かれて活動しており、この他にも
・体育館でのダンス　映画界　タイコ演奏　新年会
・フリーマーケット
・七夕など季節の行事
・上永谷駅での清掃活動（ゴミひろい）
・裁縫　陶芸レク
・カラオケ
・毎月の誕生会
・受注活動
・千木良では近所の人とのふれあいの場が再開
・8月納涼祭
・ふれあい作品展
・ボラとの落ち葉拾い
・箱根駅伝観戦
・初詣、クリスマス会
・雨宮知子コンサート
をやっていました。平野さんが「何もない」と言われたのと少し矛盾があるようにも思いました。
⑤浅野氏の怒りが伝わってきて大変よかったです。
⑥親
浅野史郎さんのコーディネーターはあっぱれ！！でした。

やまゆり園を考え続けるだけではダメで、どうするかが大事。19人の亡くなられた人たちの為にも人間としての尊厳をとりもどしてあげたいと思います。

これからもどうするかを皆さんで考えていければと思います。
外に出る事が大切

⑦姉
私にも知的障害の妹がいますが、第三者の前で知的障害の存在を話すことには非常に時間がかかりました。大学の時〝奈緒ちゃん〟の映画を観て、少しずつ私もにしむらさんのように生きなければいけないと、人生初めて思いました。〝奈緒ちゃん〟を観るまで人前で妹の話はできませんでした。

⑧家族
・現実にやまゆり園生活で、外出がさせてもらえない支援があるのは信じられませんでした。
・しかし現実には家庭でも障害者と親が高齢になり、障害が重くなり、グループホームから出される（強制）ケースが多々耳にするが、どんなものか
・強度行動障害の専門に支援できる人が（場所がない）ないと、入所施設の必要性もでてくるのではないか

⑨それぞれ当事者が地域に出て人と出会うこと　それを拡げていくこと　みんなで考えること　みんなを拡げること　そこから始まる　多様性を知る　違いを知る

⑩相模原市の（地域）課題が見えてこなかった、というのが印象です。
市政は、人権指針などでもやまゆり園事件を正面から見据える姿勢がありません。
浅野さんの話はなっとく！

⑪各々のお母さんたちのお話で、当たり前ですが　ひとりひとりの方のこれまでの暮らし、思いがあり、様々な暮らし方があるのだとあらためて思いました。浅野さんの怒り、共感します。
更生とはリハビリテーションなのだという言葉に目がさめる思いです。親なき後に生き

る場所として施設を考える親ごさんが今も多いのだけれど、〝生きる＝生命をつないでいる〟ではなく「生きる＝生活する」ことが障がいがあってもなくてもしていける社会にしていきたいです。

⑫やまゆり園という〝切り口〟で、やまゆり園に深く切り込むテーマの集会かと思い、つい先日事件から3年経った中で当事者や関係者の会合や集会に、事件当時から参加して意見を聞いてみたいと思っており、今回ようやく同じ空気の中で、皆さまの意見・会場の雰囲気を味わう事ができました。

今回は、やまゆりという一つの施設、世界観の話だけでなく、〝障害者〟という全体からの問題・課題の改めて洗い出し、棚卸しをし、ここに集ってる人達と大事な課題共有ができたのじゃないかなと思います。

ここからが本格的なスタートだと思いました。社会を変えるには抵抗が必ずあるものだが、皆と繋がり、ネットワークをもってして、変えていくべきと思いました。

⑬地域に当事者が出ることに賛成です。教育の場で分ける事をなくしていくことが必要です。

社会を変えるために行動したいです。

⑭元施設職員

この事件の事、元知的障害者施設で働いていた者としてショッキングな事件でした。以前の処遇制度下と違い、利用者制度下での事件。本人が選べない選択出来ぬとしても、支援者側は契約事項に基づき支援計画を行っていたと理解していましたが、以前通り支援の内容が変わっていなかったことも怒ります。労働条件の悪い事も問題だと考えてます。

浅野先生の社会に出て社会を変えるはその通りですが、行政側の考えが厚い壁になっている様に思ってます。厚い壁です。

⑮元就労支援員

映画と講演を通じて、やまゆり園事件を考え直したことは、福祉のあり方・・・障がい者も「管理する」から「共に生きる」へ簡単なことではないが、多様な人が互いの違いを受け入れながら、共に助け合う社会が広がれば、障がい者も外国人もあらゆる少数（マイノリティ）も豊かに生きられると信じています。

奈緒ちゃんのお母さんが仰っていた幼稚園の先生の言葉「障がいのある子どもも一緒に暮らすことが地域を強くする」という言葉が強く印象に残っています。

また、和己さんのお母さんのお話を伺って、やまゆり園の実態の一面を知り、そうした環境の中からあの植松被告があういう思想に至ったように感じました。

そして、「共に生きる」ために必要なこと、げんちゃんのお母さんが仰っていた「相手を知る」ことだと私もおもいます。

あらゆる差別は自分との差異に対する恐れから生まれると思います。それをなくすためにこのような集会、上映会、活動は必要だと思います。本日はありがとうございました。

最後に私が携わった就労支援という仕事との関わりにおいて、浅野さんのお話にあった施設の「目標」という点について、就労支援施設も社会的自立（就労）を目標としていながら、実態はほど遠いように思います。一つは施設側の問題、一方で受け入れる社会（企業）の問題（課題）だと思います。

私は今後も、この問題の解決を考え続け、微力ながら取り組んでいきたいと思います。

⑯県OB職員（非福祉系）

浅野さんの力強いメッセージを津久井やまゆり園運営法人と県に届けたい。（待ってました！　浅野さん！）

犠牲者を匿名にしたのは家族の意向だった

が、匿名をきめたのは園と県である。園・県は家族の意向をソンタクして決定したのだったが、社会への影響、社会からの反応を家族とともに熟考していただきたかった。(そこはしっかりした考えをお持ちの浅野さんと何も考えていない黒岩氏の違いがあったかもしれない!)

西村さん、福井さん、平野さんとともに浅野さんが登壇されたことは非常によかった。

運営振興について

1　空調の状態が悪い上に換気も悪かった。気分が悪くなった。(後半になって改善された)

2　平野さんのお話の時に照明が何度も点滅し、不快だった。スライドは点灯していても決して見にくくはないので、点灯したままにしていただきたかった。メモをとったり、手元の資料を見たりする上でも。

⑰重度訪問

プレゼンの時間をきちんと計っていて効率よく聞けました。コーディネーターの仕切りが良かった。

販売品の紹介のアナウンスがあるとよかった。

3　教師

本日は当事者のお話を伺う機会をいただきありがとうございました。

やまゆり園の事件から障害についての自分の知識のなさに危機感を覚えたのは、3・11で原発問題について気づかされたのと同様でした。

小学校教師として、原発・LGBT・福祉などなど知らないだけという言い訳はしたくないと考え、シンポジウムに参加しました。たくさんの示唆をもらえる時間でした。

４　施設職員

①母親３人の方のお話を聞くことができて大変良かったです。

浅野氏の意見、大変参考になりました。「障害のある方が社会に出て行くことで、社会を変えて行く」、重みのある言葉でした。「やまゆり園が植松容疑者を生み出した」社会との交流が無い、目標がない―大きく目を開かれた思いです。

②いろんな話を聞けて良かったです。

次はまたともだちをさそってきたいです。

③実際に津久井やまゆり園の話を聞けて、当時の生々しさや、利用された立場としての話を聞くことができて、とてもためになりました。

④全体討論にもっと時間をさいて欲しい。

⑤非常勤栄養士

これまで障害のある方やそのご家族の方の話をお聴きする機会は多かったのですが、浅野史郎さんや西村さん、福井さん、平野さんのお話を聞けて良かったです。

入所施設における目標？＝運営する側が建物ではなく、地域に出せるリハビリテーション　目標→利用者・介護者にとっても重要

自分で望んで選んだ場所なのか

これからもやまゆり園を見守り、考え続けたいと思います。うちの施設もだあ～

⑥市民団体　障害児を普通学校へ・全国連絡会　佐野公保

「入所施設だからこそ起きてしまった」というとらえがある。私たちは、学校が分けられて来たことが、事件につながったという思いがある。

今日３人のお母さんの話の中では、必ずしも学校のことは大きく多くは語られなかった。平野さんが普通級にやったというところはあった。福井さんは、地域での自立生活なん

て考えてなかったと話した。学校についてはそういうことも考えていなかったということだろうか。でも、本人も変わり、自立生活は大きく展開した。

この考えつづける中で「学校」はどうなのか、テーマとしてとりあげてはどうだろうか。

5　しょうがい当事者

①事件の時、無名にしたことの話が良かったです。

②支援者

本日は津久井やまゆり園事件の追悼を兼ねた対話集会で障がい当事者にかかわる親御さんの生活上の体験、またそのご苦労話を聞かせていただきありがとうございました。3年前のあの事件の色々な議論がある中での集会で　勉強させていただきました。

私は、精神障がい当事者として思うことは、様々な暖かいケアのありがたさはありますが、本人当事者の生き方をあくまで忘れないようにしていただきたいと思います。また、今後の社会の動向を見すえながら私も考えていきたいと感じました。２０１９・７・28記す

6　支援者

①兄弟（姉弟）

・自主上映は検討したいと思った。

・母の発言

1　ともに生きる意味って？

2　やまゆりでの生活の実態

3　ＧＨでの暮らしと生活（成長と豊さ）

4　相手を知ること

（障がいのあるなし関係ない）

・シンポ

いろんな考えがあることを知りました。

・討論

時間が足らなかったと思います。
＊「生きるのに理由はいるの?」大切に、ていねいに完成することを祈ります。
＊就学裁判、頑張って下さい。

※立場に二つ○がつけられている場合は、先に○をしてある方で記しています。
例：「支援者に○、その他兄弟に○」↓「支援者」の項に記載
※アンケートの転記は原文のままとしました。句読点がないところや数詞の不統一などがありますがご理解ください。

第４章　退所後に始まる新しい生活

(1)　生きるを実感する
～ＮＨＫ「おはようニッポンを見て」～

生活介護事業所職員、季刊『福祉労働』編集委員　**石井　美寿輝**

陽が差し込むソファーにちょこんと腰をかけ、テレビを見ながら「いいよ、いいよ」と口にする。それは、当たり前の生活の中にある、心地よさを感じさせる光景だ。

松田智子さん（三九）は、津久井やまゆり園の元入所者である。重度の知的障害があり、三年前のあの事件をきっかけに、現在は仲間四人とともにグループホーム（ＧＨ）で生活している。やまゆり園の支援記録には、「突発的な行動があり、見守りが難しい」と松田さんについて書かれていた。足のケガがきっかけで車いすに拘束され、腰と車いすを結ぶひもは、旅館の浴衣の帯のような、幅広のものが写真に残っている。

地域での生活は、幼い頃活発だった本人のことを考え、母親が体験させてみようと思ったという。しかし、理学療法士が松田さんの体を細かくみると、拘束の影響からか、腰や背中の柔軟性が失われていることがわかった。一年前の散歩の様子は、支援者に腕を支えられ、支援者の方に傾きながら歩く松田さんの様子が映し出されていた。松田さんが今の生活を送るまでには、①散歩、②カフェ等での外食、③美容室利用、④理学療法士によるリハビリ等の生活を二か月程送った。楽しそうな表情が出てきたため、ＧＨでの生活へと移ったという。私たちの生活にある、あたり前の経験が、「楽しそう」な表情を生み出し、次の生活ステップへと繋がったことは興味深い。いかに当たり前が当たり前でなかったか。そして、その当たり前こそが重要で、生きる意欲に繋がるのかを示している。

ＧＨでは、その生活の意欲向上のために、自分でできることはできる限り自分で行うようにしている。「興味のあること、自分でやろうとする感じがする」と口にする松田さんについて表現した支援者に見守られながら、畳んだバスタオルをしまう場面でのこと。ディズニーツムツム柄のかわいらしいバスタオルが写し出されており、その人らしさと同時にＧＨでの生活の自由さが感じられた。また、松田さんは毎日散歩をし、地域の方から「これ持っていきなよ」と琵琶の木の枝をもらうシーンも映し出されていた。週二回の地域支援の仕事（ゴミ出しできない人のゴミを集積所までもっていく）では、周りに合わせる行動や、順番待ちが苦手だが、仲間と一緒に大きなかごを持つ表情は、目が生き生きとしていた。一年前の支援者によりかかって歩いていた時とは異なり、しっかりと大きなかごを持ち、仲間と同じスピードで歩けていた。

松田さんの母親は、「チャレンジして失敗することも、生きることだと思う」と心境を話されている。やまゆり園時代、車いすに拘束されていた松田さんだが、それは人間としての成長の機会となるチャレンジや失敗する機会を奪われており、（精神的な意味で）生きる意欲も失っていたのではないかと私は想像した。もちろん、拘束をされていたため、人との繋がりも自由には取れなかったであろう。そのような中で、どうやって楽しい生活を送れるのだろうか。

私は自身の経験から、障害のある人も共に地域で生活することの大事さを、強く感じている。保育園の時の初恋相手が自閉症であり、小学校が分かれることを知った時、ものすごく寂しかったこと。中学生の時、街で彼に再会するが、その際私と一緒にいた友達に、彼を初恋相手だと紹介できなかった自分を恥じ、また彼のことが知りたいと望んで、高校から福祉を専攻した。大学時代は、自立生活センターでの介助者等を経験して、今は生活介護事業所の職員として働いている。私にとって、初恋相手が地域の保育園にいてくれたことで、自分を知るきっかけや、現在の好きな仕事に就けたと感謝している。

またプライベートの活動として、本人活動（知的障害のある人の当事者活動）の支援者を昨年までしていた。仲間とともに地域の中で様々な活動を行ったが、印象的なのは地域の有志による、公民館を貸し切っての音楽祭が開催された時のこと。立ち上げメンバーとして、仲間のAさんと実行委員会に私は参加した。サポート役（会議内容を要約して伝える、届いたメールの内容を読み上げわかりやすく伝えることなど）として参加していたが、当初他の委員は、知的障害のあるAさんにどうかかわったらいいのかわからず、会議中ほとんどAさんはいないかのようだった。やり取りのスピードは速く、資料も難しい言葉でズラズラと書かれていた。ある日、役割決めをした際に、Aさんは、自分のやりたいところで手を挙げようとしたが、自信がなくなっており、結局役割を何も持てずにいた。その後も、必ず毎回会議に参加するAさんに、私はふと尋ねた。「会議出ていて楽しい？　どうして参加するの？」と。するとAさんは、「だって一緒がいいから。みんなといたいから。』と言った。「えっ、そんなこと？」と、私は正直驚いたが、みんなといることが心地よいのであって、資料がわからなくても、会議時に発言できなくても、それでも地域住民としてみんなと一緒にいれることが楽しいのだと、教えてくれた。このやりとりは六年程前のことで、今では音楽祭実行委員の古株として、一人で会議に参加をしているAさん。Aさんが会議を欠席すると、他の委員がとても心配するほどだ。得意の暗記力を生かして、去年はこうだった、その前はどうだったなど、しっかりと会議で発言もしているようだ。そして、会議を通して様々な経験もしている。会議時に出される共有のお菓子は、一人でたくさん食べてしまう等、他の人を気づかう行動ができないことがあった。しかし、他の委員から「みんなで食べようよ」と言われたことにより、他の委員の分を考え、お菓子を残すことが出来つつある。またたくさん食べてしまった時は、「この人は今日はこういう感じなんだ」と、みんなにあたたかい目で見てもらい、キャラクターとして愛されてもいるようだ。

また仲間の一人のBさんは、入所施設を出て、現在は一人暮らしをしている。一人暮らしをしてよかったこととして、「紅白を最後まで見られること」を挙げていた。大晦日であっても、入所施設では消灯時間が決められていたり大部屋だったため、Bさんは紅白歌合戦の大トリはもちろん、その後の「行く年来る年」も見れなかったのだ。

地域での生活は、簡単なことばかりではない。ただ、チャレンジしなければ成功もない。もちろん達成感も、その次の道も拓けない。施設の中で背骨等がカチコチになるほど拘束をされていた松田さんの生活には、生きた心地、つまり生きている充実感はあったのだろうか。松田さんは地域での生活を体験してから、確実に変化が出てきている。自分一人で歩けるようになり、地域住民に近づいて一緒に話す等、生活がリアルで、「今しかできないこと」を感じるものになっているように私には映った。またこうした日常は、地域住民にとっても、生き生きとした日々を送る機会となるのだろう。それが「当たり前」になり、いつしか、誰もが地域で暮らすことが当然になれば、おのずと生きることが楽しいと思える豊かな社会になると、私は考える。そして、「不要な人間」なんていないことを証明することになろう。

(2) ピープルファースト大阪大会に誰が参加?

ピープルファーストジャパン元代表・佐々木信行さんにインタビュー

聞き手　**山崎　幸子**

佐々木さんは考え続ける会に参加して、この三年半ともに事件を問い続けてきました。一月十一日のシンポジウムでは〝「障害者はいらない」という被告の言葉に負けず、これからも社会を変えていきたい!〟と力強く宣言。

彼の活動の原動力ともなっているピープルファーストとの関りを伺いました。二〇一九年十一月二九日~三〇日には大阪では四回目となりますが、第二五回ピープルファースト大会が開かれ、第二分科会ではやまゆり園事件について話し合いがされたとのことです。

※「ピープルファースト」の紹介を文末に掲載しました

山崎　今日はお疲れ様。それではさっそくお話を伺います。佐々木さんがピープルファーストにかかわるようになったきっかけや、生い立ちを聞かせてください。

佐々木　ピープルファーストになる前に、東京で「はなしあおう会」というのがあって、二回目でしたが、その実行委員で準備をやったところからはじまったと思います。一九九五年にアメリカのカリフォルニアであった大会に行きました、友達の紹介です。

生まれは世田谷で十三歳まで育ち、小学校は支援学級に通学していました。その後は調布に移り、調布の中学も支援学級に行きました。高校は府中朝日養護学校でした。

卒業後は、友達と二人でアトリエのようなところにいて、舞台の上でパフォーマンスをやってお金をもらっていました。調布市から助成金のようなものが出ていたと思います。健常者も障がい者も大勢いました。でもいろいろあってそこはやめて、後はフリーで今日まで来ています。

山崎　その頃からご自分のスタイルを大事にされていたんですね。でもよくアメリカへ行くお金がありましたね。

佐々木　親と相談して何とかして行きました。町田のヒューマンケア協会の樋口恵子さんや石毛鍈子さんの呼びかけがありました。当時五十人くらいでカリフォルニアへ行きました。

山崎　当時はまだ日本ではピープルファーストはできていないようでしたが、カリフォルニアへ行かれて印象はいかがでしたか？

佐々木　いろんな運動があると思ったし、障害者の自立している生活をみてきたし、もちろん通訳はついていたけど、みんな自分の言葉で、自分でなんでも話していたことに感銘を受けました。帰ってきて、自立生活センターのグッドライフの人たちなどみんなで話し合って、ピープルファーストのことについて話し合ってきました。会則とかも皆で話し合って、五年かかりました。初代代表は小田島さんです。

山崎　佐々木さんは二〇一一年から二〇一四年に代表をやっていますが、それなりに大変だったと思いますが、やっていく中で佐々木さんが一番大切にしてきたことを教えてください。

佐々木　「自分たちのことは自分たちで決めたい、守りたい、生の声を言いたい」ということです。大会は初めのほうは全部出ていたわけではないけれど、最近は全部に参加しています。

山崎　そこで、二〇一九年十一月二九日の二五回の大阪大会の様子を伺います。

佐々木　僕も参加していました。なにげなくステージを見たら、平野和己君がいました。横浜のピープルファーストの人たちもたくさんいました。みんなで来ていたんだと思うけれど、和己君が話して「こんにちは！」とあいさつしたのを見たら、涙が出てきました。会場のみんなからたくさんの拍手がありました。後で近くに行ったら、手を振ってくれました。とてもうれしかったです。
大阪大会では「津久井やまゆり園事件のことを考える」分科会がありました。

山崎　津久井やまゆり園の事件以降、大会ではずっととりあげられてきているようですね。シンポジウムでいろいろな方の意見も聞いたりして、どんなことを思いますか？

佐々木　外に出ていろんな人と会って話をすることが大事だと思います。
また同じようにやまゆり園ができてしまうのは、とても残念だと思います。入所施設はやめて、グループホームでもいいから、外に出てほしいと思っています。あんなにお金があるんだから、と思います。
来年のピープルファーストの大会は神戸の予定です。毎回一〇〇〇人くらいの人たちが集まります。

山崎　私たちもピープルファーストの大会に参加したいと思いました。今日は貴重なお話をどうもありがとうございました。これからもよろしくお願いします。

「ピープルファースト」とは

〜ピープルファーストジャパンのホームページより抜粋〜

ピープルファーストは、一九七三年、アメリカのオレゴン州でひらかれた会議で、ハンディのある当事者が「ちえおくれ」や「知的障害者」と レッテルを はられることが どんなに いやか、ということを はなしあい、「人に どのように しられたい？」と きかれ、「わたしたちは『しょうがいしゃ』であるまえに 人間だ」と こたえたのが きっかけで 生まれました。

一九九一年、「ピープルファースト」の全国組織として、世界ではじめて「カナダ・ピープルファースト」ができました。そして、アメリカにも 組織ができ、その考え方や 活動が 日本でも当事者の運動として ひろがってきました。

「自分たちのことは、自分たちで決める」という 親や職員が決めるのではない『自己決定』から はじまった当事者運動です。

わたしたちは、ピープルファーストをしって、元気が でました。いままで わたしたちが うけてきたことが「差別」なんだと わかりました。

自分たちのことを 自分たちが 社会に うったえていくことが 大切なんだと わかりました。

ピープルファーストジャパンは、以下の目的を実現させるために、活動していきます。
(ピープルファーストジャパン会則　第2条より)

1.「わたしたちは、しょうがいしゃである前に、人間である」という考えを最も大切にして、困難を抱えていても地域で当たり前に暮らせる社会をつくるために活動します。

・入所施設をなくす
・自立生活をするための地域のサービスを増やす
・差別、虐待をなくす
・ピープルファーストを広めること
・その他必要と思われるときは、その時々に話し合いによってきめる

一九九三年に、カナダでひらかれた「ピープルファースト世界大会」に、日本から多くの当事者と支援者が参加しました。一九九四年から、日本で、全国大会をはじめました。全国大会は、毎年、開催地をかえて、開かれています。

開催地が中心となり、全国実行委員会を開いています。

当事者で話し合い、当事者の手で、大会はつくられています。

〔上〕「何が問われ、何を裁くべきか」をテーマに開催されたシンポジウム（2020年1月11日 かながわ県民センター）
〔左〕黒岩知事が県議会で、津久井やまゆり園の指定管理を見直す方針を表明（2019年12月6日 神奈川新聞）

運営者見直しへ

不適切事案で知事表明

津久井やまゆり園

2016年に入所者19人が殺害された県立障害者施設「津久井やまゆり園」（相模原市緑区）の運営を巡り、黒岩祐治知事は5日、同園の指定管理者を見直す方針を明らかにした。現在運営している社会福祉法人「かながわ共同会」の指定管理期間を短縮し、21年度の施設再建までに運営主体を新たに公募する。同法人の相次ぐ不適切事案を受け、従来の方針を転換した。

（石川泰大、成田洋樹）

建て替え中の千木良園舎（同市緑区）と仮移転先の芹が谷園舎（横浜市港南区）が対象。同日の県議会本会議で、知事は「社会福祉法人として、人権を尊重し、すべての人の尊厳を守るべき立場にあり、道義的責任は看過できない」と述べた。

県は当初、入所者家族らの同法人による運営継続の要望などを受け、施設再建後も指定管理期間の24年度までは公募しない方向で調整していた。

しかし、今年10月に同法人の理事が女児に対する強制性交容疑で逮捕されたことを機に、同園での入所者への身体拘束や外出の機会が少ないなどといった支援の質を問う声が相次いでいた。これを受け、知事は「利用者中心の支援を実現するためには仕切り直しが必要」と判断した。

県は、同法人と指定管理期間の短縮について近く協議を始める考え。千木良園舎と芹が谷園舎はそれぞれ21年度中の利用開始を予定しており、遅くとも来年7月ごろには指定管理者を公募したいとしている。同法人も再公募に名乗りを上げることもできるという。

一方、同法人が指定管理者として運営している県立障害者施設「厚木精華園」「愛名やまゆり園」は現時点では見直し対象にしていない。

津久井やまゆり園の指定管理見直しを表明する黒岩知事＝県議会本会議場

関係者、広がる波紋

「判断評価」「検証不十分」

黒岩祐治知事が津久井やまゆり園の指定管理者を見直す方針を表明したことに対し、関係者に波紋が広がった。県の判断を評価する声が上がる一方、支援実態の検証が不十分なまま方針転換する姿勢を疑問視する声も上がった。

「（法人理事による）事件もあり、再公募は仕方がない」。殺傷事件で重傷を負った尾野一矢さん(46)の父剛志さん(76)は今回の表明を冷静に受け止めるが、かながわ共同会の幹部に対する不信感は強い。「入所者のことをどこまで真剣に考えているかが見えてこない。職員は丁寧に支援してくれているので、幹部が考え方を改めた上で再公募に名乗りを上げるべき」との考えを示した。

明治学院大の茨木尚子教授（障害者福祉）は「運営法人を変えたからといって、入所者の最善の利益になるとは思えない。まず支援の実態がどうだったか徹底的に検証すべき。運営を委託している県も十分な監査をしてきたかが問われている」と指摘した。

一方、2024年度までの指定管理期間は共同会の運営が続くと認識していた入所者家族らは、唐突な方針転換に戸惑いを見せた。

家族会会長の大月和真さん(70)は「知事発言の詳細を把握しておらず、コメントは難しい。ただ、知事には家族会や職員の思い、苦労を理解してもらっていると思う。家族会としてはかながわ共同会を支え、事件を乗り越えていきたい」と述べた。共同会は「知事がどのように事実確認をしたのかを含め、県と協議していきたい」とコメントした。

（成田洋樹、石川泰大）

〔序〕津久井やまゆり園事件と私たち（下）

衆議院議長に宛てた植松被告の「手紙」

衆議院議長宛ての手紙　抜粋

私は障害者総勢470名を抹殺することができます。保護者の疲れ切った表情、施設で働いている職員の生気の欠けた瞳、日本国と政界の為と思い居ても立っても居られずに本日行動に移した次第であります。

理由は世界経済の活性化、本格的な第三次世界大戦を未然に防ぐことができるかもしれないと考えたからです。

障害者は人間としてではなく、動物として生活を過ごしております。車イスに一生縛られている気の毒な利用者も多く存在し、保護者が絶縁状態にあることも珍しくありません。

私の目標は重複障害者の方が家庭内での生活、及び社会的活動が極めて困難な場合、保護者の同意を得て安楽死できる世界です。

障害者は不幸を作ることしかできません。フリーメイソンからなる●●●●が作られた●●●●●●●●を勉強させて頂きました。

戦争で未来ある人間が殺されるのはとても悲しく、多くの憎しみを産みますが、障害者を殺すことは不幸を最大まで抑えることができます。今こそ革命を行い、全人類の為に必要不可欠である辛い決断をする時だと考えます。日本国が大きな第一歩を踏み出すのです。

是非、安倍晋三様のお耳に伝えて頂ければと思います。

植松聖の実態
私は大量殺人をしたいという狂気に満ちた発想で今回の作戦を、提案を上げる訳ではありません。全人類が心の隅に隠した思いを声に出し、実行する決意を持って行動しました。
外見はとても大切なことに気づき、容姿に自信が無い為、美容整形を行います。進化の先にある大きい瞳、小さい顔、宇宙人が代表するイメージ、それらを実現しております。私はＵＦＯを2回見たことがあります。未来人なのかもしれません。
今回の革命で日本国が生まれ変われればと考えております。

作戦内容
職員の少ない夜勤に決行いたします。

重複障害者が多く在籍している2つの園【津久井やまゆり園、●●●●】を標的とします。

見守り職員は結束バンドで身動き、外部との連絡をとれなくします。職員は絶対に傷つけず、速やかに作戦を実行します。

2つの園260名を抹殺した後は自首します。

作戦を実行するに私からはいくつかのご要望がございます。

逮捕後の監禁は最長で2年までとし、その後は自由な人生を送らせて下さい。

心神喪失による無罪
新しい名前（●●●●）、本籍、運転免許証等の生活に必要な書類、美容整形による一般社会への擬態。

金銭的支援5億円。

これらを確約して頂ければと考えております。

ご決断頂ければ、いつでも作戦を実行致します。

日本国と世界平和の為に何卒よろしくお願い致します。

想像を絶する激務の中大変恐縮ではございますが、安倍晋三様にご相談頂けることを切に願っております。

植松聖（うえまつさとし）

出典：ニュース速報Japanより部分引用

全文は一九三四字からなっているが、紙幅の関係から一部を削除し、大麻やギャンブルなどの箇所は割愛した。手紙はパソコンではなく手書きで書かれており、そこから推察すると、彼にとってそれは血判書のような覚悟の文章ではなかろうか。

マスコミ関係者が彼と接見ないしは手紙をやりとりした内容を伝えてはいるが、私としてはこの手紙が全てを物語っていると考える。

▼手紙の予告から措置入院の経緯まで

手紙を安倍総理に渡すために自民党本部に持って行ったのだが断られ、やむなく衆議院議長公邸に持って行き、受け取ってもらう。議長公邸は地元麹町警察署にそれを渡し、そこから神奈川県警本部に渡るのだが、しかしそれは刑事課ではなく生活安全課に回された。そのため、相模原市精神保健課、そして措置入院となる。

手紙は確かに異様で尋常ではないが、津久井やまゆり園に直接持って行けば脅迫罪、また経緯からいっても威力業務妨害罪、少なくとも偽計業務妨害罪、刑法の対象であったはずである。それが措置入院対象者にさせられてしまった。

措置入院には二人の精神鑑定指定医があたるのだが、この時の一人はその指定医の資格をもっておらず不正取得の状態であった。にもかかわらず、厚労省は診断に問題はないとした。

措置入院は通常長くなるが、たった一三日で退院してきた。後に述べるように、彼は思想的確信犯であって、事件と動機と思想と精神障害との関係を冷静に判断・分析すれば、「精神障害」が事件の原因ではないと言える。予断と偏見は禁物である。

▼精神保健福祉法の改悪への道

事件のあくる日塩崎厚労大臣が記者会見をし、また、三日後には安倍総理は関係閣僚会議を開いて、措置入院のあり方の検討を待ってましたとばかりに指示した。情報収集は速やかにしたとはいえ、しかし事件の真相はまだ明らかでない段階で。その後厚労省内に「検証・検討会」が設置された。すべては安倍政権の予断と偏見から始まる。こうして、精神保健福祉法の改悪が画策される。

昨年四月七日に参議院で審議入りとなるのだが、塩崎大臣の「趣旨説明」の冒頭に、「相模原市の障害者施設の事件では、犯罪予告通りに実施され、多くの犠牲者を出す惨事となった。二度と同様の事件が発生しないよう、以下のポイントに留意して法整備を行う。」とあった。野党はこれに猛反発した。事件と措置入院患者とを直結させ、それを前提に法改正をしようとするものであったからである。厚労委員会は紛糾し、止まった。

塩崎大臣は謝罪し、冒頭の文章を削除した（政府はこれを差し替えという）。法改正の根拠を失ったわけである。野党は「立法事実」がなくなったから、法案を取り下げろと迫った。しかしながら、政府は一般的に改正は必要だとして強引に審議を進めた。当初四月一九日に可決、衆議院に送られる予定であったが、結局五月二三日に可決して、衆議院に送られた。その後継続審議となって、昨年一〇月の衆議院解散で廃案となった。先の通常国会に再提出されたが、これも継続のまま。

法案改悪のポイントは、措置入院患者の退院後に自立支援計画を策定する際に、①警察行政の関与、②計画策定に本人又は家族の参画を認めずそれを送付するだけとなっている。

▼個人的動機から思想的確信犯へ

横浜地検は昨年二月二四日、精神鑑定の結果刑法第三九条「心身喪失、心神耗弱（罪に問えない、又は刑の軽減）」を適用せず、「人格障害でも善悪の判断ができ、刑事責任能力がある」として、植松容疑者を起訴した。診断名は「自己愛性パーソナリティ障害」、これは安倍総理と横浜地検とは見解を異にしている。

「自己愛性パーソナリティ障害」を前提にすれば、他人からの評価よりも自分自身の評価の方が高く、誇り高き男なのである。しかし一方、彼はコンプレックスに悩まされ、学生時代に美容整形や入れ墨を入れている。イケメンや強い者になろうとする傾向があった。

だから、入れ墨が発覚した際、園長や管理職からこのまま職員に留めおくか否かの検討がなされ、結果まじめだからという理由で継続となる。彼にとっては屈辱以外の何物でもない。自尊心が傷つけられた。こうした場合普通ならその強者に怒りが向かうのだが、彼はそれを入居者の重度知的障害者の弱者に向け、それによって自らを強者の立場に置こうとしたとみられる。これが彼の個人的動機、それを手紙から分析するとさらに新たな段階へ移る。

第一段階では「障害者は人間としてではなく、動物として生活を過ごしております」「車イスに一生縛られている気の毒な利用者も多く存在し」と書き、「気の毒な」と同情の意すら示しているのだが、第二段階になると「障害者は不幸を作ることしかできません」「保護者の同意を得て安楽死できる世界です」と論理を飛躍させ、最終段階では「理由は世界経済の活性化」「日本国と世界のために」「今こそ革命を行い、全人類のために辛い決断をする時」となって、動機が個人的感情から思想的確信犯へと合理化し、「決行」。

ヒトラーのゲルマン民族浄化の優生思想、『人口論』を書いたマルサスが自国イギリスの救貧法に反対して、優秀な人類が生き残って劣勢な人間は自然淘汰されるべきとした思想、彼の手紙の人道主義的方法ともいわれる「安楽死」、だが実際はおぞましい行為に走った。いずれにせよ、ヒトラーにしろマルサスにしろ、こうした優生思想と能力主義と格差と排除を、これらにどう立ち向かうかが本物の共生派に問われている。

（部落解放同盟埼玉県連新聞　二〇一八年九月一日、一五日より）

強者が被害者意識をもつ構造

「障害者は不幸を作ることしかできません」、障害者の存在が不幸なのではなくて、不幸の原因、健常者、社会、日本、人類の不幸をつくる源、迷惑な存在と主張している。

これを、移民・難民の問題に置き換えて論じてみよう。つまり強者が被害者意識をもつ構造である。ドイツではかつてトルコ移民を受け入れて、３Ｋ（汚い、きつい、危険）の仕事に従事させた。ところが不況になって失業者が増えると、今度はトルコ移民がドイツ人の仕事を奪っているという被害者意識を持つに至る。

トランプ大統領もそうだ。アメリカンファースト。被害者意識の白人至上主義。植松被告は自らをブサイク、弱い人間としながらも、したがってイケメンや強者になるために、「障害者は不幸をつくることしかできません」として、彼がいう「心失者」を殺害することによって、それで安っぽい「革命的英雄主義」に身を置こうとした。

だから、私たちは津久井やまゆり園事件を現代的状況の中から何を学び、何をなすべきかが問われる。

（『現代の理論』二〇一九年夏号　「現代的状況から津久井やまゆり園事件をどうみるか」より）

第5章　相模原殺傷事件の本質を検証

▼発言者・発言順
篠田博之／渡辺一史／高岡健／澤則雄（映像制作）
＊2019年10月14日　ドキュメンタリー上映＆トークセッション

二〇一九年一〇月一四日、新宿ロフトプラスワンで「相模原障害者殺傷事件の真相に迫る VOL2」と題して、ドキュメンタリー映画『生きるのに理由はいるの？　津久井やまゆり園事件が問いかけたものは…』上映会＆トークセッションが行われました。


司会者　皆さま、私は本日の司会をさせていただく、小野崎桂です。

私はこれから上映する『生きるのに理由はいるの？　津久井やまゆり園事件が問いかけたものは…』のナレーションを担当させていただきました。

最初に制作した澤監督より挨拶していただきます。

澤　則雄

澤則雄です。この作品は、事件が起きるまでの植松聖被告の行動を時系列で表し、また様々な集会で語られた内容と雑誌などに投稿された手紙などをまとめてあります。この事件は発生後一年にして既に「風化」が危惧されていました。

この事件を考えるきっかけになればと思い制作しました。二〇一九年二月に植松聖被告の生まれた日野市で最初の上映会を開き、以後全国で上映しています。

植松聖被告がなぜ犯行に至ったのかの解明と、それとは別にこの事件が示唆した日本社会の問題にも向き合っていかなければと思います。

今日登壇予定だった「津久井やまゆり園事件を考え続ける会」の堀利和さんが交通事故で負傷し、残念ながら欠席です。一日も早く全快されるよう祈っています。

――上映、五〇分――

休憩後にトークセッション

司会者

ゲストの紹介です。

篠田博之さん、月刊『創』編集長。渡辺一史さん、『こんな夜更けにバナナかよ』、映画も本も読みました。精神科医の高岡健さん、『いかにして抹殺の〈思想〉は引き寄せられたか』、第一次世界大戦から辿って優生思想などについて解明されているとの事です。

三人の発言の後、会場の皆さんからの質問にも答えていただきます。

まずは篠田さんから、お願いします。

篠田博之

映画では二〇回面接と出ているが、もう一年前。これまで四〇回以上面会している。一一日に面会している。その話をしようと思っている。来年裁判が始まるが、何を裁くべきか？このことがテーマだったと思うが、みんなが疑問を持っているのは何故、元職員が事件を起こしたのかということです。未だに解明されていない。特に福祉関係者にとっては恐るべき脅威なわけです。

一番身近にいた人があの事件を起こした。それが解明されていない。裁判でも解明されないかもしれない。そこが一番大きな問題で、私もずーっとそれを問い続けてきた。この間一一日に行った時に久々にいろいろな話を聞けた。

植松が裁判で何を言うか？　正式発言として報道される。

いろいろな事件の当事者と知り合いになっている。例えば宮崎勤とも一二年付き合ったが、植松ほど裁判が始まる前にマスコミと接見する人は珍しい。土浦事件の金沢も接見していたが植松はすごい数だ。

動機の解明が大事で、いろいろな人が聞いている。三年でかなり変わってきている。裁判員裁判で、準備期間が長すぎる。三年半ですから当然変化がある。微妙な変化がある。拘留からくる追い込まれがあり、影響を及ぼしている。わかりやすく言うと、最初はすごく前のめりだった。正義だと思ってやっていますからね。事件から一年ちょっとで私と会う。それ以外はＴＢＳを除いては断っていた。それから神戸さんなどと会うようになった。

例えば声が小さくなってきた。最初の頃は、生活環境などを聞くと、そんな事言ってる時間がないって言うんです。思いつめていて、それを伝えたい。当時はマスコミにどんどん手紙を送っていた。

二年くらいからだんだんなくなってくる。聞かれた事に答えますみたいな…。

裁判が始まれば三ヶ月ほどで判決が出る。果たして真相が分かるのか？　私は相当疑問なんです。

岡山で集会をやった。愛媛大の鈴木先生と一緒だった。一緒に植松と接見したこともある。鈴木先生と、あの時こうだったねーと話をした時、実は、植松は事件起こす前に転職を考えていた。やまゆり園を辞めようと思っていた。支援学校の試験を受けようと資料を買って勉強していた。一一日に確認した。意外と重要なんです。大きなきっかけになっている。テキストに福祉の問題いろいろ書いてあるんだけれども、それを読んで、これはウソだな、と考えたって言うんです。あの思想に入り込んでゆくきっかけになっている。わりと大事なことで、彼の言う安楽死にいく。年末に急速に、一月がピーク。二月に衆院議長に手紙を持っていく。これは大事な事だと思いました。

もう一つ。一一日の前の七日に中学の時の先生が会いに来た。小学生、中学生の時、障害者がいて、時々話をしていた。今マスコミが作っているストーリーは、やまゆり園にいた三年間でみたいになっているけれども、クラスは違うが送り迎えをしている親がいて、その母親がすごく悲しそうだった、それを覚えている。

彼の中では繋がっている。やまゆり園の体験とむかしの事が意識の中で繋がっている。動機の解明には大事な事かもしれない。今までのストーリーと違うことも突き詰めて考えなければならない。注意しなければならないのは、彼は後付けをやっている。彼はいろいろな人と会って質問を受けている。学習しているんです。

二年会って分かるのは、学習効果が明らかに感じられる。彼は自分の思想を上書きしている。転職を考えて福祉のことを勉強し始めて、それで違和感を感じたと言う。テキストの中で語られていることは建前で、障害者に対して綺麗事を書いてあって、自分の三年間の体験と照らし合わせて、これは違うんだ、と思い始めたと言うんです。

動機にとっては大事なポイントの様な気がするんです。もしかしたら、これも後付けかもしれないが…。

植松の事件はわからない事がいっぱいある。裁判で明らかになるかといえばそうでもない感じがする。何故あの思想に辿りついたか、大事な事なんだが、未だに解明されていない。

イルミナティカードの事を最初から言っているが、一一日また強調した。みんな、あまり大事な事じゃないとスルーしている。これをあの犯行の中でどう位置付けるか微妙だけども、前回接見の帰りがけにまた強調した。衆議院議長への手紙の中にイルミナティカードやイラストも入っていた。その事もあまり報道されていない。曖昧にぼかすので。三・一一を予言していた。それは前から言われているが、検索して下さいと。『闇金ウシジマくん』のファンでよく読んでいる。それとどう関係があるのか分からない。それも含めて植松被告はまだ分からない。
本人も分かっているか微妙だ。優生思想的な考えが出てくるのは分かる。しかし、そこからあの犯罪に至るのは飛躍がある。相当エネルギーもいる。なかなか繋がらない。彼の頭の中で繋がっているかというと必ずしもそうではない。
最初の警察の調書でもあまり言っていないのかも知れない。

司会者
次は渡辺さんです。
渡辺さんは障害者の方と、それを支える方と長く接していて、植松被告とも接見を続けている。

渡辺一史
私は昨年この『何故人と人は支え合うのか』と言う本を出したんですけど、植松被告と会うようになったきっかけは、この本を出して『こんな夜更けにバナナかよ』の文庫本を差し入れた。それから手紙のやり取りが始まった。今年に入って面会に行った。既に一〇回。今週の金曜日にも面会する予定がある。相模原の事件のことは重要なテーマとして論じているので、彼がどう感じるのか聞いてみたかった。

ただ、この本は彼に会わずに書いたんです。最首悟さんご存知ですか？　和光大学の名誉教授で、哲学者で高名な方だ。最首さんが植松と会った時の印象を聞いたり、篠田さんの『パンドラの箱』とか、各報道からイメージされる植松像を作っていた。

植松被告は衆議院議長への手紙の中で、障害者は不幸しか生まない、と言っています。ところが、私は『こんな夜更けにバナナかよ』を、二〇〇三年に出版した。鹿野さんという筋ジストロフィーの重度の障害を抱えた方です。その方が今に比べると在宅福祉の制度が未整備だった時代に、ボランティアを募り介助してもらって地域で暮らせるとの想いで、ボランティアと交流しながら暮らしていたのを私が取材をして本にしたのです。

私はそれまで福祉とか、障害とかはまったく他人事で、自分の胸に手を当ててみれば、障害者がいなくなればいい、安楽死させるべきだとは思っていなかったが、どうして生きているのかとか、三つの問いに私としては向き合ったのです。まず、生きている価値はあるんだろうか？　インターネットを開くと露骨な表現で書き込みがある。どうして税金を重くしてまで、障害者や高齢者を助けなければならないのか？　自然界は弱肉強食なのに、なぜ人間社会は弱者を救おうとするのか？　それって自然の摂理に反しているのではないか？　そういう問いもありまして、これ、皆さんどう考えますか？　私は『こんな夜更けにバナナかよ』って本を書く事でいろんな障害者の方と付き合ううちに、この三つの問いに対して自分なりの答えを先ず植松と会う前にまとめておきたかった、というのがあります。

植松はやまゆり園に入った後も、特別支援学校の教師を諦めていなかった。でも刺青を入れたら教師になれないという問題があるじゃないですか。高岡さんが芹沢俊輔さんの文章で、引用されているが、彼が刺青を入れたのは、教師になれなかった挫折のショックというか、自分に対する懲罰と書いてらしたが、私はそうではないと思う。大学時代の同級生ややまゆり園で一緒に働いていた職員からようやく話を聞けるようになったのですが、彼は刺青を入れた後も何とかそれを隠して教師になろうという、何だかわからないところがある。小学校の教師を目指していて、どうやら挫折した。教員免許は取得している。採用試験の時に勉強しなかった、もしくは受けてダメだったという話もある。小学校教員の免許を持っていると特別支援学校の教師にもなれる、制度上。やまゆり園で経験を積んで支援学校の教師になろうとしていた。刺青は隠して。隠せば何とかなると思っている。

私も一〇回会っているが、植松被告の人物像がなかなか言葉にならない。目の前の植松被告は本当に礼儀正しい青年なんですね。今二九歳、事件当時は二六歳、気遣いもあり、何か差し入れした事にちゃんと手紙でお礼を言ってくるとか…。

しかし意思疎通の取れない障害者は安楽死させるべき、との考えは頑なに変わらない。想像するに恐ろしいあの事件を起こした人とはどうしても思えない。同級生から聞いた以前の植松像というのも、チャラチャラした学生ではあったが、ちゃんと友達もいて、その中でも中心的存在でもあったし、彼女が切れ目なくいたんですね。僕は結構、ウツウツとした学生時代だったので、そういう事も話すんですが、彼女くらいいないとダメでしょう、とか言うんです（笑）。そうだね。でも俺はいなかったんだよー。いわゆる「リア充」ですね。篠田さんが川崎の事件でしたっけ、登戸の事件が起きた時に、同じネットスラングで「無敵の人」というのもありますね。社会から疎外されていて、何も失うものがないから、自分が社会に一矢報いるために犯罪を起こす――「黒子のバスケ」の被告が予言をしていた、そういう事件が増えている。京アニもそうですよね。評論家によっては植松被告の事件もその一つに数えられることもあるんですが、どうも一線画しているようなんです。

植松被告は社会から疎外されていた感じではない、ただ彼なりに自分の人生は思い通りにはいかない、すごいコンプレックス、大きなコンプレックスを持っていたことは確かだが、普通にリア充の暮らしをし、友達も多く、彼女もいて楽しく人生を送っていこうと思えばそれはそれで生きていけたはずなのに、なんであの事件を起こしたのかと思うんですね。そこを植松被告に聞いても言葉にしてくれないし、そこを埋める言葉は、僕も持っていないんです。

事件前の植松、急に変わり始めた二〇一五年の年末、忘年会で利用者をもっと力で押さえつけるべきだという植松の考えと、それに反対する職員との間で言い争いになったエピソードもあるんですが、それくらいから事件に至る半年程の間の植松。急速にエスカレートして行く植松と、事件後の植松。この三つの植松が僕の中では、全くつながらない。情けないかな一〇回面会した僕の印象です。

先ほどの、三つの問いですね。障害者は何で生きている意味があるんだろう。「そういうお前こそ生きている意味あんの？」って言えばいいんです。「あなたの言う生きる意味、価値って何のことを指すのですか？」「成績がいいから、会社で仕事が出来ていい給料もらっていて、税金もしっかり収めていて国を支えているという自負もあるから自分は生きる価値があるんだ」とかね。「それっぽっちで測れるものなのか？」とか、そういう対話を重ねていくものですよね。

ただ、植松の場合は成立しない。面会の席で僕なりの考えを伝えて、話を深めようとすると、礼儀正しいと言ったんですが、一変しまして、非常に苛立ってアクリル版を叩いて出て行くんじゃないかという場面もありました。でも次に会ってもらえるように差し入れしたり、フレンドリーな時はとてもフレンドリーで、そこも彼の分からないところです。

今風の考えを忠実に反映していて、生産性のない人間は生きている意味はないとか、財政難の問題も彼の中では大きくて、障害者なんかにかけているお金はもったいないとか、最近は年金制度も間違っている、老人を甘やかすべきじゃない。心失者は安楽死させる対象だが、それを否定している金沢大学の井上英夫教授にキレた。要するにしゃべる心失者！　理性と良心を持たないしゃべる心失者。最首さんへの手紙で言っていた。彼は自分と意見が違うものを全て否定したり、やっぱり意思疎通できない障害者が心失者と言ってみたり、曖昧なんです。

自分は鹿野さんとの付き合いで大きく成長した。二年四ヶ月の付き合いの中で、私は鹿野さんに人生を切り開いていただいた。植松被告が障害者は不幸しか生まない、とは真逆のケースをたくさん見ている。私自身がそういう立場ですし、同じ障害者支援していてなんでこうも違うのか？なぜ税金を使って高齢者や障害者を助けなければならないのか？　という問いに対しては、「逆に社会を助けている事もあるでしょう」です。

言い出せばきりがないくらいです。例えば、駅にエレベーターがあるのは一九七〇年代にエレベーター付けて欲しいと訴えてきたからだ。バリアフリーの社会がある。障害者が得するだけじゃなく、高齢者も、足を骨折した人、大きなバッグを持った旅行者もそうじゃないですか。

①障害者は生きている意味あるのか？　それに対してはあなたこそ生きている意味あるの？と聞いてみる。②何で税金高くして高齢者や障害者を助けるのか？　それは助けられる存在じゃなく、社会を変え、支えていることもあるでしょ。

篠田

高岡さんに行く前に、解説をしたい。先ず彼女の話ですが、最後晩餐、焼肉を食べたのは彼女じゃないんです。別な人です。でも意中の人なんです。植松被告にとって。彼女も取り調べを受けているがマスコミには一切出ていない。いい先輩として付き合っていたと言っている。みんなから人気のある女性だった。

面会した後、また会う人と会わない人を選別している。渡辺さんは辛くも残っている。

司会者

お二人のお話しを聞いていても、植松被告は何が本音なのか、筋が通っているのか？　本当に理由があったのか、なかったのか、分からなくなったところです。

精神科医の高岡さんにお願いします。

高岡　健

今日は精神科医らしからぬ話をしようと思って来ました。個人精神病と社会事象を地続きに説明してしまうようなコメントが多いんです。これは絶対にやってはいけない。植松被告は事件を起こす前に、北里病院に措置入院、強制入院させられている。この事実をどう考えるのか？　単純なようで難しいところがある。というのは精神障害者というレッテルを貼られた人が、知的障害者というレッテルを貼られた人を殺害しているという事実があるわけです。そこをどのようなスタンスで考えていくのかという問題がある。精神障害者が起こした事件にしたいのは政府国家なんです。そうすると精神障害者を取り締まればいいということになる。

一九六四年ライシャワー事件の時も反米思想は帳消しにされて、精神障害者の事件だから精神衛生法を強化していく（堀さんがよくおっしゃっていますが）。最近では池田小学校の宅間の事件も保安処分と呼んでいますけど、医療観察法と言う法律を作って、閉じ込めておけばいいという展開になってきた。今回も同じで塩崎厚労大臣。彼は新宿高校の全共闘で、今は自民党右派の嫌煙原理主義者。精神保健福祉法を改正するときに､治安の為にやるんだと､つい口走ってしまった。建前はあの法律は国民の健康増進のためにあるのについ本音が出て、治安だと言って大問題になったことがありました。精神障害によってすべてを説明するのはいけない。

これは進歩的な市民主義の側にも言えることです。トランプ大統領を非難する時も、彼はナニナニパーソナリティ障害だから核のボタンを握らせてはいけないとか、右も左も同じことをしている。病気のせいだと。

二番目は、大規模施設、今日の映画の中でも平野さんが仰っていましたが、大規模施設なのかグループホームなのか、重度訪問介護を使うのか？　大事な議論です。

渡辺さんの本を予習してきたんですが。北海道の無人駅の本です。最初の方に小幌という無人駅があって、両足のないアイヌ系のたくましい漁師の方が一族郎党率いる。足が無くなっても漁師をやっている。元々足が無かったわけではない。酔っ払ってトンネルで寝ているときに足を轢かれて、又同じ事をやって二本目の足も失う。それでもその共同体の中で漁業を仕切る。これが昭和二〇年の頃です。

それから四〇年経った昭和六〇年代にやはりおなじ小幌駅で小幌仙人という人がいた。今で言うホームレスです。何の障害を持っているかは分かりません。でもその方がいて、駅員と交流している。食べ物を差し入れたり、雪かきしてもらったり。

つまり、共同体の外側に漂う人は昔からいたわけです。鍛冶屋さん、芸能人、時々共同体と接点を持つ、又離れていく。障害者というのは身体、知的、精神の方もそういう存在としてあったということです。その時代から第二次産業の時代になって、初めて共同体の中で閉じ込められることが起こった。ある時期に限定された処方なんですよ。

これが第三次産業になった時にどうなるのか。植松さんが言っていることはコミュニケーションが出来るかできないかで線を引くわけですから、おそらくここにいくと思うんです。コミュニケーションの有無で管理していく。そういう方法にいくだろうと。第三次産業。情報産業も排除の論理になってゆく。農業、第一次産業の時は外の存在、第二次産業の時は中に閉じ込める存在、第三次産業の時代はコミュニケーションの有無で線を引き排除する時代。これはもう出ています。例えばクジラを守れとか、イルカを守れという人はクジラやイルカは知能が高い、コミュニケーションができると言っているんです。そういう人ほど知的障害者や発達障害者を排除する。私は思うんです。引きこもりもそうです。コミュニケーションの有無で線を引く。

私は自閉症が専門ですから、これもまたコミュニケーションで線を引いて才能のある高機能自閉症、そんな言葉が使われていたことがありましたが、私は反対した。高機能、低機能の間に線を引く。そのような形でもう出てきているんだ。これが大きな問題だと思います。

渡辺さんは意味、価値ということを言いました。意味と価値ははっきり区別するべきだと思います。意味を強調すると、コミュニケーションの有無で線を引くことになってしまう。それは望ましいことではない。辺見庸さんははっきり言ってます。人間の存在に意味を付けてはいけない。存在を剥奪するのもいけない。存在に意味を求めてはいけない。

植松さんは年齢も若いし、福祉業界の経験も少ないからつい説教したくなるんです。大学の先生なんかは教え諭すスタンスになってしまう。最首さんなんかは昔の東大全共闘のスタンスがあれば違ったと思うんだけど、大学の先生になったことをちゃんと分かっているんじゃないか。それを植松さんはイヤだと言っているのではないか。なら私は面会に行かないのか？　私は重大事件の精神鑑定など沢山やっていますけど、やろうと思えば一時間、二時間の鑑定を一〇回二〇回やるわけですよ。そうでなければ無理。それと個人病理から社会事象を地続きに展開することは避けたい。今回は社会現象を検討したい。

次に優生思想をどう考えるのか？　これも植松さんの言っていることは優生思想ではないという意見もある。小さく言えば定義の問題になるが定義の問題ではなく、それ以上に大事な問題が含まれている。

優れた人を残してそうじゃない人を淘汰していく―優生思想の根本的な所にあるわけです。そして、淘汰の方法として安楽死と言われているけれども、それも植松さんがやっている事は安楽死ではないんだ。

生まれる前に殺すのが安楽死なんだという議論がありますよね。これもそんなに簡単に言うべきじゃない。というのはナチスドイツ型の安楽死は当然生まれた後に殺すわけです。その犠牲者のかなりの人は強制的な不妊手術、断種手術を受けさせられている。一人の人間が二重に被害にあっている。生まれる前と生まれた後は地続きだ。区別できない。それと安楽死は本人の同意があるか無いかとか言ってますが、本人の同意なんて、純粋に本人の同意なんてないんです。世の中の関係の中で本人の意思が表出されるわけですから。個人の意思のように見えても、周りを忖度しているかもしれない。一概に個人の意思なんて言えないんです。安楽死で個人の意思を重視して、しかも不妊手術をして、不妊手術は優生思想だけれど、生まれてから殺すのは優生思想じゃないというのは今のオランダじゃないですか。オランダは安楽死を合法的に認めている。

それから新型の出生前診断に補助金を出している。トランプがキリスト教右派に配慮して、中絶反対と言う時に、オランダは中絶賛成なんだとどんどん言っているわけです。新型出生前診断をやっているんです。迂闊に安楽死、植松さんの安楽死は違うよ、優生思想と違うよと言っているとオランダ型のを肯定していく。

私はオランダ型の安楽死も、オランダ型の優生思想も植松さんの安楽死の考えと地続きだという視点が大事だと思う。

その上で日本の優生思想の展開をどのように考えていくのか？

戦前は国民優生法があった。戦後に優生保護法、母体保護法。

戦前の国民優生法はナチス型の法律です。でもこの方が戦後の法律よりまだマシなんです。範囲が限定されている。当時遺伝性疾患に限定しようという歯止めがあった。国会答弁の中で強制的な不妊手術はやらないと明言されていた。中絶に関しては法律から外して、事実的には産めよ増やせよ─中絶禁止法になって行ったのが優生法だった。これが戦前の法律です。

ところが戦後に社会党が中心になって、加藤シズエが中心になって優生保護法を推進した。その目的は何かと言うと文化国家を作る─福祉国家とか文化国家、社民型の国家です。実は社会民主主義と密接なつながりがあるのが優生思想なんです。スウェーデンだってそうですし、福祉国家だからできたんです。ちなみにナチスドイツに資金提供していたのはロックフェラー財団です。社民主義と一番親和性があるのが優生思想なんです。

戦後の保護法の方がよほどひどい。範囲は広いし遺伝性疾患じゃない、それと犯罪者ですね。全部対象に含めた。精神医学で言いますと、戦前の国民優生法の時代には明確に反対意見がありました。金子準二、どういう風に反対したかと言うと、家の血筋を考えた時に、優生思想で血筋を絶つなんて出来ない。皇室の医師だった。もし皇室に精神障害者が出てきたらそれをやっつけちゃうんですか？　そんな事出来ませんよ。それが根拠だった。

つまり第一次産業、農業が中心の第一次産業の中での反対意見だった。

金子さんは戦後になって優生保護法が出てきたら、反対していません。むしろ推進しろと言うようになってきています。これは第二次産業の中で閉じ込められた存在。大規模施設に身体、知的、精神障害者も巨大精神病院に閉じ込められたわけです。特にライシャワー事件以降、精神障害者は閉じ込められた。推進していくっていう立場でしたから。第二次産業のなかでは優生思想はマッチしている。

それに対して精神科医は、一九七〇年代に、優生保護法を改悪していく動きが出てきました。これは経済条項と言って、経済的な理由で中絶するのを廃止していく。胎児条項を設ける。胎児に病気があれば中絶できる。二重の改悪だったわけです。これに対する反対運動—当時の所謂ウーマンリブ、小澤勲さんを中心に反対運動を行った。このあたりが第二次産業の時代の法改悪の動きです。第三次産業に移っていく境目の時期に、岐阜大学で胎児人体実験が起きました。私は岐阜大学出身です。

精神病院に入っている患者さんの脳を解剖していく。何故解剖したかと言うと、妊娠している女性が、妊娠中に薬を飲んでいる。それが胎児にどう現れるのか、調べるために研究する。変な事をやったわけです。東大、京大と一緒に批判した。共同体の中から研究成果だけを、患者さんの命と交換していく。第二次産業から第三次産業に離陸していく境目に起こった事件だった。優生保護法の廃止と問題点を抽出して廃止しろとやったけど、その後安積遊歩さんなどの運動があって母体保護法に変わった。それですべてめでたしめでたしかというと、第三次産業、情報産業の時代の優生思想が出てくるわけです。それが新型出生前診断や着床前の遺伝子診断で出てくるわけです。こういう問題をどう解いて行くか。残された問題になってくる。

そこで渡辺さんが言っている、意味と価値の問題になってくるのですが、意味と価値を混同していくことが議論を解けなくしていく。では意味と価値は何処が違うんですか。私の理屈から意味とはある一つの関係、一次的なもの。価値は多義的な関係を結んでいく、それが価値。植松さんは殺すという行動に出た、それは意味的な行動なわけです。それに対して殺された人はまったく喋れない人で、存在はしているんだけれど、植松さんの言うようなコミュニケーションは取れない人。でもその人は自分自身との関係は結んでいるし、他人との関係も結んでいる。大規模収容施設だから限られた関係ではある、その中で多義的な関係を結んでいる。それが価値なんです。

そこをはっきり区別していく事が大事だと思います。理屈を言っているようだが、ちゃんと展開しない限り、植松さんに負けると思うんです。外から教え諭す関係になってしまって、全然噛み合わない。あるいは拒絶される。啓発的啓蒙的な思想ではダメだ。哲学といいますか、思想を対峙していくことが必要なのです。

澤

今年の七月二六日はどんどん新聞紙面から消えていった。ただ、福祉新聞の八月五日なんですが、今までと違うものがあったので紹介したい。

最近の植松被告は、働けないから―を重視する。働いて稼ぐこだわりは非常に強い。その延長で生活保護や年金は間違っているとして、就労を促す制度にすべきだと持論を展開していた。また、その矛先は自分にも向かう。植松被告は教員を目指したものの成就しなかったのは勉強しなかったからだ。自業自得と認める。

大麻があれば人間らしく生きられる。親に甘えていたかもしれない、と振り返る植松被告。今まで親に言及したコメントは無かったように思うのですが、篠田さんにも聞いてみたいのです。

篠田 その前に、植松被告は控訴するのかしないのかという議論があって、記事によって答えが違う。聞き方によって変わってくる。今の話も危険な時がある。

衆議院議長への手紙の件も心神喪失で無罪とか書いているんだけど、ちゃんと考えて書いたんじゃないという答えなんです。質問の仕方で変わってくる可能性がある。気を付けないといけない。植松はこうだと決めつけてはいけない。

澤 これは月刊『創』の八月号ですが、あなたの裁判では責任能力の有無が争点になると思うが――とあって、植松被告は「責任能力がなければ即死刑にすべきです。頭がおかしければ無罪という理屈は間違っています。責任能力があれば即死刑ですし…」と。でも、衆議院議長への手紙では責任能力なしで無罪放免、五億円下さいみたいな事も書いてある。この中では逆な事を言っている。自分に死刑判決が出ても二審三審と続くのでそれほど深刻に考えていません。読売新聞には七月二六日、控訴しないと言っている。

篠田さんがおっしゃるように、聞き方の問題と受け取り方の問題と思う。

もう一つ「永遠に生きるつもりで、今日死ぬと思い生活しています。何時も死について考えています」。この永遠に生きるつもりで今日死ぬと思い生きている。てっきり仏教関係の言葉だと思ったが、そうではなく、ジェームズ・ディーンの言葉なんですってね。「永遠に生きるつもりで夢を抱き、今日死ぬと想い生きろ」それを彼は引用しているんです。理由なき反抗とか、エデンの東の人物像を投影しているのかも知れない。今日の三人のお話を聞いていても、彼の人物像が浮かばない。僕は一回しか面会できなかった方なんですが、僕は仮に面会したとしても何を聞いていいか、イメージが湧いてこない。彼が変わってきている。声が小さくなっているとか。篠田さんにお聞きしたいのは三年間で報道する側のジャーナリストとして、世間一般の人たちの反応は変わってきたのか、どう捉えていますか？

篠田　その前に高岡さんの拒絶、拒絶とは違うのです。最首さんはこれ以上やってもしょうがない。この人は立場が決まっている。論争してもしょうがない。
それは重度障害の人もそうなんです。もう一度手紙を書いたら返事が来るかも知れない。植松被告は物事突き詰めて考えていないところが多い。
自分が死刑になることを覚悟して事件を起こしたのか？　その質問の答えが違っていたんです。結論はあまり考えていなかった。あまり考えずに事件を起こしている。

司会者　拘置所の環境も影響があるのか？

篠田　相当追い詰められているのは事実。精神的には不快な環境なんです。今年の五月だったかな、ＴＢＳの金平さんが面会に行った時、懲罰にかかっていたんです。懲罰は初めてだった。狭いところに閉じこめられたり正座させられたりする。ちょっと驚いた。明らかに変化が起きている。措置入院の時も最初は暴れるんだけれど、どうしたら出れるかを考える。学習する。大人しく振る舞うんです。ワザとね。そいうことが分かる人なんです。

裁判では被告人質問はメインイベントなんです。それについて聞いたら、「聞かれたことに答えるだけです」。最初は積極的で前のめりになっていた人なんだけど、だから心配なんです。

澤　確信は変わっていないのですよね。

篠田　それは変わっていないです。それを言う時の言い方が変わっている。

愛媛大の鈴木さんなどは学術研究としてあの事件を取り上げていて接見した。その時あまりに興奮した植松を初めて見た。あの事件を想起させるように攻撃的だった。私に対しては先生扱いだから何時も丁寧なんだけど、初めて興奮した植松を見てびっくりした。植松を知るヒントになるかも知れない。事件を起こした時の植松はこうだっただろうな。

司会者　いい子に振る舞う、また激昂する植松被告はどのような人なのか？

高岡 個人情報に関することは話半分に聞いて欲しい。彼の方が心失者じゃないですか。コミュニケーションを重視しているんだけども、コミュニケーションを遮断している。心失者が何処から来たか？ 先ほど澤さんが言ったように、子供時代のことを語らないところにヒントがある。何かがあって語るとバレちゃうぞ―あると思うんです。遮断する能力は磨かれている。

司会者 美にこだわっているが、それも幼少期に関係があるのか？

高岡 美というのは彼にとっては仮面、ペルソナ、仮面ですから。刺青も仮面の一種で、彼の本質と一枚外側にあるものと捉えたらいいのではないか。

渡辺 コミュニケーションを断ち切る能力といえば、見事ですね。あらゆるメディアが生育歴を何とか知りたいと思って、彼の言葉を引き出そうとしたが、それを全て却下、断ち切る。それと、彼のキーワードに「カッコいい」がありますね。『実話ナックルズ』という雑誌がありますが、植松聖の漫画の連載が始まった。トリアージと言うタイトル。ご覧になった方は？ いないようですね。どうしてあいうタイトルなのって聞くと、カッコいいから。全部それで終わらせてしまう。彼がカッコいいと思っているのは、整形をかなりしている。八〇〇万とか言われている。昔の写真を見てもめんこい顔しているんです。友達の間でも人気があった。勝手にコンプレックスを持っていたらしい。何でか？　自分がカッコいいと思った先輩から、整形したらいいと言われたから、とか。映画にありましたよね。超人に近づきたいとか。そういう願望の美意識が彼なりのカッコいいなのか。

教師になりたいのに、何故刺青を入れたのか。それを隠して教師になれると思っているのか。大事だと思うけど、彼はカッコいいから入れた。それで終わってしまう。突き詰めて考えていない。カッコいい、という価値観が非常に大きい。節目節目で変えてきたのも事実だ。植松と親しかった人が面会に来たんですね。その人が、「どんな事があっても死ぬなよ。俺はお前に死んで欲しくはないから」と語りかけた。そこで終わらずに植松はああいう先輩がすごくカッコいい。自分もカッコいい人間になりたいから控訴はしないと言ったらしいです。彼らしいな。控訴しない事がカッコいい。チャンバラとかヤクザ映画の美学です。瑣末なというか、そういうところで決めてしまう。

高岡　ジェームズ・ディーンの話も分かるような気がします。誰かが差し入れているんだと思うけど、ジェームズ・ディーン、ディーンそのものを扱った映画があった。農村の出身で、農村に帰った時だけホッとできる。田舎ではメガネをかけている近眼です。植松にはその田舎がなかったか、あったんだけど隠したのか、隠さざるをえない状況があったのか？

篠田　先輩が会ったのは初期の頃で、それが混同されている気がする。

気をつけなければいけないのは、私も痛い思いをしている。アンネ・フランクの本を読んでいた。衝撃的だった。それを紹介したら、それはマスコミが差し入れていた。ゴッフマンとか、朝日新聞社の記者だった。また、カフカとかしょっちゅう出てくる。でも全部差し入れだからこれ。自分が選び取った本なのか、差し入れの本をたまたま読んだのかはえらい違いだ。全然違う実像になってしまう。『夜と霧』も読んでいる。ナチスを批判したものを読んでいる。最初の頃。これすごい話だなーと思ったら、全部差し入れだった。安楽死については買い求めている本もある。カントはＮＨＫのこの人だなーとか。だいたいネタ元がバレている。

私もドストエフスキーも差し入れたし、渡辺さんの本もどっちかを差し入れた。

渡辺　独特な読み方をしますね。

篠田　きちんと読めてないいな、印象。これを読みましたと次の接見の時に言う。知らない人が聞いたら、こんな事に関心を持って、となるが、要注意だ。

澤　渡辺さんの『バナナ』は読んでいるわけですよね。それについて何かお話はありましたか。

渡辺　私は今年からですから、篠田さんが言ったかなり熱意を失ってから、手紙のやり取りであり、面会をしました。神戸さんの手紙は公開されている。

本当に熱っぽく自分の、障害者を安楽死させるべきだと言う主張を、社会に伝えたいという熱意が満ち満ちた手紙。ところが、私に最初に来た手紙は、本当にこれ大丈夫かなと思うところもあった。例えば、『バナナ』読んでくれたらしいが、鹿野さんが人とうまくやっていけたのは、肌が綺麗だったから。こだわりは大麻と脱毛が彼にとって大切だ。それもカッコいいから。何で脱毛なのか？　自分が尊敬する人が綺麗だったから。目から下の毛は邪悪だ。拘置所に入ってから一度も散髪していない。何でって聞くと、そこなんですよ～、とか言う。僕に最初に来た手紙には、鹿野さんが人と仲良くできたのは肌が綺麗だったからでしょう。そういう読み方をしているんです。

篠田　そういうこと書いてあるの？

渡辺　一切ないです。それを見たときに、これは拘禁症と言うか、もう二年経っていましたから、最首さんたちと会っていた時とは違うのかなと思って、ただ会えば普通に話は通じる。

澤　実際に職員として三年ほど介護の仕事をしてた。あの『バナナ』の本を読むと、普通だとしたら、職員の側の目線で、実際に書いた方が目の前にいるとするとそういう会話になりますよね。

渡辺　介護について、それ大事な話です。介護をどう考えるかと、何度も話しました。植松はあくまでも、介護は人に迷惑をかける行為だ、人の時間を奪う行為だ。そこから一歩も譲ろうとしない。『バナナ』でも、鹿野さんは人と上手くやってきたのは肌が綺麗だったから、と手紙に書いてきたんだけど、何回目かにそういう話をしていたら、「でも鹿野さんもボランティアをうつ病に追い込んだでしょう」と言う。

事実後半で、付き合っていた女性に厳しくあたった。介助される側の鹿野さんが介助する人に厳しくあたることで、介助するボランティアが傷ついてうつ病っぽくなった。現場にはそういうことあるんです。障害者が常に弱者の立場にあるんじゃなく、支援の場では逆転してしまって、健常者の方が心を病んだり、追い詰められていく。

「あっ、植松、ちゃんと読んでんだ」「渡辺さん、介護はいいことばかりじゃない、その人にとっては迷惑だったでしょう」「そこだけとって介助は無意味だとは言えないでしょう。今の自分は鹿野さんのお陰だ、そう思った人は沢山いたよ」と何回も何回も言って、最近はその問題は保留にしましょう、となっている。

本当に気になっているのは、三年もいて、私であれば鹿野さん、最首さんなら星子さん、単に障害者という抽象的な存在ではなく、かけがえのない人と一対一の関係を結べたのか、すごく大切なことだ。植松被告はそういう一対一の関係を築けた利用者の人がいたのか、職員に聞いたら、いたと。ところがその人は言葉がしゃべれる人で一緒に写メ撮っていた。仲のいい人はいた。それと手に落書きをしていた。それは不真面目だったと言われているが、同級生によると、親しみの表現、おふざけだった。だから利用者をいじめるとかではない。意思疎通のできない人達、重度の人達、強度行動障害のある人達との一対一の関係があったのかは未だにつかめていない。重要な問題だと思う。

あと、植松が侵入したとき、自分の勤めていたのぞみホームには侵入していない。ただ臨時採用として勤務していたホームには入っている。ホームの選抜をしたのか、聞いても本人は言わない。事件の後の事は「エクレア食べた」とか『創』に鮮明に書いている。その前のことは、いくら聞いても「激しかった」とかしか言わない。慣れ親しんだ人は刺したくはなかったのかもしれない。

篠田 それは大事なポイントだけど、先入観で言っちゃいけない。

渡辺 全然わからないです。

高岡 渡辺さんへの質問になりますけど、植松さんは仕事であってボランティアではないわけです。ボランティアの流れで、社会変革系があって、自分探し系、その後にサークル系とか技術習得系とかありましたよね。植松さんはどこに位置づけられるか?

渡辺 どれでもないです。真面目な職員だったと言う人と不真面目だったと言う人もいる。人によって分かれる。単純に力になりたい、それがやる気を失った。バーンアウトみたいに。

澤　事件が日本社会に投げかけたもの、それが僕の映画のテーマであるんです。施設と地域移行とか二者択一みたいなことがしょっちゅう語られるが、それだけではないと思うんです。高岡先生はどう思われますか？　精神障害者差別の根源がライシャワー大使襲撃事件から始まっているとか、裁判とは別な意味で何が問われているんでしょうか？

高岡　本来、裁判では扱って欲しい。弁護士次第だ。弁護士が聞いて、植松さんに語って欲しいというのがあるんですよ。反省しているかとか、そんなのばかりだ、裁判員裁判は。被害者のことを考えたことがあるのかとか、決まり切った流れになりますから、裁判から得るものは無いと思います。そうならないために、しっかり打ち合わせして、植松さんに思想性を語らせるのが重要になってくる。（拍手）

それを基にして言えればいいがまだ言えません。

巨大コロニーの時代は終わったにもかかわらず、現実の世の中にはあるんだ、そこの矛盾から出てきた事件だということを捉えたい。

司会者　裁判になれば、植松は悪いからともかく重い刑にとの流れになってしまう。でもどうしてこうなったのかということですよね。

澤　さっき渡辺さんが三つのテーマ、私も今まで障害者を知らなかった中で、障害者差別を自分自身の中で問いかけているんですけれど、『バナナ』とか本を書かれていて、札幌は福祉とかでは進んでいる、そんななかで日本社会はどう見えますか？

渡辺　若くて元気な頃は誰でも、福祉とか介護は他人事だ。あいつらがいるから、この国や社会、自分は苦しくなっているんだと考えがちだけども、自分がそうだったら、結婚して生まれた子供に障害があったらどうだろうか？　そういう想像力があれば、大体三十代くらいになれば分かるのが普通なんじゃないか。

自己責任だとか生産性などの言葉がクローズアップされていますが、そういう事を言えば言うほど、それに適応できない人間は増えていくし、巡り巡って自分もそれで苦しくなる。苦しくても、人に助けを求められない社会は誰にも損だよね。

他人に迷惑をかけてはいけないという社会的規範からなかなか脱しきれないのは何故かなって僕も思いますね。たまたま鹿野さんの役をやって下さった大泉さんが、これまで自分の娘に「人に迷惑をかけてはいけないよ」と声をかけていた。映画を通して、これからはそれを止めて「困った事があったら人に頼りなさい。その代わり、人に頼られた時には、応えられる人になろうね」って言おうと思ったと話してくれた。すごい、さすがだな！　人と人を結びつけますよね。本当に私の場合は鹿野さんとボランティアの関係、それ以降付き合いのある障害のある人に教わったことですね。

篠田　施設の問題ね。これいろんなところで議論になるんだけど、尾野さんというシンボリックな方がいます。前家族会会長尾野さんの息子さん一矢さんは、今大規模施設から自立支援にいこうとしている。事件翌年の五月の集会はいろんなところで引用されている。

渡辺　「考え続ける会」ですね。

篠田　尾野さんが糾弾されたって言ってるんだけども、そういう集会だったんだけども、いろんなところで議論されていて、尾野さんの息子さんのプロセスはある意味それに対する答えかな。

渡辺　やまゆり園にいた尾野一矢さんは七月二六日の事件の時に首とか腹を刺されて瀕死の重傷を負ったんですが、なんとか回復しているんですね。そのお父さんがやまゆり園の家族会会長を一三年間やっていた方で、剛志さんはそのまま大規模な施設を建てて欲しいという意見だった。ところがさっき言った「考える会」で糾弾されて、その時同情してくれたのが岡部耕典さん、早稲田大学の教授。皆さん『道草』っていう映画をご存知ですかね。知的障害があっても自立生活をしていける。その様子を克明に移したドキュメンタリー映画です。私も見てショックを受けるくらい感動したので皆さん機会があればご覧になっていただきたい。

その岡部さんや映画を撮った宍戸大輔さんと、尾野さんが知り合うことになりました。一矢さんは自閉症もあるし重度の知的障害もある。グループホームでも受け入れてくれない。だからやまゆり園に入れるしかない。選択肢は一つしかないと思っていたのが、実はそうではなくて、重度訪問介護という制度を使って二四時間介護をしてもらって、地域の普通のアパートを借りて自立生活をしようと挑戦しているんですね。

やまゆり園の今後を考える上で象徴的だし、それが実現すれば神奈川県では初の知的障害の自立生活という事で注目も集めている。知的障害に自立生活なんて無理じゃないかと普通は考えちゃいますよね。ところが『道草』の映画を見ればわかるんですけど、介助者と、あーでもないこーでもないと言いながら一緒になってその人らしい生き方、生活ってどうなんだろう。施設のように何時から何時まで食事とか、カリキュラムじゃない。その中で意思決定もしていく。今日なに食べたい？　毎日カレーっていうようなこともあるかもしれないが、その様がユニークに描かれていて、生きるってこういうことなのかなと思える程素晴らしい映画です。

私も自立生活が最善という言い方したかも知れないが、必ずしもそうではないんです。施設もある、グループホームみたいな小規模な地域に開かれた生活スタイルもできる。完全に地域に溶けこんだ自立生活もできる。そういういろいろな選択肢があって支援がきめ細かく整っていくことが良いのであって、決して施設はもう要らないというわけではないと思います。施設はどうしても必要な部分は残ると思います。

篠田
尾野さんにとってあの糾弾はきっかけになっている。でも尾野さんは施設に戻ると言っていた。それがこんなに変わっていたのはすごいことだと思います。

堀みえこ（津久井やまゆり園事件を考え続ける会）
私は堀利和とは違うので上手くは語れません。他の方にも話してもらいたいんですが、その集会はいろんな考えの人が会場に集まるという画期的な会だった。糾弾とかそういう事ではなくて、参加した尾野さんが集会をきっかけに段々、結果として変わったのだと思います。大規模施設大賛成の尾野さんがいろいろな人の考えを聞くうちに少しずつ変わっていった。そういう会だったと思います。誰か補足して下さい。考え続ける会は堀ではなくみんなで作っています。

杉浦（津久井やまゆり園事件を考え続ける会）
今堀さんが仰ったようにいろんな考えの方が集まっていました。印象的だったのが、ある重度の車椅子ユーザーの方が、自分の母親が認知症になったその時に、何処の施設にいれようかと考えている自分があった。それはとても印象的な言葉で、みんなが当事者としてこのことを考えようという空気、場が生まれていたんです。もちろんここにいる平野さんと尾野さんはバトルしてました。でもそれができることはとっても大事だなと思いました。

平野（津久井やまゆり園事件を考え続ける会）
私の息子はやまゆり園にいまして、無傷だったんですけど…。尾野さんは会長で施設寄りの方だったんですが、私はやまゆり園は仮の場所だと思っていたんです。できれば外に出たいと思っていました。尾野さんとは考えが違っていたので、その場でやりあったということはありました。

篠田　尾野さんとはもともと知り合いだったの？

平野　やまゆり園に入ってから。その時の会長でしたから。事件の二年前です。言い方悪いですが、会長だったので施設寄りというか、全面的に施設を擁護するという立場の方だったんです。元々私とは考え方が違ったという事です。

篠田　これ聞いて、一般の人って尾野さんを批判するってなかなかできないじゃないですか。それはすごくいい集会だったと思います。関係者同士でそこまで議論するっていうのは。尾野さんは糾弾されたって言うからこれはすごい事だと思いましたけどね。

――休憩――

司会者　これから会場から質問いただきたいと思います。

杉浦　高岡先生にお聞きしたいのですが、まだ、この本（『いかにして抹殺の〈思想〉は引き寄せられたか』）を読んでいないのですが、帯のところに「ネオコン、リベラル、グローバリズム。現代社会を動かすイデオロギーと、その〈思想〉は相似形である」と書かれている。

私たち考え続ける会は毎月会合を開いているのですが、この事件は特殊な人間が起こした事件と思って欲しくはないと思っています。この事件が内包している問題をできるだけ多くの皆さんと議論していきたい。この帯に謳われている言葉とこの事件をコンパクトにお話ししていただきたいです。

高岡　社会の縮図ということでいいと思うが、ただ個人の病理と捉えずに個人の病理に結晶した社会の縮図があると私は思っています。今日の話で少しだけ触れたのは、これはむしろナチスの思想よりも、リベラリズム福祉社会の社民主義に親和性があるのが優生思想なんだということを申し上げました。そういう視点で考えますと、今のネオコンもリベラリズムの一種なんです。大きな社会構造もリベラリズムも、違うのは右派の思想で、トランプなどは違うと思う。リベラリズムの思想は必然的にこれまでとは違った形で排除していく、社会から排除していく。

今日の私の話で言いますと、一次産業の排除の仕方、神様のような漂う、そういう排除の仕方もあれば、二次産業の共同体の中で閉じ込める排除の仕方もある。もっと巧妙な排除の仕方が出てくるんじゃないか。その先駆けとして植松さんの事件を捉える必要がある。

だから一見関係ないように見える大麻とか言っているわけですし、軍隊を作ると言いながら平和主義なんだと言ってますし、今の世の中の動きを考えないと説明できない。彼が思いつきで言っていることの背景には綺麗事の平和主義、環境主義の流れがある。渡辺さんの本を読むと、環境主義といっても全然違う角度で捉えなければならない。綺麗事で言っているんじゃダメなんだと言いたくてこの本を書きました。

篠田　植松は戦争反対なんです。トランプ支持というのは何度も言っている。これは、大事な事でその背景もどこまで触れられるか、ある種の日本を覆っている風潮と絡んでいる。何かの関係があると思う。トランプは歯に絹着せず、本音をズバリ言っているみたいなことで、植松は影響を受けた。高須クリニックの高須さんも支持しているんです。力でゴリって言う者にシンパシーがあるんですね。事件を起こした一月位にテレビでしょっちゅう出ていた。そこで共鳴したようだ。

高岡　推測は混じりますが、やはり安倍支持だったんじゃないか？

司会者　力のある人に自分もなりたいと思っているのですかね。

参加者　高岡さんだけ、「植松さん」と言っている。他の人は付けない理由もあると思います。どなたか教えていただきたい。

高岡　何時も習慣で「さん」を付けています。理屈を言えばまだ有罪と決まっていないわけです。

渡辺　面会の時、本人を前にした時は植松さんと呼んでいます。

篠田　私は和歌山カレー事件の林さんは、真須美さんと呼んでいる。距離の取り方だと思う。もちろん正式には被告。文字起こしの時は被告と付けるんですよ。呼び捨てで批判しているという事でもない。見知っているということで使っているので微妙です。三田佳子さんの息子さんには君で呼んでいる。

司会者　テレビの報道では一審までは呼び捨てにしていて、途中から被告を付ける、容疑者だったり。いつの頃からか？　なっています。

参加者　ニュージーランドの事件の時は、犯人の名前を呼びたくない出したくない。それにシンパシーを感じていて、植松という名前を連呼して、それを広げる問題もある。彼は自分の主張を広げたくてあの事件を起こしたわけで、後押しして広げてしまうのもどうなのか。

渡辺　私が聞いたやまゆりの職員の方はまさにそうで、昔は植松とか呼んでいたが、今は犯人。植松という言葉を口にしたくはないと言う人もいました。

黛（津久井やまゆり園事件を考え続ける会）

私は障害者の問題に四〇年関わってきた。私は佐渡なんですが、学習会を続けてきた。国選弁護人で事実関係は突き詰めない。事実関係は認めているわけです。一九人を殺害して二六人を刺したということは認めているわけです。そうすると、責任能力あるか無いかだけが裁かれて終わってしまう。ここに来ている人は何故あの事件が起こったのか、そこを知りたいんです。

それをどういう風にする方法があるのか、この問題をどこまで掘り下げられるのか。裁判が始まるに当たって、どの様な関わりが出来るのかお聞きしたい。

篠田

今の話しは大事なことで、どうして植松が事件を起こしたかを解明することはなかなか難しいっていうのがみんなの結論なんです。死刑という落とし所は決まっている。裁判員裁判はコンパクトにする。社会背景とか難しい問題に踏み込んでいくとあの回数では終わらない。宮崎勤なんかは一〇年かかっているわけ。それを止めようという趣旨で裁判員裁判が始まった。始まる前に三年半かかっているのは、流れが決まっているわけね。こういう事件は裁判員裁判には馴染まないのではないか。

落とし所は決まっている訳です。真相の解明ができるかは、私は懐疑的だ。無意味とは思わないが、すべて決まっているという感じは拭えない。

山崎（津久井やまゆり園事件を考え続ける会）

私はグループホームで支援をしてきた。この事件を聞いて、一体支援者は何をしてきたのか。

何故起きたのかを知りたい。この事件自体は優生思想、大規模施設、匿名報道など、解明されないことばかりで、一つは考え続ける会で施設から地域へ、一人暮らしとかいろんな生き方があると、シンポジウムを開いて積み重ねてきています。

お話の中で植松は一人の障害者と関係を築けたら、事件は起こらなかったのではないかという話もありました。今日のお話を伺っていると、植松被告に迫っているのか迫っていないのか分からない。

施設の中でキチンと支援が出来ていたら事件を起こさなかったのか。だとしたらやまゆり園の運営者の責任は？　問われるべきだと思うんですが、その辺どの様にお考えですか？

渡辺　まず、植松被告に迫れているのかどうか分からない、というのは本当にその通りで耳が痛いです。植松本人に会っていても本人に迫れないし、その周辺を取材しても事件取材の難しさを痛感している。取材拒否が多い。

一対一の関係を築けたら事件は起こらなかったというのは私の仮説です。それを彼はなんて言うかというと、言葉で意思疎通取れなくても、通じ合うことは人間にあるじゃないかという言い方をしたのを聞いたことがある。重度の障害のある人と通じ合うことはなかったのかと聞いたら、「飯だと言えば飯だと分かるし、通じ合うといえば犬や猫でも通じ合うじゃないか」って言うんです。犬であっても、この犬と心底通じ合ったと思ったらそれはもう私にとっては、犬は犬ではないと考えると思うんです。そこを通して見えて来る自分と他者という関係が大事なんじゃないか。これは僕の仮説です。ただこうして話している限りでは、所詮犬や猫だって通じ合うじゃないか、それだけでは彼らは人間とはいえないというのが植松被告から返ってきている。それが答えです。

施設のことですよね。入所者のアンケートでも、神奈川県内の施設と比べても給与水準は高く、利用者家族からもいい施設と高く評価されている。このような結果は出ているんです。施設というスタンダードがあるとすれば、やまゆり園は決して劣悪な環境の施設ではなかった。その中で植松被告みたいな人が出てきた施設の管理者の責任というべきなのか…、私も躊躇している。

先ほども言いましたが、職員の中にも植松とかなりやりあった人もいた。ただ管理側はやまゆり園を閉ざしていますよね。私も手紙を出しているんです。園長宛に、今行っている意思決定支援というものの概要だけでもいい、尾野一矢さんに対する意思決定支援の場で何が話し合われているのか知りたいし、それをきっかけに以前のやまゆり園がどんな施設だったのかも知りたいのです。そこは完全に閉ざしていますよね。いい印象はないですよね。

平野　家の息子もやまゆり園にいたんですが、一番植松に関して知りたいのは、植松はやまゆり園に就職する時に、希望を持って入ったと思うんですね。彼はお祭りの司会をやっていた気がするんですが、とても明るくて好青年だったわけですね。

ある時から、『創』に書かれている「鍵の中で」と言う描写がありますが、実際私が知っているやまゆり園にもあれに近いものはあるわけです。そこで彼は絶望したんではないのか。そのところは何か話していますか？

渡辺　私も篠田さんも一致しているんですが、その点は何度聞いてもやまゆり園の仕事は楽で、ひどい施設ではないと強調しています。意思疎通の取れない重度障害者は安楽死させるべきだというのは、単にやまゆり園の中で見たことで思いついたことではないと、もっと人類にとって普遍的な考え方なんだと言うために、やまゆり園で起こったことは関係ないと言うのかもしれない。

平野さんが仰った「鍵の中で」、ポエム風のすごい文章を書いているんですね。ある入所者が職員に鍵のある部屋に閉じ込められて、流動食を流し込まれる―ポエム風に書いて、自分はこのままずーっと生きていくんだ。それを描写しているんですが、これはもうやまゆり園で目にしたものをモチーフにしているのは確実です。

衆議院議長への手紙。障害者は人間としてではなく、動物として生きています。車椅子に一生縛られている気の毒な利用者も存在し、保護者が絶縁状態にあるのも珍しくはありません。縛られているのはＮＨＫでも放送されましたが、松田智子さんがそうだった。これらを目にして失望したと書ければ僕も凄くいいんですけどね。植松自身はそうではないと言っている。

篠田　そこはさっきの後付けの関係もあるが、植松はなんて言っているかというと、運送の仕事をしてて、友達が、募集しているのを持って来た、給料が良くて働きやすかったから選んだ。だから福祉の仕事が動機になってやまゆり園を選んだわけでは無い。

渡辺　でも特別支援学校の免許を取ろうと思ってやまゆり園を選んだと言っている友達もいます。

高岡　私のカンでしかないですが、平野さんが仰っていることは納得いきますね。そういうものがあって初めて人間は抽象に達するわけで、最初から抽象に達するのは大学の先生くらいなものです。

篠田　今はそう言っているんです。だけども入った時の文章とか、わからないのが現実です。

澤　ただ、あの衆議院議長への手紙の中にも自分は養護学校の教師になるために今施設で働いている、という文章が残っているわけです。最初は僕も見落としていて美容整形とか五億円とかに気を取られていた。彼の中では人生設計の中で考えていると言っていることはもう一度捉えなおした方がいいのかなと思いました。

高岡　私が渡辺さんに聞いたのは社会変革系ですか、自分探し系ですかと聞いたのはそういうところにあるのです。どの要素もあると私は思っています。

渡辺　それはノンフィクションとして書けるか、難しいです。もう一つ何かないと、決定的な何かがないと。

やはり幼少期の話が何処からも出てこない。ネットではいろいろ書かれているけれども、誰も発言しない。彼の本質に迫れないというのは取材する側としては、力不足だと痛感しております。裁判でそういうことが出てくるか注目していきたいと思っています。

篠田　親は事情聴取を受けていて、その話をしている。裁判では必ず出てくるんだけども本人は否定していましたね。それと事件を結びつけるのは間違いだ。

司会者　今日は、皆さんありがとうございました。

篠田博之（月刊『創』編集長）
渡辺一史（作家）
高岡　健（精神科医）
澤　則雄（映画監督）

※映画『生きるのに理由はいるの？　津久井やまゆり園事件が問いかけたものは…』については、澤則雄さんあて左記のアドレスにお問い合わせください。
noriosawa73@gmail.com

第6章　記者の目

＊2019年11月23日「植松被告に接見した記者たちの座談会」から抜粋

神奈川新聞記者　石川泰大

神奈川新聞報道部の石川と申します。今日はこのような会に呼んでいただきありがとうございます。一取材者である私が皆さんの前で何を語れるのか悩みましたが、ここでやりとりさせていただいたことを今後の取材に生かしたいと思い、参加させていただきました。

来年一月八日から始まる公判を前に、「メディアは何を伝え、何を伝えられなかったのか」という今回のテーマはとても重いものと受け止めています。事件から三年少したちましたが、裁判を目前にした今になってもメディアが社会に何かを伝えられたかといえば、正直、あまり自信がありません。大変恥ずかしい話ですが、むしろ伝えられなかったことの方が多いのだろうと思っています。

事件は二〇一六年七月二六日に起きました。その時、私は遊軍に配属されており、早朝にデスクからの電話でたたき起こされ、現場となった津久井やまゆり園へ向かいました。

事件の起きたこの日から取材を続けています。当時から取材を続けている記者は三年もたつと段々少なくなり、全国紙や民放各社はそうですが、地元紙である神奈川新聞でも事件当初から取材を続けているのは私くらいになりました。現在は県庁担当ということになっていますが、今も細々ではありますが取材を続けています。

事件発生から一か月後に、日本新聞協会が発行する雑誌に私はこう書きました。

『障害者は不幸をつくることしかできません』。津久井やまゆり園で入所者一九人が死亡し、職員を含む二六人が重軽傷を負った事件。殺人容疑で逮捕された元施設職員の男（二六）は衆院議長に宛てた手紙にそうつづり、無抵抗の重度障害者を次々に刃物で襲った。突然の凶行から一カ月が過ぎたが、動機や背景が十分に解明されたとは言いがたい。弱者を軽んじる独善的な考えはなぜ芽生え、障害者への理不尽な憎悪をどのように膨らませていったのか。『なぜ』を解消するために、日々迷い、もがいている」

私はこれまで植松聖被告と三〇回の面会を重ね、四〇通ほどの手紙をやり取りしてきましたけれども、事件直後に抱いた、この「なぜ」という疑問をどれだけ解消できたのだろうかと今も自問しています。当然、それだけ被告と向かい合ってきたこともあり、見えてきたこともあるのですが、それでも日々迷い、もがいている状況に変わりはありません。

来年一月八日から横浜地裁で始まる裁判員裁判で、彼が接見であまり語りたがらなかった自身の生い立ちや両親との関係など全てでないにしろ触れられると思いますので、今より一歩でも「植松」という人間像に迫れたらと思っています。

被告は「意思疎通のできない重度障害者は安楽死するべきだ」と主張して一九人の重度障害者を

殺害しました。平成以降で殺人事件の死者数は三六人のクリエーターが亡くなった京都アニメーション放火殺人事件に次ぐ非常に大きな痛ましい事件でした。

事件発生当初、私は被告に対して「殺人鬼」とか「怪物」とか「悪魔」とか、そういったおどろおどろしい印象を抱いていました。初めて接見したのは、事件から七か月後の二〇一七年三月、津久井警察署の面会室でした。実際に向かい合うと、被告は思ったより小柄で線が細く、初対面の私に深々と頭を下げ、礼儀正しい言葉で質問に丁寧に答えてくれました。おどろおどろしかった印象は、どこにでもいる「普通の青年」という印象に変わりました。もしかしたら、こんなに礼儀正しい若者は今どき珍しいのかもしれません。

先ほどの映像にもありましたけれども、四五人を次々に刃物で襲った凶悪犯というイメージが頭でうまく結びつかず、目の前にいる青年があのような凄惨な事件を起こしたとは信じられませんでした。

その後、それなりの回数の面会を重ねてきたこともあり、当初より少しくだけた場面もありますが、本当にこの男があの事件を起こしたのだろうかという印象は事件から三年たった今もあまり変わっていません。

被告の言う「大切なもの」とは「時間と金」なんですね。意思疎通の取れない重度障害者のことを「心失者（しんしつしゃ）」と呼び、これは彼の造語なのですが、この事件を象徴するキーワードと言っていいのではないかと思っています。

きょうお配りした資料にありますが、今年五月の改元に合わせてヤフーニュースと神奈川新聞社との共同企画「平成の事件」の一つにも、やまゆり園事件を取り上げました。彼と接見し取材した印象などをまとめたものです。ぜひ読んでいただけたらと思います。

先ほど触れましたが、彼にとって「心失者」は、大切な時間と金を浪費する者であって社会にとって必要のない存在、という主張です。逮捕後、彼は記者以外に障害当事者、大学教授、遺族といった様々な人々と接見を重ねてきました。それでも自身の差別的な考えや独善的な主張が誤っていたという「気づき」は今も見られない、というふうに受け止めています。

むしろ、外部との接触が限られた拘置所という空間で長期間過ごしていること、最近は批判よりも賛同する人たちからの手紙が多くを占めていることから、自分の主張が世間に受け入れられているという思いを深めているようです。

接見に来る人の中には、当然意見の異なる人もいますが、そういった人たちの言葉には耳を貸さない。途端にイライラし始めるとか、耳を傾けることを途中で諦めてしまうようなしぐさとか、時には激昂することもあるようです。

何が言いたいかというと、被告は事件直後からいろんな人に会って話をし、さまざまなジャンルの本を読んで知識を吸収するけれども、それは自分にとって都合のいいところを取り入れているだけで、自身の思考をより先鋭化していっているんじゃないか、と感じています。

「より高く、より速く、より強く」—社会学者の最首悟さんやノンフィクションライターの渡辺一史さんに取材でお話を伺った時、生産性や効率性を優先する現代社会を体現したような存在だ、と口を揃えておられました。なるほど、と思いました。

犯行前に衆院議長宛てに犯行を予告する手紙を送り、その文面通り、深夜に窓ガラスをハンマーで破って施設内に侵入し一九人を殺害し、さらに二六人に重軽傷を負わせる。非常に被害が大きく、犯行に至る経緯もセンセーショナルで、そういった意味で社会の人々の目には特異に映るのも不思議ではありません。

しかし、生産性や効率性で人の価値を測り、役に立たない人を排除するという被告の持つ考えは、被告だけが持つものでしょうか。最首さんは「多かれ少なかれ誰もが胸のうちに持っているものであり、被告のような思考は社会の大多数の立場だ」と指摘します。そう考えれば、この事件は誰にとっても他人事ではない。そこに私が被告と接見を続ける理由の一つがある、と思っています。なぜ彼らが殺されなければならなかったのか。被告の独善を否定するために、本人と向き合い、問い、新聞を通じて社会に伝え、一人一人が我がこととして考える。そのきっかけを作るのが、私の記者としての仕事だと思っています。

同時に、被告と同じような考え方は私になかったか、被告と対面することは自身に潜む差別と向き合う作業でもあると思っています。なので、三〇回の接見を重ねても、毎回緊張しますし、身構えるところもあります。この先どれだけ接見を重ねても、それは変わらないと思います。

特異な考えを持つ人間がどこからか急に舞い降りてきたわけではなく、程度の違いこそあれ、同じ地平に立っている人間が起こした事件だと思うわけです。だから矮小化しない。誰にとっても他人事であるはずがない事件だと思います。

一方、ご遺族への取材はあまりできていないのが実情です。声を上げたくても社会の差別や偏見が怖くて、声を上げられない方もいらっしゃいます。ご遺族へのアプローチを続けながら、犠牲者の人となりを知る人や事件に思いを寄せ続ける人たちに取材を重ねています。ご遺族から犠牲になられた肉親への思いを直接聞くことはできていませんが、当事者にしか語れない言葉が必ずあると思っています。本音を言えば、その言葉を私自身が聞きたい。大上段に構えたものではなく、一人の人間として生の声を聞き、当事者にしか語れない言葉を社会に伝えたい。それでもすぐには変わらないかもしれません。でも、その言葉を受け止めた人が少し行動を変えれば、社会も少しずつ変わっていくと信じています。

その意味では、この会場にいるマスコミ各社はライバルであり、同志でもあります。「抜き抜かれ」という同業者間の競争だけでなく、得意不得意を互いに補い合いながら社会に声を届け、差別のない社会に変えていきたい。そう思い、これからも取材を続けていきたいと思っています。

●会場からの質問に答えて

（Q） 裁判で期待したいこと、明らかにしたいことは？

石川　被害者や遺族の陳述を被告がどのように受け止めるのか気になります。彼は障害者の家族を苦痛から救ってあげたと言っているわけです。拘置所での面会は面会したい人が来ていたわけで、ご遺族や被害者の生の声をぶつけられることはほとんどなかったと思います。法廷でその声に触れたときの反応が知りたいですね。

それと生育歴についても明らかになっていません。彼の中で一番語りたがらない部分が犯行にどのように影響しているのか、法廷の場でもう少し明らかになってほしいと思っています。

(Q) 匿名報道についてはどう思うか？

石川 できれば個人の了解が得られれば明らかにしたいというのが基本的な考え方です。しかし、ご遺族の意向を無視してまで実名にこだわりません。匿名でもいい。こういう人間が、こう生きていたということを、犠牲者により近い存在であるご遺族の口から思いを交えて語っていただけたらと思っています。

参加者アンケート

記者の目座談会

〔2019年11月23日〕

①勤務医

高齢者医療につながる問題と思い拝聴しました。大変参考になりました。これからも是非よろしくお願いします。

②市民

もっと話を聞きたかった。同様の学習会（ジャーナリストを招いて）、ぜひまた開いてください。

③支援者で家族で施設職員（実名記載あり）

事件の4日後に家族4人で現地へ行き献花をしてまいりましたが、やまゆり園のご利用者様、またそのご家族と思われる方々は現地に集まっていた取材陣から足早に逃げ去っていく人が多かったことが強く印象に残っています。

当時、障がい者支援相談センター長で且つ重度知的障害児の父親でもある私は、献花後すぐにＮＨＫの取材陣に囲まれインタビューを受け後に同年9月9日、10日に放映された〝特報首都圏〟という番組に出演し、事件に対する思いや私の息子（ダウン症・自閉症の合併）についての事が取り上げられました。放送後周囲より様々な反響がございましたが、現地にて取材陣から逃げていく方々の姿を思い出すたび、「私がテレビに出演して余計なことを話してしまってよかったのかな〜？」としばらく悩んだ時期もございました。その後3年連続現地にて献花を家族4人で行ってまいりましたが、年々献花されている花の数が減ってきているのを見るたびに、「段々と事件のことが風化してきているのかな」と思い寂しい気持ちにもなっています。

今回、植松聖被告の件を中心に取り上げられていましたが、特報首都圏という番組でも話していますが、あくまでも彼は殺人という行動をしたことで大きく報道され注目されましたが、彼と同じ思想を抱いている人間は実のところとても多いと私は確信しています。

現在私はSNSで息子の成長のことや、この事件のことなども発信していますが、共感的なコメントを返してくださる方もいらっしゃる反面、〝障害者は百害あって一利なし〟や、〝あれから3年もたっているのにまだ発信しているのかよ、バカじゃないの〟といったニュアンスのコメントを返してくる人も多く、それを目の当たりにするたび「やはり彼と同じ思想を持っている人はすごく多いんだな」と痛感させられています。

最後に私も障害者施設で介護職をしていたこともございましたが、当時の私も寝たきりで口を開けたままヨダレを垂らしている方に食事介助や排せつ介助をしているときに「この人達は私に介助されていて本当に幸せなんだろうか？」と疑問に感じたこともございました。

④施設職員

毎回の企画ありがとうございます。未だモヤモヤが消えません。後日どんなOJT*のもと、どんな教育のもとに、日々利用者のケアをしていたのか、そこから何が学べるのか。平野さんの質問に追加し、更に中身を知りたいです。

*注　On The Job Training

⑤行政

面白かったです。皆様お疲れ様でした。これからも役所ができない企画、他ではできない企画を大いに期待しています。

⑥学生

三紙の記者の話、話を聞いている側の意見は非常に考えさせられた。もっと障害者についてやまゆり園にどんな人がいたか、などは裁判でわかることも多いかと思うので、今後も注視していきたいと思う。

風化云々言っていたが。障害者の家族などそういった人しか覚えていないところがこの事件の特異性と思う。

⑦支援者

タイトルにある〝何を伝えられなかったのか〟が何も語られていない。〝事件〟を語ることも大切だが、その背景に現在もある障害者に対する差別、重度の障害のある人たちが入所施設でどう過ごしているのか、入所施設とは何なのか、なぜ存在するのか、ぜひ伝えてほしい。

⑧その他

福祉関係者として生涯背負っていかないといけないと思っています。

当初は「確信犯」と思っていましたが、裁判でどこまで明らかにできるか確認していきたいと思います。

⑨支援者・施設職員

事件があって後、考えを続けてきている。非行問題研究会にて加害者への関わりのイギリス事例を勉強したことがある。「共生社会」を目指す基本の命題であると考えている。

⑩その他

東京都文京区より参加

⑪親

いろいろと知ることが出来てよい会だったと思います。

⑫施設職員

「本人の言葉がない」という発言がありましたが、「本人（当事者）も一緒にきたらいいのにな〜」と感じました。

⑬施設職員

様々な意見を伺い大変勉強になりました。また参加させていただきたいです。ありがとうございました。

⑭会社員

とても参考になりました。

⑮家族で教師

私の弟は発達障害＋知的障害の手帳を持っています。55才をすぎ両親が亡くなり33年勤務した会社が縮小するのを機会にクビになりました。両親は、社会に迷惑をかけないこと、福祉の世話にならないこと、私達兄弟に〝迷惑〟をかけないこと、をモットーに弟を育ててきました。私達は兄弟で話し合い、本人に障害を告知し手帳を持たせて、「助けてもらって生きていこうね。」と本人にも納得させました。

「姉ちゃんたち先に死ぬもんね。」（十才離れているので）「一人ぐらしをするのが夢だったんだ。」そういって彼は一人でグループホームに引っ越しました。とてもうれしそうに一人ぐらしの報告をしてくれる弟を私も喜んでいました。しかし〝事件〟の前（2か月？）でしたかヘルプマークをつけている弟はＪＲ車内で突然「こんなマークをつけて、混んだ電車に乗るな。」とどなられつきとばされたというのです。その後この事件がおき、とてもこわがって、ＪＲに乗れなくなってしまったのです。

私はどう考えたらよいのかわからなくなりました。社会の中にはこんな考えの人がいっぱいだとしたら、おそろしくて外は歩けません。ヘルプマークもはずしました。

今日はみなさんのお話を聞いて、考える手がかりが得られた気がしています。自分自身が「人に迷惑をかけない」という考え方で育てられ自分も子どもにそのように接したと思います。「世の中お互いさま」という考え方もそういえば日本にはあったなあ、と今は考えています。何を大切に生きるのか、そのことをこれからも考えていこうと思います。それは、自分の中にも植松と同じ考えがなくもないと思うからです。

家族としては、今後も彼の気持ちや考えを第一に考え、実家で彼が生きていけるようにしたいと思っています。

※アンケートの転記は原文のままとしました。句読点がないところや数詞の不統一などがありますがご理解ください。

第7章　私たちは津久井やまゆり園事件の「何」を裁くべきか?!

▼発言者・発言順
河東田博／平野泰史／千田好夫／高岡健／堀利和（コーディネーター）

＊2020年1月11日　津久井やまゆり園事件を考え続ける会・シンポジウム

■何が問われ、何を裁くべきか？　――シンポジウムの呼びかけ文から

「保護者の疲れ切った表情、施設で働いている職員の生気の欠けた瞳」「障害者は人間としてではなく、動物として生活を過ごしております」「車椅子に一生縛られている気の毒な利用者も多く存在し、保護者が絶縁状態にあることも珍しくありません」「障害者は不幸を作ることしかできません」「障害者を殺すことは不幸を最大まで抑えることができます」「保護者の同意を得て安楽死できる世界です」「日本国と世界の為と思い居ても立っても居られずに本日行動に移した次第にあります」「理由は世界経済の活性化」「今こそ革命を行い、全人類の為に必要不可欠である辛い決断をする時だと考えます」

これらは衆議院議長に宛てた植松被告の「手紙」の一部です。もちろんやまゆり園や関係者はこのような施設内風景を否定するのでしょうが、しかし彼の目にそう映ったことを第三者に否定

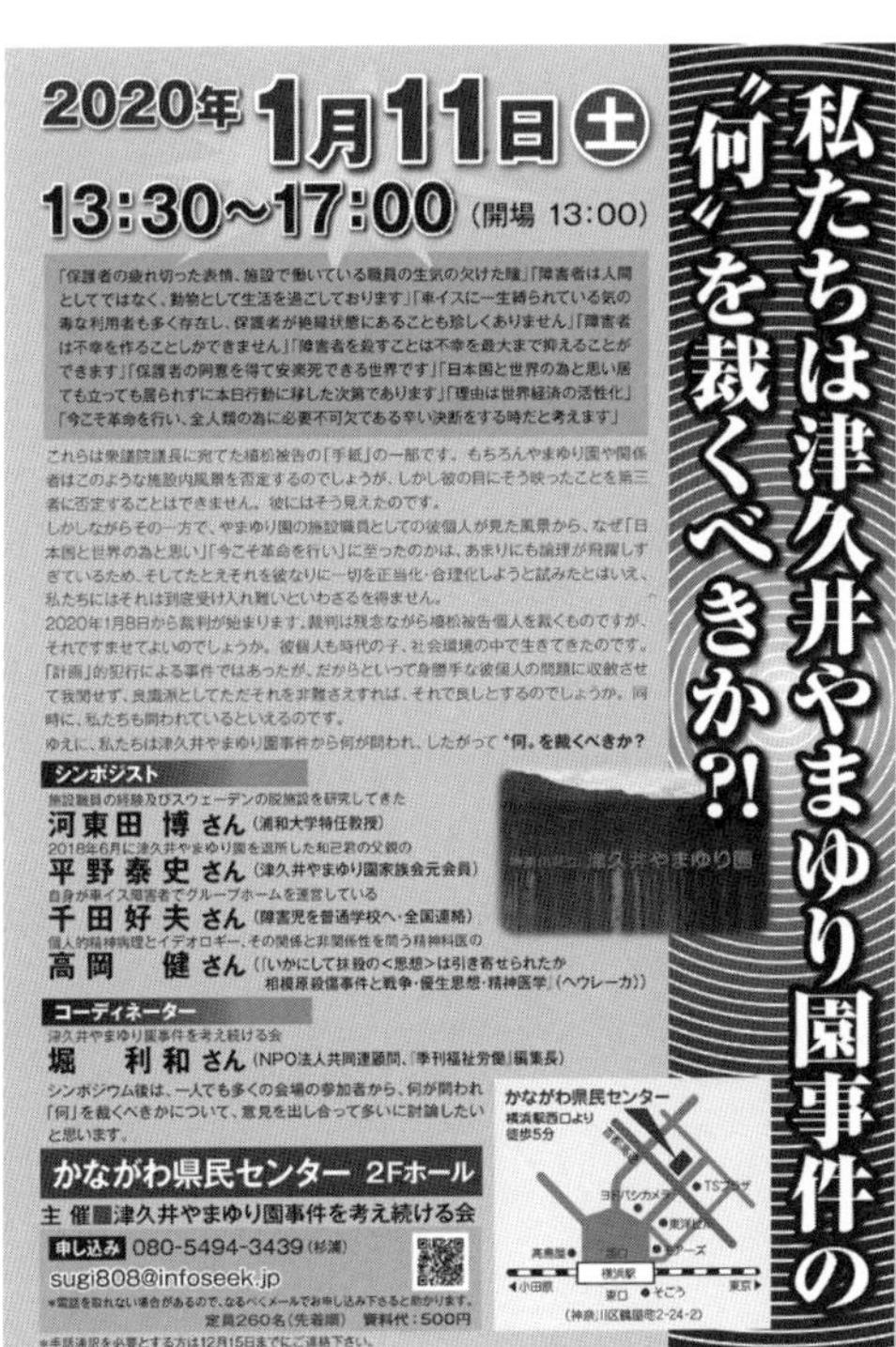

シンポジウムの案内チラシ

することはできません。彼にはそう見えたのです。

しかしながらその一方で、やまゆり園の施設職員としての彼個人が見た風景から、なぜ「日本国と世界の為と思い」「今こそ革命を行い」に至ったのかは、あまりにも論理が飛躍しすぎているため、そしてたとえそれを彼なりに一切の正当化・合理化しようと試してみたとはいえ、私たちにはそれは到底うけいれ難いといわざるを得ません。

二〇二〇年一月八日から裁判が始まります。彼個人も時代の子、社会環境の中で生きてきたのです「計画的犯行による事件ではあったが、だからといって身勝手な彼個人の問題に収斂させて我関せず、良識派としてただそれを非難さえすれば、それで良しとするのでしょうか。同時に、私たちも問われているといえるのです。

ゆえに、私たちは津久井やまゆり園事件から何が問われ、したがって〝何〟を裁くべきか？

堀　利和

「何を裁くべきか」という、少々刺激的なテーマのシンポジウムにしました。

シンポジウムに入る前に、私なりに言いたいのは、ニュースを聞いていまして、彼が法廷で突如あのような行動（小指を噛む）をとったわけですけど、彼は法廷という場に立たされたことによる屈辱感っていうんですか、自分の尊厳を傷つけられている状態に耐えられなくなってパニックを起こしたのではないかと思いました。

そこでこの「何を裁くべきか」という今日のテーマですが、裁判は被告個人を裁くものになるわけです。私たちは、事件の後のさまざまな動きを見るなかで、彼は彼なりに責任をとってもらうにしても、すべての罪と罰を彼個人の背中に乗せてすむ話ではないということで、今日のシンポジウムを開きました。

通常のシンポジウムですと、一つの結論をめぐって討論になりますけど、そうではなくて、シンポジスト四人の方の立場、そして考え方を聞く中で、この事件がいかに立体的で相対的なものであるかということを掘り下げていきたいと思います。

河東田博さんは障害者の施設の職員という経験を持っておられ、スウェーデンで脱施設の研究をされた方です。二人目の平野泰史さんは、和己君の父親としてやまゆり園の施設に我が子を入れましたが、施設を否定して、去年の六月に退所した経験の持ち主です。三人目の千田好夫さんは、自ら障害者としてグループホームを運営し、「障害児を普通学校へ・全国連絡会」の運動をされてきた方です。最後、四人目の高岡健さんは精神科医です。精神医療に携わる方は、往々にして、そこで物事をすべて語ろうとしますけども、高岡さんの場合には個人的精神病理とイデオロギー、思想とを分けて考えるべきだという主張をお持ちの方です。この四人の方に、さまざまな問題提起をしてもらいたいと思います。

ですがその前に、地検が起訴するにあたっての彼の精神鑑定で「自己愛性パーソナリティ障害」という、刑事責任能力があるとして起訴したわけですけども、この公判で弁護人は大麻薬物精神病が原因であるから、心身喪失、無罪と主張しています。この「自己愛性パーソナリティ障害」と大麻薬物精神病との違いについて、先ず簡単に高岡さんにお願いしたいと思います。

・自己愛性パーソナリティ障害と大麻薬物精神病について

高岡　健

なるべく簡単に申し上げたいと思います。

自己愛性パーソナリティ障害は、自分が非常に優れている、それは才能が優れていることでもよろしいし、容貌、見かけが優れているということでもいいし、そういうことによって自分への評価を高めようとする者を指す言葉です。だから、社会に対しては劣等感の裏返しとしての優越感をもっているわけでして、その傾向の強い者にそういうラベルを貼るということです。

関連して、先ほどから話題になっている植松さんが小指を噛んだことについてですが、理由は比較的簡単だと思います。私の推測が正しければ、あれはヤクザの美というものを考えて、指詰めを行ったのでしょう。刺青も含めて、それから犯行前に美容外科の手術をしたことも含めて、彼を貫いているのは、容貌についての自信のなさを逆転させて優位に立つことです。日本の美は、中尊寺や源氏物語ばかりにあるのではなく、チャンバラやヤクザの入れ墨にもあると三島由紀夫が言っていますけど、そういうものの美によって優位に立とうとしたわけです。

ただし、それゆえに事件を起こしたという言説は成り立ちません。そこで別の角度から、自己愛性パーソナリティ障害をめぐって問われているものを考えなくてはならないわけですが、今のアメリカのトランプ大統領に対して、民主党支持者が「彼は自己愛性パーソナリティ障害だから大統領として失格で、核のボタンを押してしまうんだ」という批判をしている。私は、それに反対です。ある一定の政治勢力が、この言葉を使って個人を抹殺するための手段にしているからです。同様に、これを裁判の場で使ってしまうと、問題を個人責任に帰することが出来ますから、権力者にとってはまことに都合がいいのです。

大麻精神病の方は、これは文字通り、大麻によって様々な精神症状を来すことを、そう呼ぶわけです。タバコによって幻覚とか妄想を来すことはありませんが、大麻によって幻覚や妄想を来すことはあります。しかし、世界の流れは、なぜかタバコを禁圧しながら大麻を推奨しています。これをどういうふうに考えるのかということは非常に大きな問題で、あとで意見を申し上げますけども、大麻そのものによって精神障害を来すことはあるのです。

にもかかわらず、大麻自体は安全で、人々を幸せにするというような言説が、今、リベラルの方を中心に蔓延しています。たとえば、大統領選でトランプと争ったヒラリー・クリントンが勝った州は、全部、住民投票で大麻の合法化に賛成しています。こういう動向に私は非常に危機感を持ちます。

堀さんがおっしゃった「裁判の争点にしてしまっていいのか」、あるいは渡辺さんがおっしゃった「マニアックな論争にしていいのか」という点について言えば、個人の責任能力というものを考える場合に、マニアックな論争は無駄とは申しません。しかし、それだけでは不十分です。日本の精神鑑定は、責任能力に偏りすぎていると思う。植松さん自身は、責任能力とは何かと問われたときに、コミュニケーション能力だと答えています。それは責任能力ではなく、訴訟能力です。そのあたりについての議論が不足しているわけです。

ちょっと脱線しましたけど、もう一つ必要なのは、情状鑑定です。情状鑑定というものが絶対に必要であって、背景にある植松さんの生い立ちと、それを取り巻く社会環境から立体的に物事をあぶり出していく鑑定です。このような情状鑑定が、日本ではたいへん不足している。今後の植松さんの裁判に関しては、情状鑑定や訴訟能力鑑定ではなくて、責任能力だけが影響していくという、日本の悪いやり方が繰り返されるでしょう。

ただ、それを言うと広がりすぎますので、とりあえず責任能力に関する裁判そのものの役割について補足しますけども、精神症状によって是非善悪の弁識能力が失われているかどうかをみると同時に、その能力に従って自分の行動をコントロール出来るかどうか、つまり制御能力があるかどうかをみるのが、責任能力鑑定です。もともと持っている「殺す」という考えを行動に移すには、たいへんなエネルギーがいります。一人殺すだけでも大変です。二人三人、あるいはそれ以上になると、もっと大変です。それだけのエネルギーを起こしやすくする、言い換えればリスクを賭けてでも行動しやすくする、そういう効果が大麻にはあります。そういう面では、是非善悪の弁識能力とは別に、多かれ少なかれ行動制御能力に対する効果はあっただろうと思います。
もちろん、そのことですべて説明できるかどうかはまったく別問題ですし、ましてや制御能力なしと判断される可能性は少ないでしょうが。以上です。

堀
植松被告はこの事件を起こすために、津久井やまゆり園に職員として入所したのではないということをはっきりさせておかなくてはならないと思うんです。やまゆりの中の職員として、彼がこういう事件を起こしたという、そういう意味で入所施設についての総論として河東田さんにお話を伺いたいと思います。

河東田　博
入所施設で一二年間働いたことのある河東田です。私からは、津久井やまゆり園大量殺傷事件が、入所施設が故に起きたことを、入所施設の実態を検証することを通して述べていきたいと思います。
まず、はじめに、一月八日に行われた植松被告の初公判のことに触れたいと思います。植松被告は、法廷で謝罪した後、自分の手に噛みつき、異常と思われる態度を咎められ退廷させられました。この態度がどのような思いから行われたのか分かりませんが、津久井やまゆり園の入倉園長や重傷を負った尾野一矢さんの父親のコメントは「被告の態度は、心身喪失に見せるための演技としか思えず、謝罪も本心で償う態度を示したとは思えない。」というものでした。後に、植松被告は、関係者への謝罪の気持ちを自らを傷つけることで誠意を示したかったと述べています。しかし、私は、植松被告が行った卑劣な非人間的対応を悔い改め、過ちを認める中でしか誠意という言葉は使うべきではないと思いました。また、初公判への感想を、作家の柳田邦男氏は、「被告個人の特異性だけに着目するのではなく、被告がなぜ『重度障害者は生きる価値がない』という歪んだ意識を持つようになったのかを背景まで深く解明していくことが重要であり、社会のありようや、その社会を構成する一般市民の心に潜む差別意識も問われている。（略）弱者とともに生きる社会構築のために、一人ひとりのいのちのかけがえのなさが根源から問われる必要がある。」（一月九日付朝日新聞）と語っていました。心に留めたい的確なコメントだと納得させられました。

さて、それでは、「私たちは津久井やまゆり園事件の『何』を裁くべきか?!」という問いに私なりに答えていきたいと思います。その前に、あらかじめ抑えておきたいことを「前提」という形で、四点述べたいと思います。

一つ目の前提は、植松被告が、無知で、人間として多くの問題・課題を抱えている人たちの一人であるということです。二つ目の前提は、被害者匿名という裁判所の判断に関してです。被害者匿名措置は、障害者の人権と尊厳を無視し、遺族のプライバシーや個人情報・「恥」を守るためになされたものであり、間違っているということです。三つ目の前提は、大学全入・専門学校化、教育の質・思考力の低下の下で学んだ多くの人たちが、福祉現場の即戦力として採用され、働いているという皮肉な社会的実態があるということです。四つ目の前提は、特別支援学校の急増、入所施設の温存、入所施設の重度・重複化傾向など、共生社会とは相容れない現象が見られ、強化されてきているということです。

・被告が働いていた入所施設とはどんな所か

なぜ被告が働いていた津久井やまゆり園で、短時間のうちにこれほど酷い大量殺傷事件を起こすことができたのでしょうか。植松被告は、外からは見えない、地域との交流もあまりない、閉鎖された入所施設という環境の中で、利用者の安全・保護という名目の過剰な対策が至る所になされていても、建物構造をよく知っており、どこをどのように動けば目的を達成することができるかということを熟知していました。したがって、植松被告は、誰からも見られることなく、計画的に犯行を行うことができたのです。つまり、植松被告は、心身喪失・耗弱の状態にあった人ではなく、犯行を計画的に遂行できる能力を持った人だったのです。

津久井やまゆり園のような入所施設は、生活の場ではあっても、利用者が自由に生活できる場ではなく、居室・浴室・食堂等至る所に鍵がかけられている閉鎖的・管理的な場です。そこで何が起こっているのか、どんなことをしているのかすらも分からない所なのです。入所者にとっては、頼るべき親や家族のいない心細く不安でしかない所なのです。このような環境下にある入所施設では、利用者に社会的経験を積み重ねてもらいながら自立を目指して社会に出て行けるようにするための支援がほとんどなされていません。

このような入所施設を別の言葉で表現しますと、「誰もが当たり前に暮らすことのできない場所」「暮らしたい所で、暮らしたい人と共に生きられない場所」「人として尊敬され、人生の主人公として生きることができない場所」ということになります。

言語でのコミュニケーションが難しい人でも、表情や態度などで彼らの意思を伝えてくれます。例えば、私が入所施設で働いていた頃、毎年夏になると、親のいない利用者と二泊三日で小旅行に出かけていました。それはそれは楽しいひとときを過ごすことができました。利用者の楽しさは、私たち支援者も共有することができました。満足した三日間を終え、家路に着くこと（入所施設に戻ること）になりました。ところが、利用者にとっては、自分の家であるはずの入所施設が帰るべき家（帰りたいと思う家）ではないことを知っていました。入所施設から歩いてわずか五分の所にあった最寄りの駅に着くと、駅の階段の手摺りに掴まり、そこから一歩も離れようとしませんでした。どこに帰ろうとしているのかが分かっていたのですね。私たちは、ひたすら利用者のお腹が空くのを待ちました（もちろん私たちもお腹が空いて困りました）。お腹が空いて自分から帰ろうとするのを待つしかなかったのです。長い切ない時間を共にしたわけですが、この利用者にとって、入所施設は間違いなく帰りたくない所（家）だったのです。

以上のことからお分かりのように、自分の意思で入所したわけではない利用者にとって、入所施設は我慢と苦痛を強いられるだけの所（家）だったのです。

・神奈川県が作った再生基本計画はモデルになるか

大量殺傷事件が引き起こされた三か月後の二〇一六年一〇月一四日、神奈川県は「ともに生きる社会かながわ憲章」を作りました。憲章の柱は、「誰もがその人らしく暮らすことのできる地域社会を実現します」という内容、つまり、共生社会の実現です。事件後一年後の二〇一七年八月一七日には、二つの入所施設を拠点とし地域移行を謳った神奈川県「津久井やまゆり園再生基本構想」を公表しました。しかし、この構想は、憲章と矛盾した真逆の入所施設モデルなのです。神奈川県は、利用者が自ら進んで住みたいとは思わない、心細く、苦痛を強いられる入所施設をなぜ作ろうとするのでしょうか。黒岩神奈川県知事は、保護者と職員の強い要望を基に、入所施設をベースに再生基本構想を作ろうとしたと言っていました。利用者の声なき声に耳を傾けて立てた構想とは言い難いものが示されてしまった、というのが実態なのです。利用者の声は、構想が立てられた後に、地域移行との関係で聴いただけです。しかも、津久井やまゆり園を社会福祉法人・かながわ共同会に引き続き指定管理先として委託をしようとしていました。

ところが、「智子さん」の津久井やまゆり園から地域のグループホームへの移行の様子をNHKがドキュメンタリーとして放送した直後に状況が大きく変わりました。津久井やまゆり園を退所し地域のグループホームで暮らしている「智子さん」ですが、やまゆり園に入所していた当時、智子さんは、足のケガをきっかけに、長年車いすに拘束されていたという実態が映し出されていたからです。事件前の支援記録に、「突発的な行動もあり、見守りが難しい」と記されていたことも紹介されました。車いすへの長期にわたる拘束は、虐待行為に当たります。神奈川県は、津久井やまゆり園の再生基本構想策定にばかり気を取られ、委託をしているかながわ共同会のやまゆり園における利用者処遇の実態がどうであったのかの検証を一切行わずに再生基本構想のとりまとめを行ってきてしまったのです。ＮＨＫで放映された拘束（虐待）の事実が黒岩知事の耳に入り、かながわ共同会を指定管理から外し、新たな枠組みで委託先を選定し直すと明言するに至りました。

新しくできた検討委員会の第一回会合では、事件後も不適切な拘束（虐待）が続いている実態が明らかにされ、記者会見を通して公表されました。神奈川県が作った再生基本構想は、津久井やまゆり園の処遇の実態の検証を行った上で策定されるべきだったのです。もし以前から津久井やまゆり園の悪しき処遇の実態が検証されていれば、大量殺傷事件が起きなかったかもしれませんし、再生基本構想も入所施設をベースとしたものにはならなかったのではないかと、少なくとも私はそう思っています。

・入所施設はなくすことができる

福祉が進んでいる国々では、入所施設をなくし、地域生活支援策を充実させ、誰もが地域で共に暮らし、他の人と同じ生活ができるようにするために、特別なサービスをたくさん用意するようになってきています。一人ひとりに合わせて生活の仕方や活動の仕方を検討し、自分で決めることができるようになってきているのです。つまり、法律や制度を整えることで、十分な財源を確保し、地域生活を支えるための十分なサービスを用意し、サービスの質の向上を図るための人手を確保しようとしてきているのです。日本でもそうした体制を社会的に整えることができれば、入所施設をなくすことができるのではないでしょうか。

このような考え方や仕組みを、神奈川県が策定した津久井やまゆり園の再生基本構想にも適用することができるはずです。もし再生基本構想の見直しで地域点在型のホームを構想することができれば、拠点となる小規模ホームを用意することで、地域に二〜三人で暮らすことのできるホームやサービスを利用し支援者の支援を受けながら一人で暮らすことができるようになるかもしれません。そうすれば、集団生活を基本とする閉鎖的な入所施設ではなく、地域に点在する家庭的なホームを多数用意することができるようになるのです。再生基本構想の見直しを通して、多額な資金（三〇億円）を活用し、地域点在型の多様なホームを作り、多様なサービスを提供し、多くの人手を確保することもできるようになるのではないでしょうか。そして、それは可能なのです。折角多くの英知を結集し、多額の資金を投入して施設の再生を構想するのであれば、一人ひとりの利用者が喜ぶ、全国の福祉関係者に影響を与えることのできる神奈川モデルにしてほしいものです。

最後に私なりのまとめを述べ、発言を終えたいと思います。

私たちは、津久井やまゆり園事件の『何』を裁くべきなのでしょうか。私は、こう思います。植松被告個人の特異性だけに着目するのではなく、まず、彼のような強い者が弱い者をいじめ最終的には抹殺するという許されざる差別的言動を社会からなくすことに力を注ぐべきです。さらに、差別意識に通じる弱い人を見下すような差別心は、私たちの中にも存在していることに気づく必要があります。植松被告は、自らの差別心に気づかず、ナチスヒットラーの思想やトランプ大統領の米国第一主義に傾倒し、多くの人たちが大量殺傷に賛同してくれるものと勘違いし、間違いを犯してしまったのではないでしょうか。したがって、私たちは、強い者が弱い者をないがしろにし、抹殺しようとする優生思想そのものをまず裁くべきではないでしょうか。また、誰もが人として地域であたりまえに生きられない社会を肯定してしまっている人たちをも裁くべきだと思います。一人ひとりが暮らしたい場（地域）で、暮らしたい人と「共に」生きられず、生活主体者として尊敬されず、人生の主人公として生きられない社会を作り上げてしまった私たちをも裁くべきではないかと思います。

私たちの心に巣食う差別心を少しでもなくしていくためには、弱い立場にいる人たちとの協働の取り組みを通して相手を理解し、思いやりを持てるようになっていくことが何よりも求められています。お互いに学び合い、育ち合い、支え合いながら共生社会の扉を開いていく必要があります。

私たちは、障害のある人たちの声なき声に耳を傾け、彼らの地域生活居住への思いや願いを実現できるように心からの支援をしていきたいと思います。私たちの思いや願いが届き、津久井やまゆり園の入所者が一日も早く私たちの隣人として地域で生活できるようになることを願っています。

ご清聴、ありがとうございました。

堀　どうもありがとうございました。社会はボトムアップで創っていくべきだと思っていますが、この施設を無くすということに限って言えば、私は政治と行政が決断しない限り、地べたで論争してもなかなか結論に行かない。トップダウンで政治や行政が決断しようということについて、どうですか？　河東田さん。

河東田　そのとおりだと思います。

堀　では各論です。和己君の父親として、平野さんは施設に反対だけれど入れざるを得なかった。そして昨年六月に退所しました。津久井やまゆり園事件、あるいは津久井やまゆり園というものを当事者の親の立場からお願いします。

平野泰史　今、河東田さんからお話がありましたが、施設の実態といいますか、植松がやまゆり園で実際に何を見てきたかということをお話したいと思います。

お手元に「平野和己　行動記録」という二枚綴りがあると思います。左側が毎日新聞の二〇一八年二月の記事ですが、接見した記者が、植松に「いつから、心失者がいない方がいいというように考えるようになったのか」という質問をしたのに対して、「やまゆり園で働き始めて

毎日新聞／2018・2・26

――いつから、いない方がいいと考えるようになったのか

やまゆり園で働き始めてから徐々に、という感じです。

創／2017・07

相模原障害者殺傷事件　植松聖被告と強制不妊問題

だが、今回は最後に、植松被告が「檻の中で」とタイトルを付けて書き送ってきた文章を紹介しよう。彼にとって障害者とはどういう存在なのかを描こうとしたもののようだ。

（檻の中で）

「もう大丈夫ですよ。今まで御苦労様でした。後は私達にまかせてください」

「本当に有難うございます…宜しく御願いします…」

8秒間、深々と頭を下げていたが、その後はやたら饒舌で、いつの間にかお客様のような注文をしている。帰る時には目を細めた暖かいまなざしで別れを惜しむが、その足どりは軽やかだった。

「ここで何をするの？」

「…」

「ここで何をするの？」

「…」

「ここで何をするの？」

「何もしないよ」

「何も？」

「そう、この車椅子に縛られるだけ」

普通の車椅子とは少し違うよう見える。全体がリクライニングして横にもなれるよう大きい。

「食事は？」

「流動食で噛む必要もないから、口開けて！」

急に態度が変わった。声の色、表情も無機質になったし、こんなもの食べられたものではない。が、口を閉じるとスポイトでねじ込まれた。水分もゼリーに変えられている。

「トイレは？」

「オムツの中にパッドを3枚、上手に巻けばしばらく平気だよ」

廊下を歩いている人が道しるべのようにウンコを漏らしている。

「あっ!!またやりやがった!!」

「ウギィ!!」

腕を思いきり殴られた後、シャワー室に引っぱられている。周りを見ると日当たりもよく明るい雰囲気だが、糞尿の臭いが充満している。

これから、ずっと、この場所で暮らすのか。

ガンッガンッガンッガンッガンッガンッガァンッガァンッガァンッガンッガンガンッガンガンッガァンッフーーーッガンガンッガァンッフーッフゥーーーガンガンガシッ

「えーっ16時20分、自傷行為のため身体拘束、薬持ってきて!!…コイツ厄介だなぁ…」

この檻の中では生きることも死ぬこともできない。

「考えるから辛いんだよーはいっ口開けてぇアーンッ…」

「あゃうは、いーんなっんーんなっうなぁいー」

本誌は3月号と4月号で、植松被告がノートに描いた30ページ近くにわたるマンガを掲載したが、そこで描かれた絵につながるような描写だ。

障害者を19人も殺害するというあの恐ろしい事件はいったいどうやって起こされたのか。植松被告の内面はどうなっているのか――。彼との対話は今後も続けていこうと思う。

創　2018・7　　91

検察側冒頭陳述（朝日新聞／2020・1・8）

犯行は、施設での勤務経験や見聞した社会情勢を踏まえて行った。

から徐々に、という感じです」と答えています。

おそらく彼がやまゆり園に入職した時には、一種の希望を持っていたのだと思います。彼はそれまで自動販売機の缶を配る仕事をしていたわけですが、もともと教職を目指していたということもあり、人の役に立ちたいという気持ちがあったと思うんですね。また、彼の自宅というのはやまゆり園から一キロもないところにあるわけで、おそらく散歩をしているやまゆり園の入所者を目にしたこともあったと思います。

そういう意味で、やまゆり園に就職するということは、ある程度社会の役に立つかなという気持ちがあったのではないかと、私は推測しています。

その彼が、入ってから三年、施設の中でどうしてあのように変わったのかということですが、実は施設の実態というのは非常にわかりにくい。これは私も含めてですが、保護者にも、どういうことをしているかということが見えてこない。

・取り寄せた行動記録はドライブばかり

私の息子は、やまゆり園に二〇一四年から四年間在籍していたのですが、三年目の暮れに行動記録、お手元にあると思いますが、二枚綴りの一枚目の左にある、これですね、これが原本なのですが、これを取り寄せました（左表）。行動が日にちごとに記入されていまして、黒塗りにされているのは職員の氏名です。結構、細かく書いてありますが、これをわかりやすく纏めたのがこちらです（254頁）。

これは事件のあった二〇一六年七月の記録なんですが、これを見て私もびっくりしたんです。

七月一日の「9時30分～」とある緑色の字は、生活介護を要するに日中支援ですが、その時間です。やまゆり園の方の多くは、園の

印刷日時 2016年08月01日 11:50:34 PAGE 5/6

個人記録

平野 和己 様

園長	部長	課長	寮長・主任	担当

日付時間	分類	記録者	記録内容
			ておきましょう。」とお伝えすると持っていた本を置き、■■様の部屋から出られる。
/07/21 30](木)	〔余暇〕	■■■	道志村までのマイクロバスドライブに参加する。
/07/21 :00](木)	〔生活〕	■■■	23：00食堂でのテレビ観賞を終えて就寝される。
/07/22 :00](金)	〔生活〕	■■■	10：00わいわい創作活動に参加され、陶芸を行う。粘土を練ることや伸ばすこと、型抜きなどを集中して行なっていた。
/07/23 00](土)	〔生活〕	■■■	起床後、落ち着いてテレビを観ている。（夏休みなので、テレビ番組の内容はイベント的なものが多い。）
/07/24 :30](日)	〔家族関連〕	■■■	11:30ご家族の迎えで外出される。20：15帰園される。山梨忍野方面へ出かけられ、サイクリングで公園を回って楽しまれたとのこと。
/07/24 00](日)	〔生活〕	■■■	22：00ご本人が支援室に来ていたので、用事があるか伺うと、帰園時に持っていたデジタルカメラの電源が切れていた。「充電しましょうか？」と声をかけると職員に手渡す。
07/25 30](月)	〔日中活動〕	■■■	午前、作業棟へ来てキーボードで遊ぶ。 その後、相模湖林間公園へのドライブに参加する。公園ではキャッチボールなどして過ごしている。「たのしいね」などの発言が聞かれ、楽しまれているようであった。
07/25 45](月)	〔生活〕	■■■	C５職員と共に入浴する。食堂にいる本人への声かけ、着脱衣、浴室から出る際の声かけはホーム長に依頼する。C５職員は近くで時折声をかけつつ、浴室内で洗体のみを行なう。
07/26 00](火)	〔生活〕	■■■	事件の影響で、本日より食事・就床も含めて体育館にて過ごす。
07/27 00](水)	〔生活〕	■■■	午後はDVDを見て過ごすが、機械に触れることが多く、途中で止まることが度々ある。
07/29 00](金)	〔日中活動〕	■■■	9:35　作業棟着。すぐにトイレへ行く。 立ち歩こうとする様子があるが、まずはペグ挿しを行うよう声をかけると、席に着いて静かに取り組む。 9：45　ペグ挿しを終えて、次の課題を探しに来る。レゴに取り組む。「合体～」などと言いながら楽しそうに行う。 10：07　飽きた様子で席を立ったため、レゴを片付けて頂く。 10：10　金の鎖を手にして席に戻る。丸めたり伸ばしたりして、感触を楽しんでいる様子。 10：30　キーボードを始める。 10：35　ソファーで電卓を操作する。 10：57　横になってくつろぐ。 下腹部を触っているのでトイレに行くよう促すが、すぐに戻って来て下腹部を触る。 11：15　体育館へ戻る。

印刷日時 2016年08月01日 11:50:34 PAGE

個　人　記　録
平野　和己　　様

園長	部長	課長	寮長・主任	担

日付時間	分類	記録者	記録内容
			しばらく静観していると、来ている衣類を「これ」と言いながら職員へ す。その後も立ち歩くことがあり、「ボール遊びをしましょう」と声を ると「やろっか」と答え、Bリビングにて10分ほど職員と楽しまれる。
16/07/15 [16:30](金)	〔余暇〕	■	16：30～厚木市上依知方面へのマイクロバスドライブに参加する。
16/07/16 [08:00](土)	〔生活〕	■	朝食が届いた頃に起床される。そのまま食席に着いてもらい、食事を摂 る。
16/07/17 [09:30](日)	〔家族関連〕	■	9：30～11：00　宮ヶ瀬方面へのドライブに参加する。
16/07/17 [11:15](日)	〔生活〕	■	11：15ご家族と外出される。19：00帰園され、表情良くホーム内に戻っ る。お台場方面へ遊びに行き、特に問題なく楽しまれていたことのこと
16/07/18 [02:30](月)	〔生活〕	■	2：30突然起き出して来る。しばらくテレビを触っていたが、■様の をしている職員に「トイレ」と伝えられたため、トイレへ誘導する。居室の床が排尿で濡れていたため掃除する。ご本人は寝る様子なく、テ を見始める。4時過ぎに再度就寝する。
16/07/18 [18:00](月)	〔生活〕	■	昼食後、洗濯物返却用のカートの中に入っている。遅番職員が、カート 出ようとした平野様に「一緒にカートを片付けましょう」と声かけする き、ホームの出入口まで運ぶ。その後は、早番職員と食堂のテレビ前で していた。
16/07/19 [09:30](火)	〔日中活動〕	■	午前帯は、宮ケ瀬方面へのドライブに参加する。車内では職員とおしゃ をするなどして過ごしていた。
16/07/19 [15:45](火)	〔生活〕	■	入浴時、浴室からなかなか出て来なかったが、対応する職員を交代する 衣場に移動される。
16/07/19 [17:00](火)	〔余暇〕	■	夕方、愛川町半原方面へのマイクロバスドライブに参加する。
16/07/20 [09:30](水)	〔日中活動〕	■	午前帯は、ドライブに参加する。
16/07/20 [16:30](水)	〔余暇〕	■	夕方、マイクロバスでの宮が瀬・相模湖周辺ドライブに参加する。
16/07/20 [19:00](水)	〔生活〕	■	夕食後、■様と接触しようとすることが多く、二人の距離に注意しな 見守る。
16/07/20 [22:00](水)	〔生活〕	■	22:00に就寝されるが、食堂にあるテレビを観賞されていた。2:30再就 る。
16/07/21 [08:30](木)	〔生活〕	■	8：30頃起床され、遅れて朝食を食べ始めるが、テレビに集中していて が進まず。活動開始前に食事が終わらなかったため、ホーム内でテレビを り、粘土をしたりして過ごす。
16/07/21 [15:30](木)	〔生活〕	■	15：30■様の居室に入り、本を3冊持ち出そうとするところであった 「新しい本を出して来ましょう。その本は■様のものだから、ここに

やまゆり園から取り寄せた、和己さんの「個人記録」（2016年7月15日～29日）

東側にある作業棟、あるいは管理棟の中にある作業室に行って過ごすのですが、本来なら ば九時半から三時半くらいなわけです。私も息子が入所する前には、月曜から金曜まで朝から午後まで作業室で作業をすると説明を受けておりました。ところがこれを見てみますと、七月一日の月曜日は九時半から十時四〇分、一時間ちょっといただけで、あとは「ホーム」と呼ばれる生活棟に戻って何もしていないんですね。

施設というのは、日中を見る生活介護と、夜間、土日を見る施設入所支援の二本立てになっているのですが、土日は職員も少なくあまり外に出られないのでドライブが多い。ところが生活介護の方も殆どドライブ。五日、六日、七日、ドライブ、ドライブ、ドライブ、午後もドライブ。

平野和己　行動記録（平野泰史さん作成）

2016年7月

日付	午前	午後	備考
7月 1日(金)	9:30~10:40	無し	
7月 2日(土)	ドライブ(津久井湖、根小屋、青野原)	無し	粘土、七夕飾り
7月 3日(日)	ドライブ(宮が瀬)	13:30~19:00　父母と外出	
7月 4日(月)	9:35~10:40	無無し	
7月 5日(火)	ドライブ	夕方ドライブ	
7月 6日(水)	ドライブ　歯科診療	16:30~17:00　ドライブ	
7月 7日(木)	ドライブ	ドライブ	夜尿
7月 8日(金)	9:30~10:35	七夕会　映画　夕方ドライブ	
7月 9日(土)	ドライブ	無し	
7月10日(日)	ドライブ	13:45~18:30　父母と外出	多摩動物園　夜居室で排尿
7月11日(月)	9:30~11:00	無し	
7月12日(火)	ドライブ	ドライブ	
7月13日(水)	9:30~10:40	無し	他人の服を着る
7月14日(木)	ドライブ	16:30~　ドライブ(愛川町)	他人の服を着る、時計を付ける
7月15日(金)	ドライブ	16:30~　ドライブ(厚木)	
7月16日(土)	無し	無し	
7月17日(日)	9:30~11:00　ドライブ(宮が瀬)	11:15~19:00　父母と外出	お台場方面
7月18日(月)	無し	無し	夜中居室に排尿
7月19日(火)	ドライブ(宮が瀬)	夕方ドライブ	浴室からなかなか出ない
7月20日(水)	ドライブ	夕方ドライブ	
7月21日(木)	起床が遅くグループ活動不参加	夕方ドライブ	他人の部屋の本を持ち出す
7月22日(金)	10:00~ わいわい創作活動(陶芸)	無し	11:15　職員を殴る(B職員)
7月23日(土)	無し	無し	
7月24日(日)	11:30~20:15　父母と外出	山梨忍野方面	
7月25日(月)	作業等　ドライブ(林間公園)	無し	
7月26日(火)	**事　件**	事件の影響で体育館で生活	
7月27日(水)	無し	DVDを見て過ごす	
7月28日(木)	–	–	
7月29日(金)	9:35~11:15	ドライブ	体育館では落ち着きがない
7月30日(土)	DVDを見て過ごす	–	
7月31日(日)	無し	14:00~　父母と外出	

平野和己　行動記録　（平野泰史さん作成）

2018年4月

日付	午前	午後	備考
4月 1日(日)	9:30~11:00 長距離散歩	無し	散歩中マックに寄る
4月 2日(月)	無し	13:30 体育館カラオケ会(関心なし)	夜尿 他人の部屋 職員を蹴る
4月 3日(火)	9:30~11:20 日中活動	無し	夕食後タブレットを投げる
4月 4日(水)	ドライブ(新杉田方面)	長距離散歩(周辺、40分)	体重測定60.5ｋｇ
4月 5日(木)	15分活動　10:00父母と外出	16:30 帰園	
4月 6日(金)	10:00~　ドライブ	体育館　トランポリン、お楽しみ会	
4月 7日(土)	無し	16:30~　散歩	雑誌破り投げ捨て
4月 8日(日)	10:00~　散歩	無し	
4月 9日(月)	ドライブ(各寮合同、みなとみらい)	散歩	落ち着かず、叩き、物投げ
4月10日(火)	体育館　運動プロ　散歩	無し	夜、雑誌投げ
4月11日(水)	ドライブ(山下埠頭)	無し	朝、作業等屋上に昇る等不安定
4月12日(木)	体育館　運動プロ	ドライブ(横浜市内)	
4月13日(金)	新職員挨拶式	ドライブ(ベイサイドマリーナ)	
4月14日(土)	散歩(1時間)	無し	夜尿　朝不安定
4月15日(日)	無し	無し	
4月16日(月)	ドライブ	13:45~14:30　散歩	
4月17日(火)	10:00~ 散歩	体育館　運動プロ　トランポリン　散歩	血液採取
4月18日(水)	ドライブ(磯子方面)	無し	昼雑誌投げ
4月19日(木)	散歩(芹が谷第一公園)	体育館　運動プロ 歩行 トランポリン	
4月20日(金)	お楽しみ活動(野毛山動物園)	体育館　カラオケ トランポリン	
4月21日(土)	記載無し	父母と外出　~19:30	昼過ぎスマホを投げる
4月22日(日)	ジュース購入　誕生プレゼント購入	(イトーヨーカドー「おえかきせんせい」)	誕生プレゼントで遊ぶ
4月23日(月)	9:30~ 課題1セット後散歩 ドライブ	無し	相談員西村氏面接
4月24日(火)	9:30~11:00 ドライブ(山下埠頭)	理容	
4月25日(水)	ドライブ(みなとみらい)	活動室から体育館まで散歩　トランポリン	起床後シャワー
4月26日(木)	9:30~ ブロック　陶芸レク	体育館　トランポリン、ピアノ、ボール	
4月27日(金)	9:30~　父母兄と外出	(市原ぞうの国)　~20:30	
4月28日(土)	10:45~　本人希望で散歩	入浴で揉める　15:30 職員と入浴	
4月29日(日)	無し	無し	「おえかきせんせい」で遊ぶ
4月30日(月)	無し	無し	「おえかきせんせい」で遊ぶ

ドライブというのは、何人かの入所者を車に乗せて、一時間半くらいぐるぐる回ってくるだけです。たまには降りますが、ほとんど車から降りないです。これをよその施設の方に聞いたのですが「監禁ドライブ」と言うのだそうです。実際、かなり難しい障害の方でも、車に乗せると、わりとじっとしている人が多くて、支援する側からすると楽な訳ですね。このドライブというのは週のほとんどで行われています。それ以外はホームにいるということで、ということはですね、ほぼ何もしていないということです、一日。

園の説明では、これをピックアップと呼んでいるのだそうです。どういうことかというと、園では一六〇人ほどの入所者が二〇人ずつ八つのホームに分かれて暮らしていたわけです。そこから毎日、作業に行けそうな人を選んで（ピックアップして）作業をさせる。といっても午前か午後の一時間くらいですが…。

園に、何とかならないかと言うと、今は毎日行っていますなどと説明されるのですが、ほとんど変わらないわけです。どうしてできないのかと聞くと、園の説明では、予算が無いからできない、人がいないからできない、何とかしたいと思ってはいるけど、という話です。

生活介護（日中支援）というのは、当然その費用は介護給付費から出るわけですし、やまゆり園を運営しているかながわ共同会には、指定管理料としてかなりの額が出ているはず。お金が無いというのは説明になってない。共同会全体ではかなりの資産もあり、剰余金もあるようです。

毎日午前、午後と生活介護（日中支援）をやってくれと言っても、ともかく予算が無いの一点張り。実は、やまゆり園には保護者会の他に後援会というものがあって、出入りの業者、保護者、

津久井やまゆり園　芹が谷園舎　日中活動週間プログラム　　平成29年11月1日現在

	Aグループ 作業・運動・構造化ニーズ	Cグループ 運動（機能維持）	Bグループ 作業・運動
月	自立課題（ペグ挿し、コイン落とし、型はめ等） 個別散歩（短・中・長距離）	機能維持運動 ・関節可動域の運動 ・プッシュアップ ・平行棒歩行　・なごみレク	自立課題（ペグ挿し、コイン落とし、型はめ等） 小集団散歩（短・中距離） 創作的活動（自主製品作成・刺繍等）
火	運動プログラム ・体育館（歩行、機能維持運動） ・トランポリン ・ボールプール　・なごみレク	運動プログラム ・体育館（歩行、機能維持運動） ・トランポリン ・ボールプール　・なごみレク	運動プログラム ・体育館（歩行、機能維持運動） ・トランポリン ・ボールプール　・なごみレク
水	自立課題（ペグ挿し、コイン落とし、型はめ等） 個別散歩（短・中・長距離）	機能維持運動 ・理学療法士（PT）による機能維持及び改善 ・関節可動域の運動 ・プッシュアップ　・平行棒歩行　・なごみレク	自立課題（ペグ挿し、コイン落とし、型はめ等） 小集団散歩（短・中距離） 創作的活動（自主製品作成・刺繍等）
木	運動プログラム ・体育館（歩行、機能維持運動） ・トランポリン ・ボールプール ・なごみレク	運動プログラム ・体育館（歩行、機能維持運動） ・トランポリン ・ボールプール ・なごみレク	運動プログラム ・体育館（歩行、機能維持運動） ・トランポリン ・ボールプール ・なごみレク
金	お楽しみ活動（ドライブ、映画会、カラオケ、おやつ作り、美化デー、季節イベント等）	お楽しみ活動（ドライブ、映画会、カラオケ、おやつ作り、美化デー、季節イベント等）	お楽しみ活動（ドライブ、映画会、カラオケ、おやつ作り、美[illegible]デー、季節イベント等）

今後の展望
　ようやく、全利用者様に対して安心・安全な日中活動を平日に提供することが、軌道に乗りつつあります。運動プログラムや作業や課題の質に関しても利用者様個々に年齢や障害特性に応じて違いがあります。今後は利用者様個々に適した活動の質と量を追及していかなければなりません。10年前と比較しても、利用者様の加齢に伴う機能低下も顕著です。いかに機能低下させないことが、利用者様の健康寿命を伸ばす秘訣でもります。今後も老若男女すべての利用者様のライフステージに応じた日中活動を視野にいれ、個別支援計画にも反映していきます。まだまだ、発発展途上の日中支援課です。利用者様の変化に応じた日中活動を提供し続けます。

芹が谷園舎利用者数（2017.11.18 現在）

定員　114名	利用者数　111名（男性73名、女性38名）

他園在籍者 17名
［法人他園（厚木、愛名、秦野）、中井やまゆり園、さがみ緑風園］

職員などからお金を集めているのですが、そこに保護者会から毎年五〇万円の寄付を出すという変な構造になっています。そこから行事などいろいろなことにお金を出している。

　この後援会の件でもう一つ驚いたのは、昨年末に知事の発言があってからですが、急に共同会が日常活動を一生懸命やっているというような宣伝をしている中で、みんなでおやつ作りをしているというニュースがありました。その費用を後援会が出しているというのですが、生活介護の経費を後援会が出すということに非常に違和感があります。

　ともかくやまゆり園の日中支援はこのような形だったのですが、さんざん改善を申し入れて、二〇一八年の一一月頃に「日中活動週間プログラム」（上表）というのを出してきたんです。これを見ますと月曜から金曜までさまざまな取組が用意されています。これだけ眺めると、素晴らしい支援であると思いますけれども、二〇一八年度から始めるといっていた結果が二〇一八年四月の行動記録にある通りです（255頁表）。時間は記入してないので、どのくらいやっているのかも分かりませんし、午後はやったりやらなかったりで、相変わらすドライブも多い。散歩も一時間くらいですね。

リビング（和己さんの携帯に偶然写っていた写真）

・日常が作り出す無気力と体力の低下

こういう日常を過ごしていて、果たしてどうなのか。リビングの写真がありますが、みなさんここに座ってじっとしているわけです。これ見方によってはくつろいでいるようにもみえますが、放置されているとも言えるんですね。日中活動がなければ、何をするわけでもなく、こうして一日いるわけです。

うちの息子は今二九歳ですけれども、これは二七の時です。ほかの方は、みなさん高齢で六〇歳、七〇歳の方もいらっしゃるんですね。おそらく何十年も何もしないような支援を受けて、そうするとほとんど無気力になって、体力も無くなる。いろんなことに対する興味も失う。中には薬で動けなくなる方もいるでしょう。こうしてどんどん動け

やまゆり園のお祭りとイベントを観る家族

なくなっていくんですね。これを園では皆さん穏やかに問題なく暮らしていらっしゃいますと言うんですが、こういう実態は、実は親でも、さっき言いましたように、ほとんど見えない。親への説明は何もされていないのに等しい。日中支援もやっています、散歩もしていますと。作業も散歩も全くしないわけではないけれど、実際は週に二、三回、それも午前か午後のみというような現実です。親は毎日を見ているわけではないんで、園の言う通り、穏やかに何も問題なく過ごしているのだろうと、みなさんおっしゃいます。

先日、知事が指定管理者を見直すということを園に説明しに来た時に、大方の保護者の方は反対なんですね。そっとしておいてくれ、問題無く過ごしている、と。また、在園者でしゃべれる方は今のやまゆり園にいたいんだと言う。なぜかというとみなさんそこ以外を知らないんです。ずーっと何年も施設で暮らしていますから、例えは悪いですけれども、動物園生まれの動物みたいに、外の世界を知らないわけです。もちろんその中には、中での楽しみもありますけれども。

右の写真は園のお祭りです。年に三回ありますが、まあこんな感じです。その下は体育館でのイベントを観るご家族の写真です。うちの子はこういった行事には全く関心がありませんでしたが…。

こういったところが園の実態です。中には車椅子で拘束されている方もいれば、昨日の検証委員会で問題になりましたけれども、施錠されている方もいたようです。うちの息子も記録を見ると「施錠」とは書いてありませんが、されていたのではないかと思えるようなことも書いてあります。

・退園させて起きた体の変化

うちの子は、一昨年（二〇一八年）六月にやまゆり園を出まして、一旦グループホームに入ったのですが、ちょっと問題行動がありまして、今、同愛会の「てらん広場」という所で再度自立生活をするために調整中です。退園する時、本人はよく分かっていて、よほど嬉しかったのでしょう、誰彼となく話しかけていました。ただ、少し急ぎすぎたのか四ヶ月ほどいましたが、今はその「てらん広場」にショートステイという形で入っています。

下の写真は仕事をしているところです。月金の朝九時半から五時頃まで、発泡スチロールの箱の

発泡スチロールを運ぶ和己さん

どこにでも出かけることのできる楽しさ

処理をしています。この現場には要介護度6の方が結構おられて、うちの子もそうですが、ちょっとこんなことができるとは思っていなかったので、びっくりなんですが。

そして、施設入所ではないため、外部ヘルパーが使えますので、週末は行動援護を使って、毎週、月に四回くらい外出しています。サーカスを観たり、水族館。「パフェ」を食べる写真がありますけど、これはどうしても言いたくて、東京駅の千疋屋で二千七百円です（笑）。左下は公園、いろんなところへ行って、実に楽しんでいます。

いちばん園にいた時と変わってびっくりしたのは、体型です。ものすごく体ががっしりしてきて、筋肉がついた。一年あまりでこうなったというのは、園ではいかに外へ出ていなかったか、出たとしても体を動かしていなかったか。それから、こうやって毎週外に出て、いろんな人と接していると、脳も非常に活性化してきているのでしょう、言うことも随分と変わってきて、前は言えなかったのですが、自分で何が食べたい、そういうことも言うようになりました。

さっき観たように、やまゆり園の中では、ちょこっと作業をし、ちょこっと散歩をし、年三回のおまつりを外部の人に開放している程度で、地域の人とよく接しているなんていうふうに言いますけれども、それでは社会に参加していることにはならないですね。障害のある方が自身でもって社会へ出て行く、外へ出て行くことが最も大事で、それが何より社会の一員として自立していくということになるんじゃないかと。それが非常に大切なことだと思います。

先ほどのリビングの写真にあるような光景、それを植松は見ていたわけで、彼にはこの人たちが本当に死んだように見えたのだと思います。私がもし、ここで毎日介助に入ったら、もしかしたら植松と同じような見方をするかもしれません。本当に死んだような、生きていてもしょうがないんじゃないかと、そういうように見えたんじゃないか。施設の中のそういう風景を見続けて、彼は変わっていったのではないかと思っています。

堀　呉秀三は「わが邦十何万の精神病者は、実にこの病を受け取る不幸の他に、この邦に生まれたるの不幸を重ぬるものと言うべし」と言って、この国に生まれた二重の不幸を話しました。平野さんの話を聞きながら、私はもう一つ、障害を持った子にとっての不幸は、平野さんのような父親を持つのか、「津久井やまゆり園は素晴らしい」と「楽園だ」と言って匿名を希望する親を持ってしまうのか、つまり三重の苦悩として、その子がどんな親の元にいるかということがある、というふうに感じて聞いておりました。

次に千田さんから、共に育ち学ぶことが大きな意味を持つということをお話しいただきたいと思います。

千田好夫

千田好夫と申します。「障害児を学校へ・全国連絡会議」（全国連）という団体で運営委員をしています。それから品川と大田で、居宅介護の派遣やグループホームの運営をしています。今日のチラシに、私は「車椅子障害者」となっていますけど、変な肩書きですね。私は、赤ん坊の時に小児麻痺が大流行し発症しました。その後遺症で歩けなくなったんですね。

思い出すのは、六歳の時、「こんな子は見たことがない」と拒否されて学区の学校に入れなかったことです。親は、私を入所施設に入れようとしました。そこは素晴らしいところだと言われたんだと思うんです。子どもの感覚では、病院のような感じがして、薬臭くて嫌だなと思いました。それで逃げ出しました。

逃げるたって歩けないから、たいして逃げられるわけじゃないけど、親はそれを見て、そこに入れるのをやめてくれて、普通の学校を探しましたが、やっぱり受け入れてくれる所がなかなかない。その中でカトリック系の私立小学校が受け入れてくれたのですが、経営側はともかく、学校の方はしぶしぶ入れたのかもしれない。私は毎日いじめられていました。言葉の暴力はもちろん、殴る蹴るもありました。

六三年後の去年、千葉で全国連の全国交流集会がありました。そこで、小学校や中学校に行っているお子さんと親御さんたちどうしが話していたんですけども、私は質問しました。「今、イジメはありませんか」と言ったら、「ない」って。嘘だろうって思いましたが、どの親御さんに聞いてもないという。

障害があって教育委員会に相談に行くと、特別支援教育を希望したことにされ、特別支援学校か特別支援学級にやられちゃうんです。相談に行っちゃいけないんです。行くとね、まず、何と言われるか、普通学級ではいじめられますよって。いじめられる、えー！　いじめる方が悪いんだろ、なんか変だぞ。でも本当にそう言うんですね。

つまり、教育委員会も学校も自分たちが真に障害のある子どもを受け入れる姿勢がないから、子どもたちはその空気を読んでこいつはいじめても大丈夫だと思うのではないかと、千葉での話を聞いて確信しました。つまり、いじめがあるから普通学級に入れないというのは、子どもたちへの責任転嫁なんですね。

・一緒にいないと育たない他者への共感

それで、この津久井やまゆり園の事件ですけども、この事件が起こった時に、私は非常に恐ろしかったです。なぜかというと、障害があるということだけで、殺傷される事件が起きたからです。それまでも親が思い余って子どもに手をかけたとか、心中したとか、そういうのはあります。でも第三者である犯人が何十人も一度に殺す。そういう時代が来た、と。

植松被告の衆院議長に宛てた手紙が、今日のチラシに引用されていますけども、こう書いてあるんですね。

「障害者は人間としてではなく、動物として生活を過ごしています。車椅子に一生縛られている気の毒な利用者も多く存在し、保護者が絶縁状態にあることも珍しくありません」

これは、すごく差別的な表現ですね。差別者が想像に任せて書いた文章だろうと、最初に読んだときには思いました。しかし、事実は小説よりも奇なり。今、平野さんと河東田さんが話してくれたこと、収容施設の実態を率直に反映させた文章なんです。やまゆり園で見た通りのことを書いているわけです。だから、彼はこれについては嘘をついてないんです。

なんでこういうことが起きるのか、なんで起こすのか、と考えた時に、私は障害があるなしに関わらず、他人に共感を持つということが薄れてきているからじゃないかと思います。共感を持つということは、理屈抜きに一緒にいないとダメ。育ちにくいと思います。そこにいなければ、ありえないだろうと。

実際、植松被告の獄中ノートの中に、こういう記述があります。

「小学校入学から中学校卒業まで同級生にK君という重度・重複障害者がいました。多くの時間を特別クラスで過ごしていましたが、時々一緒に授業を受けることもありました。

K君は自分の頭を叩きながら奇声をあげて走りまわり、人の消しゴムを食べてしまいました。送り迎えはK君の母親が来ていましたが、私はK君の母親の笑顔が思い出せません。いつも重苦しい表情でした。[注1]」

毎日毎日、同じ時間を過ごしているのであれば、最初はこういう感想を持つだろうけど、だんだんその人の「異形」な部分や「奇行」については、皆さんそれぞれ経験があると思いますけども、見えなくなってしまうところがある。

会合が終わって、「じゃあ、飲みにいこう」なんてことがありますよね。「じゃあ、飲みに行こう」と。連れてってくれた人は、美味しいとこだよ、楽しいところだって言うんですね。でも行ったところ、階段がある。私と一緒に行くのに階段を忘れているのは、マヌケな話にも思えますが、悪いことばかりではない。私と話しているうちに、どうも私の障害が見えなくなっている。そういうことって一緒にいないと生じないですよね。つまりその人と私との関係では私の「障害」の部分が重要なファクターではなくなる。その上で、こういうことを繰り返しているうちに車いす使用者としての私にも注意してくれるようになります。

このようにして徐々に共感が育まれると私は考えます。しかし、私のような車イス使用者ばかりが集められた収容施設に入れれば、こういう関係は生まれづらいと思いますね。なにしろ、そこでの介護者の仕事は私の障害とつき合うことにならざるを得ないので、私の人格は二の次になるでしょうから。

小中学校時代の植松被告はそういう経験ができなかった。そういう教育環境じゃなかったんですね。この人が生まれたのは一九九〇年一月です。だから学校に入ったのは、九六年四月です。

この期間はどういう期間かが重要だと思います。一九七九年に養護学校が義務化されましたが、当初は人気がなく、学校に在籍する子ども全体に対する養護学校と特殊学級に在籍する子どもの割合は徐々に下がって、一九九三年には〇・八五％ほどでした。それが一九九四年以降には増えていくという節目に当たっています。

現在では特別支援学校・学級に在籍する子どもの割合は、四～五％にも上ります。障害のある子どもが特に増えたわけでもないのに、異常な増加率だと言えるでしょう。被告の小学校入学当初は、まだそれほどでの割合ではありませんでしたが、学校教育のベクトルが、障害児を普通学級から探しだし、特別支援学級・学校へと追い出す方向に向かって進み出していく時期であったことが重要だと考えます。

K君が「時々一緒に」受けていた授業というのは、養護学校に対する隔離分離教育という批判をかわすために義務化の少し前から始められた交流教育というものです。しかし、その大部分は行事を中心とした年数回程度の交流にとどまります。

たまに行われる非日常的な交流授業では、むしろK君のできないことや表面的な奇行が目につき、K君の親のすまなそうな顔が印象に残ってしまいました。被告の場合は、お互いへの「共感」が育つどころではなく、むしろ障害児に対する憐れみや偏見を育てたようです。

その一方、小中学校で行われる道徳教育では、ヘレンケラーやパラリンピックで活躍するような障害者も登場し、障害があっても頑張る障害者像が紹介されます。何かに打ち込むのか、あるいは特に頑張らず普通に暮らすのかは、障害のない人がそうであるように障害のある各人が決めることです。しかし、与えられた障害者像は強力で、頑張らない、あるいは頑張れない障害者は怠け者、他人に依存して生きるだけの寄生虫であるかのように見なされ、共に生きる相手ではなくなる可能性が生じてしまいます。

そのようになるのは、分離教育で障害者がいつもは周りにいないという状況で、障害者や高齢者が教材になってしまうからです。

・なぜ急速に安楽死の対象とされたのか

さらに、被告の場合には、やまゆり園に二〇一二年、二二歳で就職してから三年半のとっても短い期間の体験が、障害者を憐れみや偏見の対象からさらに安楽死させるべき対象であるという考えに進めさせたと考えられます。

やまゆり園の給与に不満があるわけではなく、仕事も「楽(らく)」だったと被告は複数の面会者に話しています。だけれど、障害者への拘束、虐待が日常的に行われていたのです。

「楽」な仕事というのは、たとえば「見守り」。日中活動に行くべき時間に、多数の障害者をホームに留め置き、これくらい大きなテレビ、まあ障害者に見せとく、「見せとく」ってひどい言い方だけど、テレビでもつけといて見せとく。で、じっとしてればいいけど、飽きて外に出て行こうとしたり、面白くないから隣の人に手を出してしまったり、そういう人がいたら暴力的に取り締まる。そういう「仕事」を「見守り」と称しているようです。

日中活動というのは、入所施設障害者への「生活介護」という重要な処遇で、「創作的活動又は生産活動の機会を提供します」と、やまゆり園のホームページ(注2)には書いてあります。

ところが先ほど平野さんが話されたように、やまゆり園ではこの重要な日中活動を大幅にカットしているのが明らかになりつつあります。

だからそういう仕事やっているうちに、彼は、重度障害者たちは生きてる意味があるんだろうかと考え始めた。それを同僚の職員たちに話した。「この人たちは殺してしまえばいいんじゃないですか」。そしたら、こういう返事があったという。「法律に違反するからできない」。じゃあ違反しなきゃ殺していいのか。そういう意識なんですね。

被告が殺傷事件をやまゆりで実際に実行したということは、やっぱり障害の有る無しで分ける学校教育、そして施設の虐待の疑いの濃い閉鎖的な仕事が色濃く反映していると私は思います。

そして彼は、自分はいいことをしたと思っている。世界平和のために、なんで世界平和かというと、自分は楽な仕事だと思っているが、他の職員や親たちは障害者のおかげで疲弊している。税金の無駄だ。人々が大変だと戦争が起きやすい。つまり障害者を殺すことは、世界平和のためなんだと、使命感すら持っている。

驚くべき、支離滅裂でとんでもない考えですけど、彼が悪魔だからこういうふうに考えるようになったんじゃなくて、普通の人間、普通の子ども、普通の大人だったのが、置かれた環境によってこうなったのだと思います。

・障害者と介護者が孤立しないシステムづくり

この裁判で明らかにされるべきは、この環境そのものだと思います。しかし、私たち障害者の生活は続いていく。ある程度の障害があれば介護を受けなければ生きてはいけない。もう私の話す時間はあまり残っていませんが、障害者の生活がどうあればいいのか私の考えを述べたいと思います。

私はグループホームを運営していますが、グループホームだからといって良いわけではないですね。当然、虐待もあるし、殺しだってあるだろう。だから、私はグループホームをつくる時に、一棟建ての普通のアパートのような建物ではなくて、一つのマンションの中で一般居住者がいてお店があって、その中にグループホームがあるというのを考えてつくった。建物の縦方向に関係がつくれて、横方向にも、つまり地域社会に出て行って人と人との関係をつくってやっていく。そういうことを構想して運営し、今年で五年になりますかね。

私は自分では他人の介助できないので、スタッフの方々にお願いしているのは、世話人一人じゃだめだよって。生活支援員、夜間支援員にきていただき、同時間になるべく二人で仕事をするようにしています。私は責任者で、請求事務をしています。私は事務手数料だけで、他の人にお金がいくようにして人件費を捻出している。それでもなかなか苦しいですけど、今のところ申し訳ないほどの低賃金でなんとかやっている。でも、もしスタッフが一人だけだったら、おそらくどこでも、確実に虐待が起きるだろうと思います。

支援付き一人暮らしならどうか。去年、札幌でお一人、介護者に殺されましたよね。一人の介護者だけに任せることがあってはいけない。地域社会のみんなが自然に手を出してやれればいいんだけども、今は難しい。しかも支援者と障害者は対等ではないんです。これは施設であろうが、グループホームであろうが、支援付き一人暮らしであろうが同じです。力も知識も対等ではない。

私は、人間が心正しければ虐待しない、殺さない、そんなことじゃないと思う。人の良さに期待するから無理がある。お金を出してでも障害者と介護者が一対一という形で孤立しないシステムをつくるべきだと思う。どういうシステムか、まだよくわからない。介護者だけに任されてしまうと、心正しき人もいつ心変わりするかわからないですから、私はとっても怖いです。植松被告だって自分は心正しいつもりですから。

うちのグループホームではね、利用者である障害のある人を「佐藤さん」と、必ず「さん」をつけて呼んでもらっている。これを「佐藤」と言った時に、かならず下に見る気持ちが生じてくる。日本語はそういう言語だ。だからタメ口はきかないでください、大したことじゃないけど「さん」をつけて呼んでください、と頼んでいる。気軽に「ちゃん」だの「君」だの、あるいは呼び捨てにしたりするのは、私は虐待、殺しの始まりだと思います。

福祉の教科書にもそう書いてあります。だいたい教科書って、私は信用しないのですが、これだけは私たちが実際に生活していて、そう思います。形式が実質をつくるときもあるんですね。だから同じ人間として、尊厳がある。それは大切にしていかなくてはいけない。喋れない障害者であっても、認知高齢者であっても同じだと思います。植松被告は「心失者」という造語までつくって重度障害者を軽蔑しきっていますが、意思疎通の手段を見いだせないこちらに責任があると何故思わないのか。

うちの親父も九七歳で認知がだいぶ入っていますが、話が通じなくなると、ぼそぼそ何か言ってる。よく聞くと「情けない」って。彼は、話が通じなくとも自分の状況をちゃんと認識しています。やがてそのぼそぼそも言えなくなるでしょう。でも彼の内的世界で認識作用は止むことがないと思います。それはどんな重度障害者であっても同じだと思います。

ちょっと長くなってしまいましたが、これで終わります。

（注1）篠田博之「間もなく始まる相模原障害者殺傷事件・植松聖被告の裁判で問われることとは何か」https://news.yahoo.co.jp/byline/shinodahiroyuki/20191229-00156955/

一月二七日の第九回公判でも、植松被告は重度障害者について「小中学校時代の経験も踏まえて必要ないと思った」と述べている。（一月二八日付　神奈川新聞）

（注2）https://www.kyoudoukai.jp/facilities/tsukui-yamayurien/

堀　いかにして障害者と健常者が共感関係をつくるかは、決して分離から始まるのではなくて、障害児と共に育っていく流れをつくっていくことが大事と思いながら聞いていました。

私自身、弁護人が刑法第三九条の心神喪失をもって無罪を主張していることに、ちょっと疑問を感じているんです。というのは、刑法三九条の心身喪失、心神耗弱のルーツは徳川吉宗が発布した御定書百箇条（おさだめがき）というところにありまして、ここでは「乱心にて人殺し、あるいは放火した者については、刑を免除する」とあるんですね。素人ながらに「乱心」と法律用語の「心神喪失」とは、何か違うように感じるのですが、同じことだと思います。

植松被告は筋トレをやって、窓を打ち破るためのハンマーと数本の包丁、職員を縛るためのものを持って、計画的にやったわけです。なぜそれが心神喪失、乱心に当たるのかと、私は非常に疑問を持っています。

このへんのところを、精神病理学と社会を支配している思想・イデオロギーとの関係で、高岡さんにきちっと話していただきたいと思います。

高岡

法に基づく裁判である以上、個人の行動を裁くのであって、思想を裁くことは出来ません。裁判官や裁判員は、そこを逸脱してはいけないと、私は思っています。裁判員裁判でも、人を裁くにあたっては、やはり個人の行動を裁くのです。

しかし、我々は裁判官でもなければ裁判員でもないわけですから、むしろ植松さんという人は、現代の状況から炙り出されてきた人なんだ、そういう存在なんだという見方を持っておくことが必要です。逆に言えば、現代の状況を不問にしたままでの、植松さん個人に対する非難は、それがいかに良識的な（つまりリベラルな）見かけを装っていたとしても、何ら得るものはないということです。それどころか、後から申しますように、植松さんの考えとリベラルな考え方という徴する存在として事件を捉えない限り、自分たちの問題にならないと思います。

のは、意外につながっているんだという視点が大切です。そういう視点で、いわば現代社会を象徴する存在として事件を捉えない限り、自分たちの問題にならないと思います。

・「責任能力」に切り縮めることの誤りと保安処分

そこで、そういう視点から冒頭陳述を私なりに評価してみると、検察の方が結構いいのではないかと思われるところがあるんですね。具体的には、植松さんの犯行というのは、一つは施設勤務のせいなんだ、つまり、やまゆり園の中で彼の理想が失われていったせいだと、明確に言っています。もう一つは、世界情勢を彼なりに捉えて犯行を起こしたんだということを、明確に述べています。施設での経験と世界情勢の二つを揃えて冒陳を展開したという点では、意外と検察はやるじゃないかというのが、私の率直な感想です。

それに対して、弁護側の冒陳はどうだったかを見てみますと、やはり責任能力のみに焦点を絞り込んでいくやり方に過ぎないと思うわけです。

責任能力というのは、日本では徳川吉宗ということを堀さんが仰っていましたが、世界的に有名な言葉ではマクノートン・ルールというのがあって、理非善悪を判断できる人かどうかを調べることを指します。理非善悪を判断できる人というのは理論上の存在ですけども、近代国家の市民は冷静でなくてはいけないという意味での「冷静な市民」を仮定しています。そういう人は裁くことが出来ます、そうじゃない人は裁くことが出来ない、つまり心神喪失者は近代国家では人間じゃないから、裁くことが出来ないという考え方です。

だから、植松さんが言っていることは、半分までは正しいんですよ。彼は、心神喪失というのは人間でないことを意味するから、自分は心神喪失ではないと述べています。ここまでの理屈は正しい。間違っているのはそれから先で、「そういう人（心神喪失者）は死ぬべきである」と言っている点は間違いですけどね。なぜなら、市民でない存在に対しては刑罰を与えることが出来ないがゆえに、刑罰の一種である死刑を与えることも出来ないからです。

では、責任能力が無いとなったら、どうなるのか？　医療観察法という法律に回されてしまいます。そこで強制的に入院させられて、医療観察法の病棟がある病院で、強制的に治療を受けるということになります。そういう制度がなぜ出来たかというと、大阪教育大学附属池田小学校事件です。加害者は精神病ではなかったと最終的には判定されたわけですけども、当時の小泉首相が「精神病ゆえに起こった事件だ」とミスリードして出来上がったのが、医療観察法です。私たちは保安処分と言っていますが、過去の犯罪事実ではなく将来の犯罪可能性をもとに予防拘禁をする制度です。

その前の一九六四年に、ライシャワー事件という、アメリカの大使が刺された事件がありました。加害者が統合失調症だということで、精神衛生法という当時の法律が強化された。その結果、堀さんもどこかで書いていましたけれど、反米思想という面が一切、影に隠されてしまったのです。

今回の植松さんの事件でも、塩崎という当時の厚労大臣が精神保健福祉法を改悪しようとしました。改悪して、措置入院という強制入院からの出口をもっと厳しく管理していこうとしました。

この時に本音が出て、彼は「治安のために法律を改正する」と口走ったのです。でも、建前では、精神保健福祉法は治安のためにあるんじゃなくて、国民の精神的な健康のためにあるんです。それを、口が滑ったのか本音が出て、治安対策という主張が出た。そういうことに対する批判があったからというばかりじゃなかったんですけど、結果的に国会では改悪法案が成立しなかったという事情があります。

今のところ、私が知りうる限りでは、少なくとも現時点では改悪の動きはストップしています。だけど、これについては予断を許さないわけで、精神障害を持っている方を厳しく縛り付け、病院から出られないようにしろという方向に、どんどん法制度が強化されていく可能性があります。このような動きを、我々は許してはいけないんだということを、申し上げておきたいと思います。

・施設内部からの改革

さて、ここまで検察と弁護側の冒陳について申し上げましたけども、じゃあ、私たちはそれを踏まえて、どのように考えていけばいいのでしょうか。

まず、植松さん自身は固く口をつぐんで決して語ろうとしませんが、幼少期の体験があるはずです。この頃におそらく何か重大なエピソードが、親との関係であったと思うんです。千田さんの場合にも千田さんに固有の親子関係があったわけですが、何も親子関係ですべてを説明できると言っているのではありません。そういう極端な説明は間違っていると思うんですけど、そうではなくて、おそらく不適切な親子関係から反転して、むしろ表面的には弱者に優しいと言われていた彼の考え方が形成されたであろうことが重要です。だから、学校時代も、やまゆり園に就職した後も、彼は「障害者は可愛い」――「可愛い」という言い方がいいかどうかは別ですが――と言っていたと報道されています。

そういう考え方が、途中から変わってきた。弁護団は大麻によって変わってきたんだと言いますけども、そればかりではないと思います。大麻の影響がゼロとは申しませんけど、決定的なのは、さきほど平野さんが仰っていたような、やまゆり園の拘禁的な実態があったからだと思うんです。

彼のような、少なくとも表面的には弱者に優しい考え方と、施設の拘禁的な運営との矛盾に対して、ほんとうはどう考えるべきなのでしょうか。もちろん、働いている人たち――彼も働いていた一人ではあったわけですけど――が、現場の改革に立ち上がる、そういう運動を組織することが理想です。現場で働いている人が改革運動に着手する。当然、そうあるべきです。

平野さんの写真を見ていると、昔の精神病院と同じです。今でも劣悪な精神病棟は残っていますが、曲がりなりにも私たちは、その中にいる看護師、精神保健福祉士、そして我々医師を含めて、改革に立ち上がってきたつもりです。不十分と言われればそのとおりですけども。それと同じく、施設の中にいる職員が、そこに踏みとどまって改革することが絶対に必要なんだと、私は思います。そういう動きは、私が知らないだけで、実際にはすでにあるのかもしれません。この会場に、そういう改革のための運動を施設内部からなさっている方がいらっしゃれば、是非そういう声を聞かせていただきたいと思います。

それはともかく、彼の中で、「障害者は可愛い」という崇高な理念とは対極的な、「弱者は死んでもいいんだ」という考えが生じたわけですが、その背景を明らかにするのは、さきほど少し申し上げた情状鑑定です。しかし、今回は情状鑑定を、おそらくやっていないのではないか。やっていれば証拠調べで出ると思うんですけど、今のところ報道されてないので、やってないのではないかと思うんですけど。

・**社会的背景を捉える視点**

さて、次に検察が言うところの「世界情勢」という点に、話を進めます。検察がそこを具体的に、どのように立証していくのか。そこは注目すべき点ですけども、少なくとも植松さんは「世界平和のため」ということを言っていますし、「トランプ大統領は本音を言っています」ということも随所で語っています。そういった言葉の中から、彼の考えが生まれた社会的背景をとらえる視点を、しっかりもっておく必要があると思います。

植松さんの主張は、結構、リベラル派の主張と共通しているのです。彼は「世界平和」ということは言っていますが、「戦争しろ」とはぜんぜん言っていない。例えて言えば、全面的にトランプだけを支持できなくて、クリントンのリベラルな見かけ――彼女は実際はオバマと同じく民主党内タカ派ですが――も手放せない、中途半端な考え方だと私は思うんです。こういう視点を持っているのは、私が知り得た範囲でいいますと、辺見庸の『月』という小説だけです。私はあの小説以外には知りませんけど、とくに植松さんが主張しているのは大麻とエコロジーですね。

彼は、クリーンな環境を作っていくことが大事だと言っているわけです。クリーンな環境ということと障害者を排除していくってことは、密接に結びつくんです。ナチス・ドイツもそうでした。クリーンなドイツを作るということと、不潔を象徴しているユダヤ人や障害者を排除していくこととは、ナチスの中で結びついていました。だから、昨今のクリーンを強調していく環境主義は、意外にも障害者排除の思想と結びつきやすいということを押さえておかない限り、我々には植松さんを批判していく資格がないだろうと思います。

それから匿名の問題も同じです。裁判所は多くの被害者を匿名にしましたが、それを知った植松さんは、「自分が殺したのは人間ではないことがわかって一安心です」というふうにコメントしています。つまり、植松さん流に言えば、裁判所も植松さんと同じく、被害者を人間扱いしていないという点では、同じレベルということになります。そう考えると、裁判所には彼を裁く資格はないんじゃないでしょうか。

・コミュニケーション至上主義の風潮

私が第二回までの公判の報道を通じて感じたことは以上になりますけども、ここで補足しておいたほうがいいのは、第二回の公判でも明らかになったような、「話せるのか話せないのか」を確認した上で「話せない」人を選んで殺しているという事実です。これは、今のコミュニケーション至上主義そのものです。コミュニケーションが出来る人だけが生きる資格があって、そうでない人は生きる資格がない。こういうことを生死の基準にしているのです。

シーシェパードとかの、反捕鯨運動ってあるでしょう。あの人たちが何でクジラやイルカを捕っちゃいけないと考えているかというと、知能が高くてコミュニケーションが出来るからっていうのですよ。そんなバカなことはないでしょう。そんなことを言っている人は、コミュニケーションが出来ない人を殺していいんだという植松さんの考えと、五十歩百歩ではないですか。

このように、今の時代風潮の中で、良識派、リベラル派と呼ばれる人たちの主張というのは、意外に植松さんの主張と結びつくんだということを、深く考えていかなくてはなりません。そうでないと、自分たちの問題にはならない。そこを外しちゃうと、高みから説教をしているだけのことになっちゃって、植松さんの思想と対峙することは出来なくなると思います。

もっと言いたいことがありますが、打ち合わせた時刻が参りましたので、ここまでにしたいと思います。

堀

高岡さんの本を読ませていただいて共通点を感じたのは、「植松思想」という言い方をしているんですけど、私が読む限り、衆議院議長宛の手紙にほとんどすべてが書かれていると思います。その思想に基づいて、彼はあの事件を起こしました。申し訳ないけど、弁護人が言う「刑法第三九条の心神喪失で無罪」は、納得いかないとしています。

この後は休憩を挟んで、シンポジストを交えながら一人でも多くの方が語り合う場にしたいと思います。

河東田　博（浦和大学特任教授）
平野　泰史（津久井やまゆり園家族会元会員）
千田　好夫（障害児を普通の学校へ・全国連絡会）
高岡　健（精神科医）
堀　利和（津久井やまゆり園を考え続ける会・コーディネーター）

（二〇二〇年一月一一日　かながわ県民センター２Ｆホールにて）

参加者アンケート

私たちは津久井やまゆり園事件の「何」を裁くべきか?!シンポジウム〈2020年1月11日〉

①支援者・親

人の本質とは何か　を考えたくなりました。

植松の変わっていく様を聞くにつれ環境が人を作るということも改めて考えさせられました。私自身の問題として社会と個人がどう考えて人とかかわっていくかと考えさせられました。ありがとうございました。

②立場記入なし

私も考え問いつづけていくことに確信をもつシンポジウムでした。

③施設職員

色々な考え方、ご意見が有り参考になりました。

④施設職員

私も考え続けます。

⑤施設職員

施設で働いていている職員はほとんどがまじめにいっしょうけんめい取り組んでいて、当事者に寄り添おうとしています。施設をなくすことは正しいが、現存する施設や職員を批判することはしてほしくない。この事件もあって人材確保はますます困難になっており、施設運営は厳しくなっています。社会全体で取り組んでいってほしいと思います。

⑥支援者
事件に対する自分の考えを確認し、変容させるために参加させていただきました。様々な意見や新たな考え方を知ることが出来て、今後障がいをもつ息子と生きていく上でプラスになる内容であると感じます。ありがとうございました。

⑦記入なし
平野氏のお話しされたことが本当ならば、まず共同会に指定管理を任せている県に対して話をして監査してもらうべきです。また、なぜ施錠しなければならなかったのか、拘束せざるを得なかったのか、もしかしたら致し方のない理由があったのではないでしょうか。低賃金、人手不足、は社会的に大問題です。津久井やまゆり園はかつて県直営でした。指定管理になったばかりのころは、県職員も残っており、その時のやり方を踏襲したのではないでしょうか。園により、植松被告の考えが変わったというのなら、なおさら早急に県に対して対策を求めることが必要です。現在の県直営の施設でも非常識な職員はたくさんいます。どこで起こっても不思議ではありません。公務員という立場なので、権利を主張し余計に厄介です。

「本当の現場の声」を聴いてください。
・人材確保を一法人にゆだねるには限界があります。
・グループホーム世話人などの支援者の確保も課題
・やまゆり園再建費用について↓県の課題
後半の質疑応答について↓事件の詳細をよく理解してらっしゃらない方がいました。
入所者の後見人、親御さんについても非常識な方はたくさんいます。(職員まかせなかた)
知事が全くわかっていません。知事に話してあげてほしいです。

⑧事件に関心ある住民・県民

入所施設の問題は充分知っているつもりですが、社会につながるという例で、毎週のようにイベント会場に行けることが「つながる」という例になるのだろうか？「楽しむ」ことは大事なことだが、人とのつながりはもっと違うのではないかと思いながら、平野さんのお話を聞きました。地域や自分の家で生活することの具体的な様子を知りたい。２４Ｈの生活は、どこに支援の手を必要とするか。一人一人違うのでなかなかイメージができない。

・施設の解体に数年単位で計画を作ることが必要とスェーデンの例は参考になった。

・入所施設がないことを前提に出発することは必要だが、経過的に入所しながら社会参加するプログラムの開発もしてほしい。しなければいけない。中から外への働きかけと。外から中への働きかけから相方向の課題があるのではないか。千田さんの話の「システム」づくりが必要。

・パラリンピックなどの宣伝（国の動きだと思うが）頑張っている障がい者はやはり差別、区別を作るのではないかと感じている。

・高岡さんのお話は、弁護士と検事の主張の違いなどを知ることが出来てよかった。

・いろいろな情報が得られて考える材料がたくさんあった。考え続けなければならない。

・残念ながらマヒのある方の発言が聞き取れませんでした。質問者も閉会のあいさつも↓読み上げてもらってよかった。

⑨施設職員　相談支援

ＦＢの書き込みで、「隔離されてもしかたない人もいる」といった施設擁護派もいらっしゃるようだったので、少々来るのが怖かったですが、シンポジストが基調を作っていたので、安心するとともに、このような対話を通してそれぞれが考えをまとめていく、殺された方々犯人のことも「自分ごと」として考え、それぞれがずっと「考えつづけていく」ことが大事だということの会の趣旨は明確でした。植松は沢山いる。いくらレッテルをはって排除しても虐待はなくならない。育てていくしかないのです。文化をつくっていくしかない。とても勉強になった。発言者の著書などを読み考えをまとめていきたいと思います。

⑩施設職員

各方面からの話が聞けて良かったです。植松氏を生んだのは社会です。社会を変えるために自分にできることを考えていきたいです。

⑪その他

子供の時から地域で育ち学校で学びあうことが出来る社会をつくっていかないと、と痛感しました．政治がやっぱり重要です。河東田さんの施設解体試算を聞いてみたかった。

⑫支援者（放ディ児童指導員）

ヘルパーとして施設利用者の方々の外出支援を自費サービスで担当していた時期がありました。

当時ご利用者様を施設までお迎えにあがった際のリビングの光景がやまゆり園の写真と酷似しており、見守り＝放置となってしまっている福祉の現状を再確認いたしました。

現職で卒業生の進路を考えますと、施設入所の選択をされるご利用者様も少なくなく事件は他人事ではありません。今後このような惨いことが繰り返されぬよう努力していきます。

職員に対する他害については、当事者として思うところを書かせていただきます。

・我々は労働として支援をしているため支援時の他害による負傷は労災です。

・上記を踏まえ、われわれは「業務として」利用者ファーストの環境整備を行う責任があり他害はこれが失敗した結果として起きていることがほとんどです。

・利用者も支援者も悪ではなく、支援上「失敗」をしたととらえるべきと考えております。

・それでも被害者（支援者）がこの受傷について受け止めきれないのであれば利用者の個賠に請求するなり、損賠としてほか解決を図るほかないのではないでしょうか。

支援者の「人権救済」はこうした形で可能であろうと思われます。

⑬立場記入なし

障害者という言葉自体がなくなる世の中になればよい。かくりされないものとして扱われるので深く知らない。どうつきあえば、どう声をかけたら良いのかすらわからずに生きてきている私、私たち。〝五体満足で生まれてくれれば〟この言葉すら、本当はあってはいけないのかもしれない。子どもの時からあたりまえにいろんな人がいて、いろんな人に手を貸し生活できる世の中にしていかない限り、何も変わらない。すべては知ることから始まると思う。

⑭横須賀高齢者地域包括支援センター職員

利用者を援助（支援）する、援助者を援助（支援）する考えを福祉の世界で広めていくことが必要だと思っています。苦しんでいる（困っている、悩んでいる）」支援者は利用者援助していくために！

⑮立場記入なし

結局何を裁くべきか。今の社会の風潮なのか。答えが見えたような、見えないような。

⑯元施設職員（県立津久井やまゆり園）

継続して傾聴させて頂きたいと思います。

⑰立場記入なし

会を開いたことの意味は大きいと思います。方向性をまとめていく努力は大変でも続けてほしい。

集まった方の意見を吸い上げていただきよかったら。

⑱障がい当事者＋支援者

それぞれのお話が聞けてとても良かったと思います。でも障害があっても長時間座っていられない人も少なくはないと思います。どんな立派なお話でも聞く側の体調も考えてほしいと思います。

障害者が聞きにくい集会は、それ自体、差別的なんじゃないかと思います。椅子のかんかくももう少しはなしてもらえるとすわりやすいし、休憩時間ももう少し早く長くとってもらえると排尿障害のある者も車椅子の者も楽になると思います。障害の立場で考えてくださる人が、目に見えないところで、いじわるをしているといえば言いすぎでしょうか。すごく良い集会だけに少し残念です。

⑲支援者

ほぼ質疑応答から参加させていただきました。様々なご意見をこの場で伝えたいと思う方々が、今ここにいること、事件を思い出し、自分の中で思い起こす。それぞれの中で再び生まれる、とても有意義な機会であると思いました。ありがとうございます。

他人事ではない、とするのであるならば植松氏への判決が出たとしても、数年後と、さらに日を年を重ねても、この機会は、福祉現場がある限り開催され続けていただけたらと思いました。

⑳研究員

私たちがとても窮屈な社会に生きているんだということが、会場とのやりとり、登壇者の方たちのお話を聞いて感じた。それはまさしく分離した結果だと思う。社会はとてもしい的に分離をして、それは私たち社会にとって良いことだと思ってやってきたのだろうが、かえってどちらにとっても窮屈な社会が出来上がってしまったと思った。

㉑その他（Ｖｏ）

河東田先生のＰＰｔが見られなかったのが残念でした。考え続けることが大切で〝誰か〟を犯人にした瞬間に自分事ではなくなってしまう。杉浦さんの最後の言葉に共感しました。

会の運営むずかしいですね。

㉒支援者

入所施設の問題を具体的に知ることができた。安易に施設の存在をしかたないのではと思っていた自分に気づいた。このような集会を重ね、事件を考え続けていくことが重要だと思います。

これからもよろしくお願いします。

㉓その他

色々な立場の方の、いろいろなご意見を伺えてよかったと思います。

元・施設職員として、今回の事件で職員を批判する意見を伺い、少し辛かったです。もしたら、自分が夜勤していた時にこんな事件が起こったら、どうしただろうと考えていたため、余計に感じました。

でもこのような生の声を聴くことができたことは、私にとって良い経験になったと思います。

㉔記入なし

自分の体験、かかわりを踏まえて、私自身が考え続けなければいけないことも感じました。何事も「自分ごと」と捉える考えを、考える時間を作ることを気付かされたシンポジウムでした。

㉕行政

河東田先生の入所施設批判、平野さんの親としての切実な訴えは、非常に有意義でした。ありがとうございました。

㉖その他（年金受給者）

初めて参加しました。どうも出演者の皆様、ありがとうございました。平野氏の講演内容にとても驚きました。入所者の活動がワンパターンであること・・・。県の施設なのに、経営、運営、監査等が正しく行われているのか？　ご家族や入所者のお気持ちを思うと怒りが出てきてしまいます。また機会がありましたら参加したいです。今日は途中退席します。すみませんでした。
㉗施設職員
別にありません。
㉘神奈川県立養護学校ボランティア&青少年指導員
有難うございました！今後も更に青少年指導にハッスルしたいと存じます！

○番外編　山崎幸子
1月11日のシンポジウムでは、会場からでしたが大熊さんのご発言もいただき、「裁かれるべきは何か」伝えたいことは伝わったのではないかと思います。中には施設が嫌なら金を出して望むところに行けばよいという、痛烈な批判もシンポジウムに対してありました。また会場発言では、働いている方たちから「現場で働く者たちへのケアがほしい」「利用者の方から殴られたりする場面も多くある、どのように受け止めたらいいか」などの発言も印象に残りました。自分たちの人権を主張することは同時に利用者の方の人権も同じように主張すべきと思いますが、現場の方の発言があったことは新鮮でした。
私としては、かながわ共同会が組織として全く無キズでいることが不思議でなりません。これだけの犠牲者を出してしまったことへの責任は当然問われるべきだと思います。さらに、なぜ起きたのか、再発防止のためにどうしたらよいか全力を出して全国の施設に問いかける責任があると思っています。その意味で黒岩知事の英断に拍手を送りたいと思います。

以下は２０２０年1月28日朝日新聞記事から
1月27日の横浜地裁9回公判
検察側の「襲撃する人をどのように決めた

か」という質問に「部屋に何もない人は考えを伝えられず、パンツだけで寝ている人は自分で排泄できない人と判断した。利用者に命令口調になったり流動食を作業のように流し込んだりする他の職員の姿を見て（利用者は）人間でないと思った、」と述べて園で働くなかで差別的な考えが膨らんだと（植松被告は）話した。

何もない部屋、パンツ一枚ですごす、職員の命令口調、機械的介護・・・。これまで元やまゆり園家族会の平野さんがやまゆり園での日常記録を基に告発し続けている支援内容と、くしくも符合していきます。やまゆり園ではいったいどのような支援がなされていたのか、その支援の内容がさらに差別を再生産してしまっていたのではないか、と想像に難くありません。実態が明らかにされ、皆で乗り越える課題が整理されてくることを、新たな検証委員会に強く期待しています。

※アンケートの転記は原文のままとしました。句読点がないところや数詞の不統一などがありますがご理解ください。

再発防止を契機とした措置入院の見直しの動向

全国「精神病」者集団運営委員
桐原　尚之

津久井やまゆり園事件をめぐっては、どうしても被害者が知的障害者であったため、知的障害者の問題として捉えられる傾向にある。しかし、全二二ページにわたる「相模原市の障害者支援施設における事件の検証及び再発防止策検討チーム」報告書（以下、「最終報告書」とする。）の提言の約七割は、措置入院の見直しであったことを忘れてはならない。措置入院とは、精神保健及び精神保健福祉に関する法律（以下、「精神保健福祉法」とする。）に規定された非自発的入院制度のひとつであり、自傷他害の恐れがあると判断された精神障害者に対して都道府県知事が入院させるものである。措置入院にフォーカスが当てられた理由は、被告人植松聖に措置入院歴があり、退院後に医療等の支援につながっていれば事件の発生を防げたという言説がマスコミを通じてつくられてしまったためである。最終報告書は、優勢思想、劣者抹殺思想という本質から目を背け、措置入院の問題に矮小化する極めて問題の多いものであった。

＊入所施設問題と措置入院問題の同一性

筆者は、障害者を一カ所に集めて隔絶する政策が事件を発生させたと捉え、入所施設の問題と措置入院の問題を同じ問題であると位置づけていた。施設は、障害者を一カ所に集めることで、片方で障害者がいない社会をつくり出していく。すると、多くの人が障害者と接点を持たなくなり、障害者を無力と捉える偏見が助長される。これは措置入院の場合も同じで、入院させることで精神障害者との接点がなくなり、精神障害者を危険と見なす偏見が助長されていく。こうした排除の連鎖は、津久井やまゆり園事件の被告人の思想に連なる部分があり、措置入院の強化は本当の意味での解決を遠ざけるものでしかなかった。

しかし、措置入院の見直しは政権の意向により強力にすすめられた。最初に厚生労働省との話し合いに行ったときは、内閣官房の官僚がいて厚生労働省の発言をさえぎって回答していた。厚生労働省が事務局を担って作成した最終報告書も官邸によって書き換えられたものが確定版として公表された。そして、事件の再発防止を契機とした措置入院の見直しがおこなわれ、精神保健福祉法改正法案が閣議決定されるに至った。精神保健福祉法改正法案の内容は、措置入院者に対して本人の意思とは無関係に退院後支援計画を作成し、行政が居住地を必ず確認できるようにするものであった。また、退院後支援の援助関係者には警察が参加することが想定され、措置入院診察時に都道府県から警察機関に情報提供をおこなうグレーゾーン対応なるものまでもが準備されていた。

＊廃案―再上程阻止に追い込んだ精神保健福祉法改正案

筆者は、津久井やまゆり園事件の再発防止を契機とした精神保健福祉法改正法案を成立させてはならないと考えた。そして、廃案に追い込むため周到な戦術をたてた。しかし、ことは簡単には進まなかった。精神保健福祉法改正法案は参議院先議となり、比較的短い審議時間で採

column

決される見込みとなった。ここから巻き返していくために集中ロビー活動に取り組んだ。その結果、精神保健福祉法改正法案の審議は、法案概要資料の削除を機に混乱を極め、当時一番の対決法案であった共謀罪法案の審議時間を大幅に上まわる約三六時間の審議を経て継続審議となった。これによって廃案への道筋が現実のものとなった。

案の定、第一九四回臨時国会の冒頭で衆議院の解散が決まり、それに伴って精神保健福祉法改正法案は廃案となった。参議院先議の法案が反対によって継続審議になるのは憲政史上初のできごととなった。障害者団体が中心となって多く関係団体とともに政権の施政方針である法案を廃案にしたことは、これまでにない歴史的な勝利であった。

廃案となった直後、全国「精神病」者集団のなかでは、①精神保健福祉法改正法案を大幅に修正してから出し直すように要求すること、②同じ内容のまま法案が出し直された場合には国会提出・閣議決定を阻止することが当面の目標となった。①については、厚生労働省との交渉をもち同じ内容での出し直しを認めないことと障害者権利条約の政府審査の結果に基づいた法改正を求めることになった。②については、内閣提出法案の一覧に精神保健福祉法改正法案が載ってしまった段階で与党に対する集中ロビーをおこない、法案上程の閣議決定に歯止めをかけることになった。

二〇一八年一月からの第一九六回通常国会では、精神保健福祉法改正法案が内容を変えずに上程される見込みであることがわかった。筆者らは、連日にわたって与党を中心とした集中ロビー活動をおこなった。三月九日、野党欠席のなか委員長の職権により厚生労働委員会が開催され、不正常になる傍ら、政府は法案上程の事実上の締切日である三月一三日までに精神保健福祉法改正法案の閣議決定をおこなわず、今国会への提出を事実上断念した。これによって第一九六回通常国会会期中の精神保健福祉法改正法案の上程は、完全に阻止された。この勝利は、廃案以上の成果と考えてよいだろう。

＊やまゆり園事件判決がもたらすことへの懸念

同年三月二七日、厚生労働省によって「地方公共団体による精神障害者の退院後支援に関するガイドライン」、「措置入院の運用に関するガイドライン」が公表された。両ガイドラインは、津久井やまゆり園事件の再発防止を契機としたものであり、精神保健福祉法改正法案の内容をマイナーチェンジしたものであった。厚生労働省は、ガイドラインの運用状況をみながら精神保健福祉法改正法案の中身を変えて出し直すことを決めた。これによって最終報告書の提言を踏まえた政策は、精神保健福祉法改正法案によるものが保留となり、当面はガイドラインによって実行される運びとなった。ガイドラインは、改正法案のように措置入院者に対して一律に退院後支援計画を作成することにはなっておらず、援助関係者としての警察の参加に一定の歯止めがかけられたものではあった。しかし、医療等の支援が犯罪の防止につながるという立場に変更はなく、いまだに精神障害者に対する偏見を助長してしまうおそれはぬぐいきれていない。

二〇一九年四月、ほとんどの自治体で両ガイドラインに基づく退院後支援の運用が開始された。山形県、福島県、茨城県、神奈川県、新潟県、富山県、滋賀県、京都府、和歌山県、広島県、山口県、福岡県、大分県、熊本県などの自治体では、独自に運用のルールが定められた。一部の自治体では、両ガイドラインの公表前から成文化されたルールが存在したが、ガイドラインに従って見直される見込みである。残念ながら、この流れは止められそうにない。さらに一部の自治体では、いまや否定されたに等しい精神保健福祉法改正法案の中身を踏襲した運用をし

column

ているため見逃すことはできない。鳥取県は、精神保健福祉法改正法案の中身に則って「鳥取県措置入院解除後の支援体制に係るマニュアル」を作成した。また、埼玉県は、精神保健福祉法改正法案の精神障害者支援地域協議会を独自事業として運用している。これらは、早急に改められるべきである。

厚生労働省は、両ガイドラインの運用状況をみて精神保健福祉法改正法案を出し直すこととしたため、二〇二〇年度はガイドラインの実施状況のモニタリングが予定されている。ちょうど、津久井やまゆり園事件の公判とモニタリングの時期が重なることになる。そのため、津久井やまゆり園事件の判決が精神保健福祉法改正法案の中身に影響し、公判判決を契機に再び医療と犯罪防止が結び付けられるのではないかと憂慮している。とくに弁護人側からの提起で公判中に被告人の措置入院を解除したことの影響、地方公共団体による情報共有がなかったために被告人に対する支援が途切れたことの影響、大麻の使用について医療機関が警察に情報提供しなかったことの影響に関心が向けられるようだと、二〇一六年八月に再発防止検討チームが設置されたときと同じではないかと思う。引き続き、措置入院の運用と公判の両方に関心を向けていかなくてはならない。

第8章　黒岩神奈川県知事の決断

元宮城県知事　浅野史郎

二〇一九年一二月五日、ライブ中継の映像で神奈川県議会での黒岩祐治知事の発言を見ていた。指定管理者となっているかながわ共同会への指定を短縮・見直しをし、二〇二一年度からの指定管理は公募すると表明した。画面を見ながら、「ああ、決断したんだ、すごい」と感激のあまり涙が出そうになった。

「津久井やまゆり園事件を考え続ける対話集会」(相模原市ソレイユさがみ・二〇一九年七月)での「そして母親たちが語る」のシンポジウムで、私はコーディネーターを務めた。その際、「やまゆり園再建計画というのはやまゆり園の建物を直すだけじゃなくて、やまゆり園をあの反省を込めて運営を変えなくちゃいけない。目標を持たなくちゃいけない」と発言した。

「運営を変える」というのは、やまゆり園の運営にあたる法人を変えるということを意味する。「目標を持つ」という際の「目標」とは、具体的にいえば、地域生活移行を達成することである。この目標は入所者にとってのものだけでなく、施設にとって、職員にとっても同じことである。目標がなくて、どうして施設運営を進めることができるというのか。利用者は、将来どうなりたいという目標を持たずに、毎日を送れというのか。

入所更生施設の「更生」とはリハビリテーションのことだとも説明した。地域生活移行というと、利用者を地域に出すというふうに聞こえるが、利用者は元々地域で暮らしていたのだから、「地域に戻る」というのが正しい。地域に戻るための能力を取り戻すことがリハビリテーションである。施設を出て地域に「戻る」ことを目標とするリハビリテーションこそ施設がやるべきことである。

入所施設はリハビリテーション施設であり、利用者が一生涯いるところではない。いずれ出ていくところ、つまり通過施設である。通過施設であるから、学校と同じようにそこから卒業する人がいる。一時代前までは、施設から出たあとの受け皿がほとんどなく、出口が塞がれていた。今は違う。私が厚生省障害福祉課長として制度化に関わったグループホームは、制度化当時四〇〇人だった利用者が今や一二万人を超えている。入所施設入所者数とほぼ同じにまでなった。自治体によっては、重度の障害者の訪問介護としてパーソナルアシスタンス制度を採用している。やまゆり園を出た元利用者でパーソナルアシスタンスを受けて自立生活をしている人もいる。

「みやぎ知的障害者施設解体宣言」は、私が宮城県知事時代の二〇〇四年二月四日に公表した文書である。この中から一部引用してみよう。

「あなたは、どこに住みたいのか」、「あなたは、誰と暮らしたいのか」、「そもそも、あなたは、何をしたいのか」という問い自体が発せられないまま、入所施設に入っているのが一番幸せと、外部から決めつけられる存在としての知的障害者という図式がある。知的に障害を持っているからといって、知的障害者が普通の生活を送ることを断念する理由にはならない。普通の生活は施設の中にはない。地域にしかない。（引用終わり）

障害福祉施策の主人公は障害者本人である。施設も親も主人公ではない。自分の生きる場所を親に決められてはいないか。生き方を施設に決められていないか。利用者の意思決定支援がやまゆり園を一時的に出た利用者になされているが、本来は、入所時から継続して利用者の意思（どこに住みたいか、何をしたいか）を聞き出し、そのうえで利用者の処遇を決めていくべきものである。

やまゆり園は二〇二一年度中に、「千木良やまゆり園」と「芹が谷やまゆり園」として再開園する。再生ではなく、新生やまゆり園である。新生やまゆり園は、元のやまゆり園とは劇的に変わって、入所施設のモデル的な存在にならなければならない。元のやまゆり園のような重度の障害者を終生保護するような施設ではなく、利用者の地域生活移行を目指す通過施設となるべきである。

一方、やまゆり園を運営するかながわ共同会は、元のやまゆり園のままでいく方針である。山田支援部長は「今回の事件を機に施設規模を小さくしないでほしい」とまで言っている（県の障害者施策審議会の専門部会での発言）。そもそも、かながわ共同会には利用者を地域生活移行にもっていくノウハウがなく、その実績もほとんどない。やまゆり園を通過施設に変えることなどできない。「重度の障害者、行動障害があるものなどに地域生活移行はできない」という意見もある。これに対しては、やまゆり園の入所者より障害が重い人が地域で生活している実例を見てもらえば反論できる。

やまゆり園は、二〇二一年度中に新生やまゆり園として出直す。そのためには、建物が建て直されるが、運営も立て直されなければならない。元のままの運営では、新生やまゆり園にはならない。元のままの運営では、あのような事件が再発する可能性がある。

植松聖被告は、自分がやまゆり園で働いているときに目にした障害者と職員の姿から、「障害者は何もできない迷惑な存在」と決めつけるに至った。衆議院議長宛ての手紙にある「人間としてではなく動物として生活している」、「職員の生気の欠けた瞳」、「車イスに一生、縛られている利用者」という言葉は、彼がやまゆり園で目撃した実態そのものである。運営が元のままだとすると、この実態は再現される。だから事件が再発するというのは言い過ぎではあるが、懸念材料ではある。

「あの事件を起こしたやまゆり園が、そのまま再開園するのはおかしい」との批判が予想される。逆に、「あのやまゆり園が、ここまで変身した。すごい」と言われるようにならなければならない。そのためには、これまで指定管理者としてやまゆり園の運営にあたってきたかながわ共同会には、運営から退いていただかなければならない。やまゆり園の運営に関し、利用者への虐待など不適切な事案があったとなれば、なおのことかながわ共同会の指定管理者としての適格性が疑われる。

かながわ共同会は、県立施設であるやまゆり園の運営を任されている指定管理者である。この指定管理期間は二〇二六年度までとなっている。その指定管理期間の終了を待たずに、早い時点でかながわ共同会を指定管理者から排除することになる。これを決定するのは黒岩祐治神奈川県知事である。

指定管理期間が終了する前にかながわ共同会に辞めてもらう。こんな「乱暴な」ことができるのだろうか。黒岩知事は決断できるのだろうか。そこで、私の宮城県知事時代の「乱暴な」決断を思い出した。以下は、その回想記の一部。


宮城県知事に就任して一週間後、各部局からの所管事項説明の場で保健福祉部からは「保健・医療・福祉中核施設群構想」の説明があった。この構想は、重症心身障害者施設（定員五〇人）、肢体不自由児施設（一一〇人）、身体障害者療護施設（一〇〇人）、身体障害者更生施設（五〇人）などの居住型施設を三本木町の丘陵地に整備するもので、事業費は六六〇億円。前知事時代に策定された構想である。

私は「これはダメだ」と部長に言ったが部長は「構想は県議会の承認も受けており、計画撤回はできません」と回答。しばし考えた末に、私は「そうか、それじゃ仕方がないな」と構想中止は断念した。

それから五ヶ月後、私は「やっぱりダメだ」と声に出していた。中核施設の開所式の様子が頭に浮かんだ。そこで式辞を述べる私を、奇異の目で見る福祉の仲間たち。「こんな人里離れたところに施設をまとめて作るなんて、浅野さんらしくない」という声が聞こえた。「施設福祉から地域福祉へ」、「ノーマライゼーションの推進」、「宮城を福祉先進県に」の信念はどうなったのか！　の大合唱。

これは悪夢だ。悪夢を実現させてはならない。構想は中止しなければならない。施設建設はまだ始まっていない。まだ間に合う。私は中止を決断した。

決断した直後は、議会の反対、地元の町長の怒り、マスコミの批判などを予想して決心が揺らぐこともあったが、そんな時に私を支えたのはあの悪夢、福祉の仲間たちの失望の声である。それからは決断が揺らぐことはなかった。

あのとき構想中止を決断していなかったら、今頃は立派で高価な施設群があの丘陵地に聳え立っていただろう。「浅野知事の負の遺産」と語られながら。（回想記終わり）

ここで、この稿の冒頭に戻る。黒岩知事は、やまゆり園の後継二施設の指定管理者については、かながわ共同会とする方針を見直し、公募で決めると表明した。素晴らしい政治的決断である。共同会が「容認できない」というのは予想どおりであるが、県議会、家族会、マスコミからの反発にも厳しいものがある。これらも想定の範囲内。

黒岩知事は不退転の意志で決断した。政治生命をかけての決断である。すべては、やまゆり園の真の再生のために。私たちとしても、精一杯応援したい。

〔資料〕

2019年12月5日
津久井やまゆり園の再生後の運営についての知事発言

私から、津久井やまゆり園の再生後の指定管理について、申し述べさせていただきます。

県は、「津久井やまゆり園再生基本構想」に基づき、建て替えする「津久井やまゆり園」と、新たに整備する「(仮称) 芹が谷やまゆり園」の両施設について、元の津久井やまゆり園の指定期間である令和六年度までの間は、社会福祉法人かながわ共同会を指定管理者とする方向で調整してきました。津久井やまゆり園の職員のみなさんが、あの凄惨な事件からこれまでの間、利用者の支援に取り組んでこられた姿を、私は忘れていません。

そうした中、先日、かながわ共同会が指定管理する愛名やまゆり園の元園長が、子どもに対する強制性交罪で逮捕されるという、県民の信頼を裏切る、許しがたい事件を起こしました。この元園長は、かながわ共同会の理事でもありました。社会福祉法人として、人権を尊重し、すべての人の尊厳を守るべき立場にある、かながわ共同会の道義的責任は看過できません。

その後、この事件に端を発して、かつての津久井やまゆり園の利用者支援に関し、車いすに長時間拘束していた、園の外に出ての散歩がほとんどなかったなど、問題点を厳しく指摘する情報が、改めて次々と私のもとに寄せられてきました。また、先般の決算特別委員会では、かながわ共同会を、「津久井やまゆり園」と「(仮称) 芹が谷やまゆり園」の指定管理者とすることについて、再考を求める意見もありました。

加えて、何より、私が衝撃を受けたのは、利用者の意思決定支援を進める中で、かながわ共同会からグループホームや他の法人の施設に移った方々が、自由に買い物をしたり、地域の自治会の活動に参加するなど、生活を楽しみ、希望に満ち溢れた表情で、その人らしく暮らす姿を見たことでした。それは、感動的なシーンでもありました。

私たちは、津久井やまゆり園の再生によって、神奈川の新しい障がい福祉のあり方をお示ししていく必要があると考えています。そのためには、その運営は、人権を尊重し、利用者中心の支援を実現するものでなければなりません。

そこで、新たな「津久井やまゆり園」と「(仮称) 芹が谷やまゆり園」が、ご利用者、ご家族はもとより、県民の皆様からの信頼を受けて再スタートできるよう、これまでの方針を見直し、いずれの施設についても、指定管理者を公募で選定する方針に変更することを決断しました。

そのためには、令和六年度まで継続している、元の津久井やまゆり園の指定期間を短縮するため、「津久井やまゆり園の管理に関する基本協定書」に基づき、かながわ共同会に協議を申し入れていく必要があります。また、新たな施設に令和三年度中に入居していただくためには、指定管理者に関する県としての考え方を、遅くとも次の定例会にご報告する必要があります。

こうしたことから、これまでの県の方針を変更することを決断した以上、より早く皆様にお伝えするため、本日、こうした形で発言しました。津久井やまゆり園のご利用者、またそのご家族には、方針の変更について、ご理解いただけますよう、私から丁寧に説明させていただきます。

何よりも、ご利用者の皆様が望む暮らしを実現できるよう、お一人おひとりのご希望を丁寧に伺いながら、心を込めて対応してまいります。なお、愛名やまゆり園の元園長の業務執行等について、既に、県は、障害者総合支援法に基づき特別監査を行い、また、津久井やまゆり園の支援について、指定管理者制度に基づく立入調査を行っています。

三年半前のつらい事件から始まった、再生のプロセスを通じて、これまでの福祉行政全般を見直し、新しい福祉のあり方を神奈川から提起していきたい。そして、「福祉先進県 かながわ」と呼ばれるように、県民の皆様とともに、力を合わせて全力を注いでいきたい。そのために、重大な決断をさせていただいたもので、ぜひ、ご理解をいただきたいと思います。

終章　確信犯としての歪んだ正義感と使命感の「思想」を斬る！

堀　利和

◆植松被告がなぜあのようなおぞましい行為に走ったかについては様々な見方・考え方があろうが、ここでは私なりの切り口からまとめてみたい。

彼は少なくともあのような事件を起こす目的のためにやまゆり園の職員になったわけではない。それは結果である。家族会前会長の尾野さんが言うには、彼は好青年であった。彼は二〇一三年五月発行の家族会の会報に、次のように書いている。

「初めまして。この度のぞみホームで勤務になりました植松聖です。心温かい職員の皆様と笑顔で働くことが出来る毎日に感動しております。仕事では、毎日がわからない事だらけです。右も左も分かりません。経験豊富な先輩方の動きを盗み、仕事を覚えていきたいと考えています。今は頼りない新人です。しかし、一年後には仕事を任す事の出来る職員を目指して日々頑張っていきます。これからも宜しくお願いいたします。」

ところが後に、彼は次第に利用者に対する施設の処遇に疑問を持つようになっていく。といって、それは福祉職場でしばしば起きる虐待や暴力事件とは異なり、つまり一人二人に虐待することとは異なって、彼の歪んだ正義感と使命感の「思想」形成そのものが問題であると言える。それがこの事件の理解を一層複雑にしている。

ではなぜ彼がそのような好青年からあのおぞましい事件を起こすに至ったのか？ そのきっかけは何か。それは「刺青問題」、彼にとっては「刺青事件」であった。管理職等の間で彼を解雇させるか否かの話し合いがなされた。

昨年八月上旬に、新潟で尾野さんと私の講演会があった。この時、私は「刺青問題」を話した。尾野さんからは、この刺青の問題があってから彼は人が変わったという。同僚や上司と口論の際取っ組み合いになったという。この頃から彼は変わった。

後に彼はこの件で「障害者にさせられた」と言ったというのである。通常なら自分を非難してくる相手に対してその怒りが向かうのだが、彼はそうではなかった。強者にではなく、弱者に向かった。入所の利用者に向かったのである。

絶対的自己否定は往々にして絶対的自己肯定に向かう。これが彼の個人的動機の始まりと言ってよかろう。そしてそれを個人レベルから一般化、普遍化、合理化するために理論武装を行った。それが衆議院議長に宛てた「手紙」である。この「手紙」の文章の前後を入れ替えると、第一段のホップにあたる彼の文章は、「保護者の疲れきった表情、施設で働いている職員の生気の欠けた瞳」「障害者は人間としてではなく、動物として生活をすごしております」「車イスに一生縛られている気の毒な利用者も多く存在し」となっている。この段階では利用者、保護者、職員を観察して書いている。興味深いのは、「車イスに一生縛られて」「気の毒な利用者も多くいる」と、シンパシーというか、同情の気持ちを見せている。これが第一段で、彼の問題設定だと私は理解する。

ところが第二段のステップになると、「障害者は不幸を作ることしかできません」「障害者を殺すことは不幸を最大で抑えることができます」「保護者の同意を得て安楽死できる世界です」。第一段では観察し、利用者に同情の意を表明していたが、第二段では一段階とは違って、不幸を作るしかない、安楽死がいいと飛躍する。なぜこのように飛躍したのかよくわからないところがある。言えることは、殺害の意志を示してはいるが、実行することはなかったと思うのである。

ところが第三段のジャンプになると、「理由は世界経済の活性化」「日本国と世界の為と思い居ても立っても居られずに」「今こそ革命を行い、全人類の為に必要不可欠である辛い決断をする時だと考えます」と、さらに飛躍する。

第一段と第二段では彼は殺害行為には至らなかったと思うのだが、それを実行可能にしてしまったのが第三段の「思想」である。ここで彼なりにそれを普遍化・一般化に高めることに成功したのだと思う。単に「障害者は生きている価値がない、不幸を作ることしかできない」というだけでは、彼は殺害できなかったが、それを正当化するために「革命」という言葉まで使っている。使命感として確固たるものにしたわけである。

繰り返すまでもなく、彼は個人的動機のレベルから、「日本国と世界の為と思い」、そして「今こそ革命を行い」、と理論武装に成功したのだった。一般化、普遍化、合理化、それが確信犯としての歪んだ正義感と使命感の「思想」、その分析こそが肝要である。

この三年半の経過の中で事件に対する私の見方・考え方が、徐々に変化してきたことも確かである。それは、彼の個人的動機と歪んだ「思想」形成とに関係しているとも言える。社会評論社から二〇一七年に出版した『私たちの津久井やまゆり園事件』の「第1章　被害者も加害者も社会から他者化された存在」、および一八年出版の『障害者から「共民社会」のイマジン』の「第1章共生1津久井やまゆり園事件とは―共生社会に向けた私たちの課題は何か」を経て、私の考えは今に至っている。その意味では、この三年半の年月が私にとっての津久井やまゆり園事件である。

◆植松被告に歪んだ正義感と使命感に基づいた彼なりの「思想」があるとすれば、だがそれは彼独自の「思想」というよりはむしろ現代的社会状況が作り出した「思想」であるといえるだろう。それだけに彼の「思想」とその行動を客観的かつ歴史的に分析してみると、残念ながら歴史に登場した思想・哲学または文学に所在した類似のものがみえてくる。といって、それらがたとえ偉大な思想・哲学、文学であったとしても、だからといって彼のそれが同様に偉大であるというわけでは決してない。ショボいものである。

またこうも言える。大統領選のトランプに共感するなど、彼が現代的世相にも敏感であったともいえるだろう。

彼の「思想」はその殆どが衆議院議長に宛てた「手紙」の中に表現されていると思う。当初「手紙」は安倍総理に宛てて自民党本部に持って行ったのだが断られ、やむなく衆議院議長公邸に持って行くこととなった。

「手紙」の最後に「想像を絶する激務の中大変恐縮ではございますが、安倍晋三様にご相談頂けることを切に願っております」と書いてあるように、植松被告にとっては安倍政権がそう映ったに違いない。だから「金銭的支援五億円」となる。決行後は安倍総理にほめられると思ったに相違ない。

◆『生きるのに理由はいるの？』のドキュメント映画を製作した澤則雄氏が植松被告と接見した後、彼から届いた手紙を読ませてもらった。差し入れられたと思われるかなり多くの本(三〇〇冊ほど)を読んでいるようだが、その手紙にはカントとニーチェの名前があった。そこには「超人になりたいが、なれない」と書かれていた。

おそらく彼はニーチェの『ツァラトゥストラはかく語りき』を読んだと思われる。超人にあこがれている植松らしい感想である。しかし残念ながらニーチェ哲学の「超人」はそうではない。彼の曲解である。世界の真ん中にいて、その頂点に立つ強い存在として超人を理解したようである。

しかしながら、「神は死んだ」と叫び自らを「例外者」とするニーチェの実存哲学は、超人とは「神は死んだ」世界の周辺で耐え忍ぶ存在、それが超人である。反近代主義の無のニヒリズム、「力への意志」なのである。「超人になりたいが、なれない」という植松被告のそれは「革命的英雄主義」ではないのか。

また、ヒトラーにも言える。ピレネー山脈で会ったムッソリーニから『ニーチェ全集』を送られたヒトラーは、ナチズム思想においてニーチェを利用した。そのためニーチェ哲学をどう評価するかは一つの論争ではあるが、少なくとも無の形而上学・哲学者のハイデッカーがナチズムに賛意を示したこととは明らかに違う。ヒトラーはニーチェを利用したのである。

◆確信犯としての植松被告の歪んだ正義感と使命感のその「思想」に対する姿勢は、ドストエフスキーの『罪と罰』の主人公ラスコーリニコフにも共通している。それは「エピローグ」を読むとよくわかる。

黄金を老婆が持っているよりも、優秀で有能な優れた自分が老婆の黄金を持っていた方が役立つ、世の中のためになると、ラスコーリニコフは考えた。こうして、結局彼は老婆を殺害することとなる。ソーニャ（マリアの化身）に促されたラスコーリニコフは、大地に接吻する。だが、ドストエフスキーは、「エピローグ」の中でラスコーリニコフにこう言わしめている。

「どういうわけでおれの思想は、この世にうようよして、互いにぶつかりあっている他の思想や理論に比べて、より愚劣だったというのだ？（略）おれはこの第一歩をおのれに許す権利がなかったのだ」。そしてドストエフスキーは、こう分析する。「つまりこの一点だけにかれは自分の犯罪を認めた」と。ラスコーリニコフに強靭な精神力（他の思想や理論）があったなら、自分を持ちこたえさせることができたのかと問うのは本質を見失う。合理主義を支えるものは本当は何なのかである。

植松被告にも同様なことが言えるのではなかろうか。

◆「安楽死できる世界です」と書きながら結果的にはあのようなおぞましい残忍な強行手段に走っ

たのだが、彼がいう「心失者」は本来彼にとっては安楽死「させる」対象であった。これは彼にとっては「自然淘汰説」に代わる積極論とみてよいであろう。「安楽死する」のではなく「安楽死させる」のであるから。

一八世紀末、自国イギリスの救貧法に反対した『人口論』の著者マルサスの経済思想である。食料の増加は算術級数的にしか増えないが、人口の増加は幾何級数的に増え、食料不足の状態の中で病人（障害者）や貧者などの劣性な人類は淘汰されるべきであって、したがって救貧法による救済は無意味であり、人口法則に従うべきとした。もちろんこの人口法則も経済思想も誤りであることはいうまでもないが、劣性な人間は淘汰・死滅させて当然、植松被告も「心失者」は安楽死が当然という同質の思想である。ヒトラーの優生思想というよりはどちらかといえばマルサスの「自然淘汰説」といってよく、「不幸を作ることしかできない」迷惑論とでもいうべきであろう。

◆話の流れは少し変わるが、「匿名」について一言触れたい。「匿名」を選びかつそれを余儀なくされた遺族・家族の立場に立っては少々耳の痛い話になるが、障害当事者の側からすればこうも言える。

呉秀三は、「我が邦十何万の精神病者は実にこの病を受けたる不幸の他に、この邦に生まれたるの不幸を重ぬるものと言うべし」と言ったが、もう一つの不幸を加えて三重の不幸ということになるのは、「匿名」にしたる遺族・家族の元に生まれたる不幸を重ぬるものというべしであろう。

だが同時に被害者の家族に対して「匿名」という加害者性の立場に追い込んでいるのも、実は「世間」「世間体」であるといってもよいであろう。それが身内の「恥」、世間がつくった隠さざるをえない「恥」意識に追い込んでいる家族への被害者性の立場、そこに追い込んでいる世間もまた加害者の私たち、私である。私たちが家族に対して今度は加害者の立場に立たざるをえない事実である。家族はこの場合被害者の立場に立たされる。

太宰治がいみじくも『人間失格』の中で、世間についてこう書いている。

放蕩仲間の堀木が、太宰に「女道楽ばかりしていては世間が許しませんよ」と言う。太宰は確かにそんな生活をしていて、鎌倉の海で心中するが、女の人は死んで彼は助かる。だが昭和二三年には、今度は玉川上水で居酒屋の女性と心中し、太宰は絶命する。

そういう道楽男だったが、「世間は許しませんよ」と堀木に言われ、「世間」とは何か、実体はあるのか、言葉には出せなかったが、そう太宰は考える。そして行き着いた考えが、世間とは個人ではないか、世間とは堀木、おまえではないか、と書いている。

世間とはつまり個人である。または得体の知れない軟体動物のような諸個人の集合体でもある。国家は法律、社会は制度、世間は個人によってつくられている。だから「匿名」も「私」が強いていると言えるのである。

◆裁判において最も矛盾と対立を呼ぶと予想されるのは、植松被告の主張と弁護人の弁護の仕方である。推定無罪を建前としながらもすでに事実認定では争う余地もなく、弁護人は無罪または減刑をどう勝ち取るかに関心がある。つまり、確信犯としての彼の歪んだ正義感と使命感に基づく「思想」と弁護人が無罪とする「根拠」の間にはかなり埋めがたい矛盾と対立が見て取れる。

弁護人は刑法第三九条「心神喪失」・無罪を弁護の理由に持ち出している。はたして、筋トレを行い、ハンマーと数本の包丁、結束バンドを用意し、職員の少ない深夜に決行するという「計画性」、そして決行直後に自首、これを「心神喪失」状態にあるというのであろうか。大麻精神病はしかしそれは一方で精神障害者に対する差別・偏見をも利用していると言えなくはないか。

刑法第三九条「心神喪失または心神耗弱」は、ルーツともいわれる徳川吉宗の「御定書百か条」の「乱心」に匹敵する。

第七八条「乱心にて人を殺し候うとも、下手人となすべく候然れども乱心の証拠、慥（たしか）にこれ有る上、殺され候うものの主人ならびに親類等、下手人御免を願い申すにおいては詮議を遂げ、相伺うべき事、但し、主殺し親殺したりといえども、乱気紛れ無きにおいては死罪」

弁護人が持ち出してきた「心神喪失」「乱心」は、事件直後に記者会見した当時の塩崎厚労大臣も、数日後に関係閣僚会議を開いた安倍総理も、結局、精神疾患患者（措置入院者）の差別と偏見を政治的に利用したものに他ならない。それが精神保健福祉法の改悪につながるのである。

そのことは、厚労委員会開催中に事実上削除した「趣旨説明」の冒頭部分、すなわち、「相模原市の障害者施設の事件では、犯罪予告通りに実施され、多くの被害者を出す惨事となった。二度と同様の事件が発生しないよう、以下のポイントに留意して法整備を行う」。要するにこれが法改正の根拠・理由である。すでに述べたように、その事実上の削除により法改正のための「立法事実」はなくなったと言えるのであるが、なおも法改正を強行しようとした。

◆話はさらに横道にそれるが、ここではどうしても死刑制度について論じておかなければならない。私は死刑廃止論者である。というのも国家がなぜ死刑や戦争で人を殺すことが許されるのか、正当化されるのかである。この問題を私事に交えて次に説明しよう。

次に書く文章は、私が参議院議員時代に「死刑廃止議員連盟」に参画した時のことであった。「国家が人を殺してはならん」と迫力ある声で挨拶したのが、亀井静香衆議院議員であった。亀井議員を代表にした「死刑廃止議連」の発足の時だった。私も発足の当初から参加した。

死刑制度に賛成と答える国民の八割の声。この世論調査を見て、私は被害者遺族以外の国民に対して、死刑制度の意味が充分伝わっていないのではと考える。まず、国際的な先進国の流れからすると、①死刑を実施しているところの方が圧倒的に少ない、②死刑を廃止したからといって、殺人などの凶悪犯罪が増えたという事例はない、③殺人犯は捕まらないことを前提に事件を起こす、④殺人死刑を恐れず、または例外的に死刑を望んで、犯罪を犯す者もいる、⑤逆上して冷静な判断ができない状態（死刑のことは頭にない）で、犯罪行為に及ぶ。

以上、いずれにしても、死刑は凶悪犯罪の抑止にはならない。

差別思想に死刑を！

◆ドイツのワイツゼッカー大統領の有名な、一九八五年の連邦会議で読み上げた演説、「過去に目を閉ざす者は現在にも盲目となる」。

七三年を前後して一年九か月に及ぶ府中療育センター闘争、東洋一と言われた都立府中療育センターの入所者、支援者による都庁本館前のテント座り込み闘争である。私もこの闘争に参加し、七〇年代の障害者解放運動の一翼を担った。

施設の改革と脱施設・施設解体、そのスローガンは「鳥は空に、魚は海に、人は社会に」であったが、津久井やまゆり園事件をめぐっては「鳥はかごに、魚は水槽に、人は施設に」の声が今だにあることに驚かされた。

◆植松被告は悲しいことに、無知である。差別構造というものを全く理解できない無知、無知の青年であると断ぜざるを得ない。

差別構造とは、例えば百人いて百人めの人間を差別すると、次は九九人め、九九人めの次は九八人め、さらに九七人め、九六人め………となる。それが構造的ということである。

彼がいう「心失者」がこの日本から誰もいなくなれば、日本社会は地上の楽園になるというのであろうか！　差別構造とは、非障害者である健常者の中に、「障害者＝心失者」を差別した人間観、人間の価値評価が同時に相対化されて、健常者の間にも「生きる価値がある人ない人、社会や仲間の中でどれだけ役立つか役立たないか、あるいはどれほど他人を不幸にするのかしないのか」、この場合も全ては「心失者」の価値の物差しを健常者の中に平行移動させたことに等しい。彼は無知だった、差別構造という「構造」に。

◆本書のサブタイトル、「美帆さん智子さんと、甲Zさんを世の光に！」は、糸賀一雄の名言を模した。

「わたし、とくめいから美帆になったの！」と、美帆さんのつぶやきが聴こえる。

美帆さん！　お母さんの子に生まれてよかったね。

私は昨年一〇月に交通事故にあい、現在リハビリテーション病院に入院中。

正月の三が日もなくリハビリ、リハビリは時間がかかる。だが、私の本当のリハビリは「社会をリハビリする」こと。しかしこの社会は複雑骨折のため、ちっとやそっとでは社会復帰できない。

我ら障害者には、自らの存在を通して、健常者を人間らしく解放する責任がある。植松聖を人間らしく解放する責任がある。そのことを総じて言えば、我ら障害者は、同胞を差別する健常者をその醜い姿から解放することである。

社会をリハビリせよ！

あとがき

堀　利和

本書は、二〇一七年九月に出版した『私たちの津久井やまゆり園事件―障害者と共に共生社会の明日へ―』の第二弾にあたる書です。ちなみにここで前掲書の目次を紹介すると、次の通りです。

第Ⅰ部　重度知的障害者の生きる場をめぐって

被害者も加害者も社会から他者化された存在／障害をもった子どもが家族にいることをなぜ隠すのか／重度知的障害者の生きる場さがしの人間模様／地域にこだわり地域に生きる／入所施設は重度知的障害者の生きる場か―日本とスウェーデン

第Ⅱ部　措置入院者への警察の関与を問う　治安対策としての精神保健福祉法の改悪

社会がつくる精神障害／措置入院という社会的障壁／精神保健福祉法改正の過程から見える問題点／相模原事件から精神保健福祉法改正まで―抵抗の軌跡／　精神科病院からの地域移行／当事者は輝いている

事件からすでに三年半、今横浜地方裁判所で公判が進められていますが、津久井やまゆり園事件を考え続ける会として主催してきた講演会やシンポジウムなどを二冊めの本としてまとめたのが、本書です。それはわずか三年半の変化、そして多くの様々な立場・考え方からまとめたものです。この際両書を読んでいただければ、少なからず事件の本質とその後の動きに迫ることができると思いますし、またこの事件が私たちにとって一体何を突き付けているかも納得できると思います。

本書をまとめるにあたって、特にお世話になった杉浦幹、澤則雄、山崎幸子さんはじめ津久井やまゆり園事件を考え続ける会の皆様に、改めて感謝申し上げる次第です。また同時に、今回も出版の了解をいただいた社会評論社の松田健二社長、そして本間一弥両氏にこの場を借りて心よりお礼と謝意を申し上げます。

二〇二〇年二月四日立春　蒲田リハビリテーション病院の病室にて

○編著者略歴

堀　利和（ほりとしかず）

小学校４年生の時、清水小学校から静岡盲学校小学部に転校、東京教育大学附属盲学校高等部、明治学院大学、日本社会事業学校卒。

参議院議員二期（社会党、民主党）。立教大学兼任講師。

現在、特定非営利活動法人共同連顧問。季刊『福祉労働』編集長。

〈著書〉

『障害者と職業選択』共著　三一書房（1979 年）

『生きざま政治のネットワーク』編著　現代書館（1995 年）

『共生社会論―障がい者が解く「共生の遺伝子」説―』現代書館（2011 年）

『はじめての障害者問題―社会が変われば「障害」も変わる―』現代書館（2013 年）

『障害者が労働力商品を止揚したいわけ　―きらない わけない ともにはたらく―』社会評論社（2015 年）

『アソシエーションの政治・経済学―人間学としての障害者問題と社会システムー』社会評論社（2016 年）

『私たちの津久井やまゆり園事件　障害者とともに＜共生社会＞の明日へ』社会評論社（2017 年）

『障害者から「共民社会」のイマジン』社会評論社（2018 年）

私たちは津久井やまゆり園事件の「何」を裁くべきか
美帆さん智子さんと、甲Ｚさんを世の光に！

2020 年 3 月 10 日　初版第 1 刷発行

編著者：　堀　利和
装　幀：　中野多恵子
カバー・イラスト：　永田千砂
発行人：　松田健二
発行所：　株式会社 社会評論社
東京都文京区本郷 2-3-10
電話：03-3814-3861　Fax：03-3818-2808
http://www.shahyo.com
組　版：　Luna エディット .LLC
印刷・製本：　倉敷印刷 株式会社
Printed in Japan